JN256394

分権政策法務の実践

北村喜宣

Law and Policy for Local Governance

有斐閣

はしがき

　「未完の分権改革」は，「未完の法令改革」でもあった。

　2000年4月1日に施行された「地方分権の推進を図るための関係法律の整備等に関する法律」は，「機関委任事務制度の全廃」および「国と自治体の適切な役割分担」の実現のために関係法令の改正をしたものの，行政活動の根拠となる実定法令を分権推進的にする改正まではなしえなかったのである。

　それでも，今振り返ってみれば，その当時には，「条例制定権の拡大」を通じた「自己決定の実現」が熱く語られ，相当に高揚した雰囲気が，この社会にあふれていた。ところが，その後，市町村合併および「三位一体の改革」に翻弄されて，そのような熱はすっかり冷めてしまったようである。しかし，法令改革は，地方分権推進委員会が残した宿題である。そこで，これらの動きが一段落したとき，規律密度の緩和を目指して，中央政府は，「義務付け・枠付けの緩和・撤廃」への作業を開始し，一応の成果をみた。

　もっとも，実際になされたのは，「条例決定ができる法令部分とその範囲を中央政府が決定し，期限内に条例制定を強制する」ものであった。行政現場には，パニックが発生した。しかし，制定しないと事務がとまる，独力，コンサルタントへの外注，あるいは，都道府県の提案マルのみなどにより，何とか条例制定を完了した。

　たしかに，すべての自治体について，「やればできる」ことが「実証」された。しかし，自治体行政現場を歩いて職員の話を聴いてみると，「やらされ感」が充満している。「やればできた」という成果を，とりわけ内閣府は強調したが，現場は何とも白けた雰囲気であった。このやり方が持続可能でないのは，明白であった。そこで，現在では，提案募集方式が実施されている。第1球目を自治体に投げてもらうのである。内閣府と関係省庁の交渉の結果，少しでも前に進めば，それが「成果」としてカウントされ公表される。自治体はそれな

りのおつきあいをするのであるが，この方式に期待しているところは，そう多くないというのが実感である。やや捏造気味に成果を強調し続ける内閣府を，自治体は，冷ややかな目でみている。その成果についても，「条例による自己決定権の拡大」という観点から評価できるようなものはない。

　一方，自治体行政実務においては，個別法の個別条文で条例を「許容」していないにもかかわらず，独自の法解釈にもとづいて，規制内容を追加したり修正したりする条例が制定されるようになってきた。全国一律に条例条項を規定する個別法改正などを待っていては，住民に対して責任が持てないような状況にあるのだろう。

　中央政府は，一貫して，個別法の個別規定において条例制定を明示的に認める規定を創設することによって条例制定権を拡大するという方針であるようにみえる。私は，こうした考え方には憲法上の根拠がないと考えてきた。本書は，そのような基本的立場にもとづいて執筆された論文を編集したものである。条例論としては，『分権改革と条例』（弘文堂，2004 年），『分権政策法務と環境・景観行政』（日本評論社，2008 年）の続編になる。この 2 冊に収録された論攷を踏まえて本書を構成する各章を読み返すと，まだまだ詰めが甘い部分や論じていない部分があると認識している。自治体政策法務論の研究をする者として，果敢に条例制定を進める自治体を的確にサポートできるような法理論を探究する責任を感じる。

　本書の校正については，北村研究室の大学院博士後期課程のおふたり（釼持麻衣〔日本都市センター研究員〕，千葉実〔岩手県立大学特任准教授〕）のお世話になった。有斐閣法律編集局書籍編集部の島袋愛未さんは，丁寧な編集で本書を随分と読みやすくしていただいた。既出論文の本書への収録については，関係各社のご高配をたまわった。また，本書の出版に対しては，2017 年度上智大学個人研究成果発信奨励費の支給を受けている。あわせて感謝する次第である。

　　2017 年　穏やかな師走の日に

　　　　　　　　　　　　　　　　　　　　　　　北 村 喜 宣

第 1 部
分権条例の基礎理論

I　法律改革と自治体

第 1 次分権改革によって機関委任事務制度が全廃されて自治体の事務とされたにもかかわらず，実定法の構造や規定ぶりに基本的変更がないために，自治体は，地域特性を踏まえた自主的・自立的な法律実施に逡巡している。法解釈のパラダイム転換が必要である。国会および中央省庁が決定した実定法の内容は，それがそのまま最終的なものになるわけではない。自治体の事務である以上，条例を通じた自治体による第 2 次決定に開放されていなければならない。それを否定する強い立法事実がないにもかかわらず条例の制定ができないとするのは，憲法 92 条に反する違憲的解釈である。中央政府は，個別法改正によって条例余地を創出しようとしているが，それは，条例確認規定を設ける作業にすぎない。

1　「未完の法令改革」

2000 年に断行された第 1 次分権改革は，自治体を取り巻く法環境に革命的変革をもたらした。その最大の成果は，機関委任事務制度の全廃と法定受託事務・法定自治事務への振分けである。ところが，地方分権推進委員会が自認するように，戦後の発想を引きずる分権改革前の法令は，外形・内容とも基本的に維持されたままに存続している。「未完の分権改革」は「未完の法令改革」でもあった[1]。

「法律による行政」が「合憲的な法律による国行政・自治体行政」を意味す

---

1)　地方分権推進委員会『分権型社会の創造──その道筋』[地方分権推進委員会最終報告]（2001 年 6 月 14 日）参照。

るとすれば，日本国憲法（以下「憲法」という）92条を「覚醒」させた第1次地方分権改革が実現した法環境を最大限に生かし，国と自治体の適切な役割分担のなかで，基本的人権の尊重を法政策論・法解釈論を通じていかに実現するか，新しい法治主義をいかに確立するかは，現代公法学の大きな課題である。本論文では，「地方自治」を実現する法システムについて，とくに法律とリンクする法律実施条例の可能性を中心に検討する[2]。表題の「法律改革」は，国会が立法改革をすること，および，自治体が条例や審査基準等を通じて法律を地域特性適合的にしていくことを含意している。

2 「法律改革と自治体」を議論する視点

第1次分権改革が進むべき方向性を示したにもかかわらず，中央政府は総じて鈍感かつ消極的であり，分権改革の主旨に即した方向で自主的に法令改正をしようという動きは十分にはみられない。一方，法令改正がされていないことから，自治体の事務になったにもかかわらず，自治体職員は相変わらず「法律の規定通りにしか事務は処理できない」と考えている[3]。これでは，分権改革以前の状態と何ら変わらない。「分権を知らない職員たち」は，平均的公務員像である。霞が関の側にも自治体の側にも，機関委任事務体質が強く残存している。「慣性の法則」が作用しているかのごとき状態である。

公法学としては，現行法を所与とすることなく，大胆に制度の構造転換をした第1次分権改革の意義を受けとめ，それをより具体化する議論をしなければならない。自治体の法対応状況をみていると，「骨が伸びたのに筋肉がついていっていない状態」であり，改革によって実現されたはずの法環境がいかされていない。大改革の成果を現実のものにするため，それを推進する大解釈が必

---

2) 本論文は，北村喜宣『分権改革と条例』（弘文堂，2004年），同『分権政策法務と環境・景観行政』（日本評論社，2008年）で論じた内容を踏まえている。あわせてご参照いただければ幸いである。

3) 大森彌『変化に挑戦する自治体——希望の自治体行政学』（第一法規，2008年）385頁，西寺雅也「職員の変化は住民意識も変える——『現場』が自治を創る」ガバナンス101号（2009年）16頁以下・16頁参照。

要である[4]。

　「法律改革と自治体」を議論するにあたっては，戦略性を持つべきである。理想的状態を熱く語るのはよいとしても，現場行政の実情についての認識を欠いてはならない。一方，「自治体には決める能力がないから国が決める」という議論は，あまりに短絡的である。50 年後の法律は，今のそれとは随分と異なっているだろう。「自治の産みの苦しみ」を現在世代が少し無理して引き受け，将来世代にその成果を継承するという発想に立つことが必要である。三権と次元は異なるが，「第四権」ともいえる地方自治権を保障した第 8 章が憲法のなかで有する意味を改めて認識し，進むべき方向をしっかりと見据えた議論が求められる[5]。少なくとも実定憲法解釈学としての人権論は，第 8 章を考慮せずには展開できないはずである。

3　国のなかの「国」と「自治体」

(1) 地方自治の本旨と自治体政

　「地方自治の本旨」とは，国家の統治において国と自治体との適切な役割分担がされること，そして，自治体内部において民主的統治がされることである[6]。言い換えれば，自治体の主権者である住民が，その権威を授けた議会や首長を通じ，自治体に関することがらを自律的に決定・実施することである

---

4)　小早川光郎「司法型の政府間調整」松下圭一＝西尾勝＝新藤宗幸（編）『岩波講座 自治体の構想 2 制度』（岩波書店，2002 年）57 頁以下・68 頁，櫻井敬子「行訴法改正について」法学会雑誌［学習院大学］40 巻 2 号（2005 年）347 頁以下・348 頁参照。

5)　成田頼明「地方自治制度と憲法第 8 章」都市問題 96 巻 5 号（2005 年）60 頁以下・66～67 頁，松井茂記『日本国憲法〔第 3 版〕』（有斐閣，2007 年）277 頁参照。

6)　「地方自治の本旨」をめぐる最近の研究として，小林武「『地方自治の本旨』解釈の課題（覚え書き）」法経論集［愛知大学］169 号（2005 年）1 頁以下，近藤哲雄「自治権の本質（上）——自治体法学の基礎を目指して」法学研究［北海学園大学］34 巻 2 号（1998 年）111 頁以下，塩野宏「地方自治の本旨に関する一考察」自治研究 80 巻 11 号（2004 年）27 頁以下，原田一明「日本国憲法が規定する『地方自治の本旨』」兼子仁先生古稀記念論文集刊行会（編）『分権時代と自治体法学』（勁草書房，2007 年）75 頁以下参照。また，渋谷秀樹『憲法〔第 3 版〕』（有斐閣，2017 年）736 頁以下も参照。

（最三小判平成 7 年 2 月 28 日民集 49 巻 2 号 639 頁）。「国家＝国＋自治体」が日本の基本的統治機構であることが，再確認されるべきである。

　「自治体に関することがら」とは，地方自治法 1 条の 2 第 1 項にいう「地域における行政」，すなわち，国政に対する意味での「自治体政」である。本旨適合的法律とは，住民に近い行政を自主的・自律的な自治体決定に事務配分する法律のことである。そうでない法制度は，そのかぎりで憲法 92 条違反である。憲法前文にいう「国政」とは広義であり，それは「（狭義の）国政」と「自治体政」を含むものと解される[7]。

(2) 第 1 次決定と第 2 次決定

　そうであるとすれば，国の直接執行ばかりでなくそこに自治体事務を規定する「法律」とは，国会と内閣が決定する「法律・政省令」部分と，それに関して事務主体である自治体が決定できる「条例・規則」部分から構成されると考えるのが適切である。そこに自治体の事務が規定される以上，原則として，「法律・政省令」（第 1 次決定）だけでは法律規律は完結せず（させてはならず），自治体が条例・規則に関する決定（第 2 次決定）をしてはじめて当該地域における法律規律は完結するのである。「国民福祉向上」の観点からの第 1 次決定が，「住民福祉向上」のための第 2 次決定と合体して公益の実現や基本的人権保障を果たす[8]。憲法第 3 章に規定される「国民」の基本的人権保障は，国が独占的に担当するものではなく，国と自治体がそれぞれの役割に応じて協働的に実現するものである[9]。国に関しては，それを憲法第 8 章に規定される地方自治の保障義務に留意しつつ行うことになる。

　国政における国の基本的人権尊重義務と地方自治尊重義務は，このようにして両立的に整理することができる。こうした前提で法律を制定することが，憲

---

[7]　今村都南雄「日本国憲法と地方自治」同（編著）『現代日本の地方自治』（敬文堂，2006 年）3 頁以下参照。その意味では，「国民」についても，「国民（広義）」＝「国民（狭義）」＋「住民」と観念できるのではないだろうか。

[8]　高橋和之『現代立憲主義の制度構想』（有斐閣，2006 年）137〜138 頁のいう「正しい法」とはこうしたものだろうか。地方自治法 1 条の 2 第 1 項を踏まえれば，第二次決定には，中央政府の縦割り行政是正のための「事務の総合的実施」の措置も含まれるといえよう。

[9]　この点に関する第 1 次地方分権改革時の議論について，成田・前註 5）論文 67 頁参照。

法第 8 章を踏まえた国会の義務である。第 1 次決定と第 2 次決定の両者をもっ
て「法律による行政」を考えることになる [10]。なお，事務内容次第では，大
臣の並行権限や法定市町村事務について緊急時に都道府県に対応させる垂直的
補完システムが正当化されることもある。

(3) 第 1 次決定の標準性

　国の事務の実施を法律で義務づけた機関委任事務制度のもとでは，比例原則
に鑑みれば，基本的に，規制は最高限度である [11]。中央集権的に決定される
規制は，ひとつの法律世界のなかで完結し，それ以外の自治体対応は「非法
的」と考えられていた。しかし，現在は異なる。法定受託事務と法定自治事務
という「法定自治体事務」を含む法律の場合，第 2 次決定の対象となる第 1 次
決定は，（国の役割にもとづいて，全国画一的内容として決定されたものを除く）基本
的に標準的である。「拘束力を持つナショナル・ミニマム」は幻想にすぎず，
その発想は憲法 92 条のもとでは有害である [12]。

　地方自治法 1 条の 2 第 2 項は，「全国的に統一して定めることが望ましい国
民の諸活動……に関する事務」の分担を国の役割とする。「統一して定める」
の意味は多様である。変更を認めないという意味であれば，第 2 次決定の余地
はなくその制度は完結的となる。一方，自治体による変更を予定しつつ統一的
に定めるならば，その制度は第 2 次決定を予定した標準的なものとなる。これ
らは両極端の整理であるが，自治体事務を規定する法律は，基本的に後者的で
あると解される [13]。

---

[10]　磯部力「自治体行政の特質と現代法治主義の課題」公法研究 57 号（1995 年）147 頁以下・
　　166〜167 頁のいう「もう一つの法治主義」に着想を得ている。

[11]　近藤・前註 6) 論文 150 頁参照。

[12]　西尾勝「分権改革は『ナショナル・ミニマム』の全面的な見直しを要求する」都市問題 96
　　巻 5 号（2005 年）25 頁以下参照。

[13]　第 1 次決定・第 2 次決定という表現はしていないが，従来論じられてきた標準法説は，こ
　　うしたものではなかっただろうか。たとえば，斎藤誠「分権時代における自治体の課題と展望
　　（上）——条例論を中心に」ジュリスト 1214 号（2001 年）23 頁以下・26 頁，櫻井敬子「自治
　　事務に対する法令の制約について——開発許可を素材として」自治研究 77 巻 5 号（2001 年）
　　62 頁以下・68 頁参照。

4　憲法 92 条と地方自治法の分権諸原則

(1)「地方自治の本旨にもとづく」ことの意味

　「戦後半世紀を経てようやく憲法の『地方自治の本旨』の原点に立ち戻った」[14] といわれる第 1 次分権改革は，国と自治体の間には適切な役割分担関係がなければならないことを「地方自治の本旨」の内容として明確にした点で，大きな意味があった[15]。それぞれの役割は，地方自治法 1 条の 2 第 1 項と第 2 項が規定する。それを踏まえた立法指針と解釈指針は，同法 2 条 11 項〜13 項が規定する。11 項と 12 項は，「地方自治の本旨に基づき」という文言を含むことからわかるように，憲法 92 条を具体化したものであり，法的規範性を有すると解される[16]。同条に関しては，「法律でこれを定める」の部分よりも「地方自治の本旨に基いて」の部分を重視する解釈が立法的に確認されたといえる。「本旨」と「適切な役割分担」を「かつ」で結ぶ規定ぶりは，前後の語が一体となって意味が完全となる併合的連結・強調的連結を示すものである[17]。

　地方自治法 2 条 13 項は，地域特性適合的対応が可能になるよう，法定自治事務について「特に配慮」を，法定受託事務について「それなりに配慮」を求めている。この要求は，自治体の法解釈指針でもある。地域特性適合的対応は，法令による全国画一的法状態の変更をするから，条例にもとづくことが必要である[18]。同項は，「法律における条例規定の欠缺は条例対応の否定を意味す

14)　成田頼明「地方自治法の改正──その意義と課題」『分権改革の法システム』（第一法規出版，2001 年）124 頁以下・127 頁参照。

15)　小早川光郎「地方分権改革──行政法的考察」公法研究 62 号（2000 年）163 頁以下・170 頁参照。

16)　磯部力「条例──何ができ，何ができなかったのか」都市問題 96 巻 5 号（2005 年）70 頁以下・76 頁，鈴木庸夫「地方公共団体の役割及び事務（1 条の 2，2 条）」小早川光郎＝小幡純子（編）『あたらしい地方自治・地方分権』［ジュリスト増刊］（有斐閣，2000 年）62 頁以下・63 頁参照。

17)　石毛正純『法制執務詳解〔新版〕』（ぎょうせい，2008 年）447 頁，田島信威『最新法令用語の基礎知識』（ぎょうせい，1997 年）15 頁参照。

18)　小早川・前註15）論文 170 頁，小泉祐一郎「分権改革に伴う規制行政における自治体の裁

る」という整理を排斥する，自治権防御的機能を持つと解すべきである。規定がないことは，条例が可能であることを推定させる。

　これらの分権諸原則は，国に対しては「余り詳しく規定するな」といい，自治体に対しては「責任を持って詳しく決めよ」と求めている。ところが，広汎な行政裁量に対する社会的批判に反応してか，内閣法制局は，むしろ法令の詳細化を志向しているように思われる。憲法第 8 章はみえていないのだろう。

　こうした諸原則は，具体性に欠けることもあって，分権改革以前に制定された法律の改正には影響を与えておらず，それ以降に制定された法律についてもそのようである [19]。しかし，法定自治体事務は，自治体の自律的な決定・運用に委ねられるべきものである。それが憲法 94 条に規定される条例制定権の対象になったことは，「法律による行政」を考えるうえできわめて重大である。

(2) 憲法 94 条の意味

　条例をその機能により分類すると，①歩行喫煙禁止条例のように個別法と関係しない独立条例，②公安条例のように個別法と同一対象を同時に規制するが個別法には法的に影響しない並行条例，③建築紛争調整条例のように個別法と同一対象を事前に規制するが個別法には法的に影響しない法律前置条例，④開発許可基準条例のように個別法と融合して作動する法律実施条例がある。本章で検討するのは④である。これには，個別法に根拠規定がある「法律規定条例」とそれがない「狭義の法律実施条例」がある。検討対象とするのは後者である。

　機関委任事務に関して，自治体行政庁が属する自治体が条例を制定して同事務と一体的に適用するのは，「国の事務」に対して条例を制定することになるため，条例制定権の事項的限界を超えて違法であった。水質汚濁防止法 3 条 3 項や大気汚染防止法 4 条 1 項のように，団体委任事務条例の内容を機関委任事務システムの一部とみなす明文規定が個別法にあってはじめて可能となった。

　　量権の拡大と比例原則」内山忠明＝池村正道（編著）『自治行政と争訟』［関哲夫先生古稀記念論集］（ぎょうせい，2003 年）25 頁以下・26 頁参照。

19)　滝本純生「最近の法律は地方分権の精神を体現しているか——自治体事務制度設計上の問題点」自治研究 77 巻 11 号（2001 年）92 頁以下参照。

これら規定は，創設規定であった。

　ところが，現在では自治体の事務であるから，「法律の範囲内」で条例制定は可能である。その根拠は，個別法ではなく憲法94条にある。同条が規定する条例制定権は，個別法に規定があってはじめて具体化するプログラム規定ではない。かつての創設規定は，確認規定になったのである。自治体の事務としておきながら条例制定をその根拠法律が否定しているとすれば，その法律が憲法違反である。条例制定権の限界を画定できる法律とは，合憲的法律のことである。憲法94条にいう「法律」は，92条と整合的に解釈される個別法を意味するのであり，条例制定権の限界は個別法によってのみ決定されるのではない。条例制定権の限界という表現と同じく，現在では，憲法92条と41条の調整原理として，「法律制定権の限界」を議論する必要がある[20]。

　機関委任事務時代に制定された多くの現行法は，基本的に，国の政策を全国画一的に実施することを予定している。そこでは，法律目的実現のために，自治体が「勝手に」地域特性適合的に法政策裁量を行使することは想定外なのであり，そのことは「条例規定の欠缺」として法制度化されている。すなわち，「規定がないことはできないことを意味した」のである。しかし，この整理は，現在では維持できない。具体的規定なくしてできないのは，「条例の制定」ではなく「条例の否定」である。ポジティブ・リストではなくネガティブ・リストで考えるべきである。なお，否定規定については，その合憲性が問われるのは当然である。

5　法律による地域特性適合化

(1) 地方分権改革推進委員会の作業

　法律で事務を義務づけつつ自治体に地域特性適合的対応を可能にさせるには，自治体の規範定立領域を拡大させるべく法律を枠組法化させるべきというマク

---

[20]　磯部・前註16）論文72頁，大隈義和「『地方自治の本旨』をめぐる理論動向」公法研究56号（1994年）62頁以下・73頁，鴨野幸雄「地方自治論の動向と問題点」公法研究56号（1994年）1頁以下・10頁参照。

ロ的議論がある[21]。正当な方向性を示している。それを確認したうえで以下では，現行法についてミクロ的立法論をしていた地方分権改革推進委員会の作業を素材に検討する。

　地方分権改革推進法 5 条は，国と自治体との適切な役割分担が可能になるよう，「地方公共団体に対する事務の処理又はその方法の義務付け……の整理及び合理化その他所要の措置を講ずる」ことを国の義務とした。いわゆる「法令の義務付け・枠付けの緩和・撤廃」である。この命令を受け，自治体の自由度を高めるべく作業をする委員会のアプローチは，個別法撃破主義・明文主義である。すなわち，個別法の個別規定を逐一改正することにより，第 1 次的決定部分のいわゆる規律強度・規律密度の過剰性を低下させるのである。とりあえずの作業対象は，法定自治事務のうち条例対応を認めていない法律規定であった。

（2）個別法撃破主義・明文主義から一括主義・通則主義へ

　委員会がとったアプローチの法的意味を考えてみよう。第 1 は，個別規定の改正により地域特性適合的対応が可能になるという立場は，規定がないかぎり条例対応はできないことをおそらくは前提にしている。しかしこれでは，法律と規制的政省令の関係と同じである。機関委任事務を規定する法律が団体委任事務条例の制定を明示していたのと変わらない。こうした規定が増加すると，条例制定権の範囲は拡大するようにみえるが，それを実現する地方分権一括法が内閣提出法案になることを考えれば，それは「霞が関に拡大してもらった条例制定権」にすぎない。憲法 94 条に条例制定権が由来することとの整合性を欠く。この明文主義は，第 1 次分権改革時の地方分権推進委員会も背負わされていた「霞が関の当然の法理」のようにみえる[22]。

---

21)　大森・前註 3) 書 379 頁・395 頁，西尾勝『地方分権改革』（東京大学出版会，2008 年）116 頁，鴨野幸雄「地方分権——中央・地方の役割分担」ジュリスト 1133 号（1998 年）58 頁以下・60 頁，塩野宏「国と地方公共団体との関係のあり方」ジュリスト 1074 号（1995 年）28 頁以下・33 頁参照。なお，第 28 次地方制度調査会『地方の自主性・自立性の拡大および地方議会のあり方に関する答申』（2005 年 12 月）も参照。

22)　「法定受託事務につきましても，法令の明示的な委任を要さないで条例を制定できるようになった」という大臣答弁もあった（第 145 回国会衆議院行政改革に関する特別委員会議録 5 号

　この点に関しては，①法定自治体事務を規定する法律のすべてに「この法律に規定される自治体事務については条例制定が可能」という趣旨の横串的規定を一括法により挿入する[23]，②そうした趣旨の通則的規定を地方自治法に入れる，あるいは，独立に通則法を制定する[24] という議論も出されている。横断条項である。いずれも憲法具体化的確認措置であり，基本的に，これらの方向性が分権改革に適合的である[25]。

　しかし，おそらく中央政府は，自分たちのコントロールが及ぼせないがゆえに，そこまでに自由度を高めることには否定的であろう。「法律には自分たちの著作権があるから自治体は勝手に条例制定できない」と考えているように思われる。個別法の根拠なく（＝霞が関の承認なく）自治体が条例制定するのは「上書き」というより「落書き」であり容認できないと，組織生理的に感じるのではないだろうか。憲法41条の立法権を正面に出しての反論となるだろう。

(3) 作業結果の受け止め方

　第2は，作業結果の意味についてである。第1次・第2次一括法につながる作業では，基準や手続について一定の義務づけをする法定自治事務で条例対応を認めていないものが俎上にのぼった。メルクマール該当として委員会が存置を認めたもの以外の対応のあり方としては，「枠付けの全廃＞全部条例委任＞一部条例委任」の順とされる[26]。しかし，関係省庁は，逆の順で考えるので

　　（1999年5月26日）[野田毅自治大臣答弁] 10頁）。法定自治事務についてはなお妥当するが，政府内部においてこの答弁はどのように考えられているのだろうか。大臣答弁の重さについて，成田頼明ほか「[座談会] 新時代の地方自治」法学教室327号（2007年）69頁 [成田発言] 参照。

23）　大森彌「第二次分権改革と自治体政府の制度設計」辻山幸宣＝三野靖（編）『自治体の政治と代表システム』（公人社，2008年）5頁以下・19頁，北村喜宣「一括挿入！——条例制定権の明確化」同『自治力の達人』（慈学社出版，2008年）17頁以下参照。

24）　岡田博史「自治通則法（仮称）制度の提案」自治研究86巻4号105頁以下，5号124頁以下（2010年），斎藤誠「条例制定権の現状と課題」日本自治学会『2008年度活動報告集：シンポジウム／研究会』（2009年）222頁以下・230頁，松本英昭「自治体政策法務をサポートする自治法制のあり方」ジュリスト1385号（2009年）88頁以下・93〜94頁参照。

25）　一括方式か個別方式かについては，西尾勝「『地方自治の本旨』の具体化方策」東京市政調査会（編）『分権改革の新展開に向けて』（日本評論社，2002年）35頁以下・45〜46頁参照。

26）　地方分権改革の流れのなかで，中央政府が「委任」という文言を継続して使用しているの

はなかろうか。すなわち，コントロール権限を保持するために，条例の余地を認めつつも「政令で定める基準に従い」という文言を挿入し政令上限・下限を示すことで，条例の範囲を画定させる「逆締め付け措置」の濫発が懸念される。この範囲は，中央政府としては最大限・最小限規制範囲である。条例制定範囲として明記されている事項は，その範囲内でのみ可能であり，明記のない事項については条例制定できないと考えるであろう。新たな枠付けといえる。

　しかし，自治体のなかには，それでは法律の実現のための地域特性適合的対応が十分にできないと考えるところがあるかもしれない。基本的に，政令上限・下限は，全国的観点からの標準的な範囲でしかありえないのであって，自治体は，地域的立法事実と比例原則に従って，それを超える条例対応をすることは可能である[27]。今回の作業対象外となった事務については，条例規定が欠如していたり不十分にしかなかったりするのであるが，同様に考えて条例対応をすることは可能である。憲法 92 条を踏まえれば，必要な規定がされてはじめて可能になるという，一種の既存不適格的発想をするのは妥当ではない。

　リソースに制約がある委員会が優先順位をつけるのは当然である。しかし，作業対象の選択を誤ったように思えてならない。それなりの条例対応措置を持つ法律といえども分権後に制定されたわけではないから，「ヨリマシ」と考えるのではなく，まずその妥当性を検証すべきであった。そして，地域特性適合的対応が一層可能になるようにそれを改正する方が先ではなかっただろうか。内容的に後退することはありえないから，その作業によって一種の「相場」が形成できる。一定の枠付けをしつつ条例による対応を規定していない法律は，条例を黙認していると解すればよく，急いで手を着ける必要はない。それに手を着けてしかも十分な成果が得られないならば，最悪である。

　行政立法でない条例には[28]，それに相応しい項目の決定をさせなければな

　はきわめて前時代的であり，作業枠組みの限界を感じさせる。同様の認識として，松本英昭「条例による法令の規定の法制等（条例による法令の「上書き」等）」地方財務 665 号（2009年）162 頁以下・162〜163 頁，斎藤誠「自治立法の将来」都市問題研究 61 巻 5 号（2009 年）81 頁以下・86 頁，山口道昭（編著）『入門 地方自治』（学陽書房，2009 年）31 頁参照。

27)　斎藤・前註 26) 論文 90 頁も参照。一般には，否定説が多いのであろう。たとえば，久保茂樹「分権時代の法環境——都市計画・まちづくり分野から見て」日本地方自治学会（編）『どこまできたか地方自治改革』（敬文堂，2002 年）31 頁以下・41 頁参照。

らない。政省令が規定する数値基準のような規則相当事項を条例に決定させるのでは「役不足」である。そうした措置を多く設けたことをもって「分権の成果」というならば，それは誇大的自己評価である[29]。

（4）法定受託事務と条例

　法定受託事務と法定自治事務という「法定自治体事務」は，憲法94条にもとづき，当該事務の実施責任を有する自治体の条例制定権の対象である。地方自治法96条2項カッコ書きは，法定受託事務に関する法律実施条例の制定とは関係ない。現在の法定受託事務には，公職選挙法にもとづく国政選挙のような本来的なものと「廃棄物の処理及び清掃に関する法律」（廃棄物処理法）にもとづく産業廃棄物処理業・施設許可のように非本来的なものが混在している。非本来的なものに裁定的関与制度が適用されることの不合理を解消するためにも，再整理すべきである[30]。

6　自治体による地域特性適合化

（1）解釈のあり方

　地方分権改革推進委員会の作業は『地方分権改革推進計画』に結実し，それをもとにして地方分権改革推進一括法による関係法改正がされる。その解釈にあたっては，「規定がないと条例はできない」という明文規定必要説でも「法令規律の隙間に条例が入る」という隙間説[31]でもなく，国の役割として地域

28)　条例は行政立法の一種という理解がかつて有力であったことは，周知のところである。田中二郎『新版行政法上巻〔全訂第2版〕』（弘文堂，1980年）159頁参照。

29)　小泉祐一郎「国による義務付け・枠付けの統制の見直し」自治実務セミナー48巻8号（2009年）59頁以下・64頁参照。

30)　木佐茂男「新地方自治法の課題——法制度設計とその前提条件」山口二郎（編）『自治と政策』（北海道大学図書刊行会，2000年）59頁以下，76〜78頁，阿部泰隆「地方自治法大改正への提案」月刊自治研476号（1999年）37頁以下・43〜44頁参照。

31)　こうした考え方は研究者にも広く持たれているようにみえる。たとえば，木佐・前註30)論文104頁，久保・前註27)論文33頁，西尾・前註21)書67頁参照。

特性適合的対応の標準的仕組みが確認的に提示されたと考えるのが，憲法 92 条や地方自治法の分権諸原則に照らして適切である。とりわけ自治体には，地域福祉向上のために，地域の法政策的事情 [32] を踏まえて法令を解釈する「自治的法解釈義務」がある [33]。

（2）法律の構造と条例の可能性

　規制的効果を持つ法律の基本的構成としては，目的，定義，規制方法，規制対象，規制要件，規制程度，規制手続，違反対応，報告徴収・立入検査，罰則などがある。これまでその内容のほとんどすべては，法律と政省令で規定されていた。しかし，たとえば許可が自治体事務となっている場合，少なくとも対象，要件，程度，手続，すなわち「何に対して，何に関して，どれだけ，どのようにして」は，いわば許可制度の引き出しの中身であり，国家的観点・全国的観点から対応すべき事項（＝国の役割にもとづいてなされる国家としての最終決定）もあるが，基本的に条例・規則による自治体決定に留保されていると解すべきである [34]。委任ではなく決定権の分配である。

　現行法の規定は詳細にすぎるが，そうしたなかでも屋外広告物法や景観法は，そうした制度設計を指向している。個別規定の例としては，①基準を一切規定しない「墓地，埋葬等に関する法律」10 条にもとづく墓地経営許可制度や分権改革前の農地法 4 条にもとづく農地転用許可制度，②基本的な許可要件のみを規定する森林法 10 条の 2 の林地開発許可制度，③法定要件以外に許可要件の条例追加を規定する都市計画法 34 条や「高齢者，障害者等の移動等の円滑化の促進に関する法律」14 条がある。

---

32)　地域的立法事実としては，地理的事情や社会的事情があるが，条例化をするには自治体の法政策的決定が重要であることから，「法政策的事情」も含まれる。

33)　機関委任事務時代には，いわゆる公定解釈として中央省庁が解釈権を独占していたこととの関係で，分権時代には「自治体には自主的法解釈権がある」という表現がされることもある。趣旨は理解できるが，住民の信託を受けた法定自治体事務の主体である現在は，権利というより義務と考えるべきであろう。

34)　これは要件の変更も意味するが，小早川光郎「基準・法律・条例」小早川光郎＝宇賀克也（編）『行政法の発展と変革　下』［塩野宏先生古稀記念］（有斐閣，2001 年）381 頁以下・391 頁は否定的である。

（3）法律実施条例

　現在の条例論は，「条例が法律に及ぼす効果」についての認識が一般に希薄である。「上乗せ条例・横出し条例は可能」という場合，当該条例で規定される規制内容の実現にあたって，いわゆるフル装備型条例を制定することなく法律と融合的に実施することを意味しているのであろうか。そうであれば，追加的基準に適合しない申請に対しては，法律にもとづいて不許可処分がされることになる。条例規定が法律規定に「代えて適用・加えて適用」される。こうした法律リンク型の実施条例は，機関委任事務時代には明文規定なくして不可能であったが，分権時代には立法権の分権化を進めるべく条例論の中心になるべきものである。

　立法論は，実務の方が先行している。たとえば横出しについて，「横須賀市宅地造成に関する工事の許可の基準及び手続きに関する条例」は，宅地造成等規制法が規定する工事許可要件に関して，「法，令及び省令に定めがあるもののほか，次に掲げる基準に適合しなければならない。」として，横出し的に5項目を追加している（4条）。「神戸市廃棄物の適正処理，再利用及び環境美化に関する条例」は，廃棄物処理法が規定する一般廃棄物処理業事業停止要件に関して，「法第7条の3各号又は次の各号のいずれかに該当するときは，期間を定めてその事業の全部又は一部の停止を命ずることができる。」として，横出し的に3項目を追加している（15条の2）。「佐賀県旅館業に関する条例」は，旅館業法が規定する許可要件に関して，「法第3条第2項に規定する場合のほか，申請者が次の各号のいずれかに該当する場合には，法第3条第1項の許可を与えないことができる。」として，いわゆる暴力団条項を追加している（15条の2）。これらは，いずれも，明文規定なき横出しリンク型法律実施条例である。具体例については，本書Ⅴ論文を参照されたい。

（4）法定自治体事務であるがゆえの法政策裁量

　こうした条例の適法性は，次のように説明できよう。地方自治法2条13項によれば，法定自治体事務である以上，地域特性適合的措置が可能になるよう法律を解釈する必要がある。そこで，法律を通じた国会の自治体に対する命令をベクトルと考え，法律本則や政省令により国会・内閣・中央省庁が決定した

内容が，その一部（①）を構成すると考える。そして，残余の部分（②）には，法律の範囲内で自治体が法政策裁量を行使しうる部分（オープン・スペース）があると考えるのである。両者の割合は，法律や事務の性質により異なる。横出し対応は，オープン・スペースで可能になる。先にみた横須賀市条例は宅地造成等規制法8条に関して，神戸市条例は廃棄物処理法7条の3に関して，それぞれなりの社会的必要性を踏まえてオープン・スペースを見出したのである[35]。

　オープン・スペースを利用するかどうかは自治体次第である。何もしなければ，法令通りの事務実施となる。「独自の対応をしないという決定をする」ことで，法令規定をそのまま自治体規制の内容としたのである。観念的であるが，自治という点では「決定する」ことが重要である[36]。判断は自治体が自律的にすればよく，国の同意は不要である。

(5) 上　書　き

　「対象，要件，程度，手続」に関する法令規定内容については，全国画一的適用を命じられていると解されないかぎり，個別法に明文規定がなくても，地域的立法事実と比例原則に従って上書きが可能である。上書きの効果は，法令の強化・緩和・不適用の決定となる。結局，法令規定は標準規定となり，これが「条例の補正＝上書き」という言葉に相応しい対応である。

　たとえば，景観法の景観行政団体である鎌倉市は，都市景観条例を改正し，景観計画区域内で景観地区が指定されると適用除外される景観計画制度を復活させ（法定の適用除外を条例で適用除外し），両制度を適用させている（12条2項）。同市なりの立法事実にもとづく工夫である。

---

35)　本章では，個別的事務についてオープン・スペースを論じているが，法律全体についてオープン・スペースを観念した場合，たとえば法定の義務履行確保手法が不十分と考える自治体が，独自の手法をオープン・スペースで追加することもありうる。

　　本章のもとになった論文執筆時には，①②のみを考えていた。現在では，①のなかに自治体により修正が可能な部分（③）があると考えている。この点については，北村喜宣「法律実施条例の法律抵触性判断基準・試論」本書64頁IV論文【図表4.2】（72頁）参照。

36)　「拒否・不作為の自由」の意味につき，金井利之「『分権』改革の現段階」辻山幸宣＝上林陽治（編）『分権改革のいまをどうみるか』（公人社，2009年）3頁以下・12頁参照。

(6) 審査基準・処分基準

　自治体による法律の地域適合化手法として，行政手続法5条にもとづく審査基準がある。機関委任事務時代とは異なり，自治体はその自治的法解釈によって，法律の範囲内で法定基準を具体化・詳細化・顕在化することになる。森林法10条の2の林地開発許可基準に関して林野庁が出している指針を特定条件のもとで緩和する「静岡県林地開発許可審査基準及び一般的事項」は，具体化の一例である。

　審査基準の内容相当事項を条例により規定することは可能であり[37]，多くの実例もある。砂利採取法19条の採取計画認可基準のひとつである「他人に危害を及ぼし」について，事故時対応の債務保証契約締結を求める「北海道砂利採取計画の認可に関する条例」は，そうした例である。廃棄物処理法14条の3の2などに関して行政手続法12条の処分基準を具体化したものとして，「岩手県循環型地域社会の形成に関する条例」がある。「鳥取県廃棄物処理施設の設置に係る手続の適正化及び紛争の予防，調整等に関する条例」は，さらに進んで，独自の法律事前手続の履行を廃棄物処理法15条の2第1項2号要件の内容と解釈する。明文規定なき横出し（時間の要素を考えれば，前出し）リンク型法律実施条例である。理論的には，長が条例に反する審査基準・処分基準を制定した場合の効果が問題になるが，条例に拘束されるのは当然であろう。これらは法規命令ではないが，法令を自治体のものにすることを可能にする重要な手段である。

---

37)　塩野宏『行政法III──行政組織法〔第3版〕』（有斐閣，2006年）173頁のような否定説はあるが，肯定説が多数である。小泉・前註18）論文37頁，小早川・前註34）論文398頁参照，礒崎初仁「自治立法の可能性」松下ほか（編）・前註4）書116頁註33参照。なお，塩野宏『行政法III──行政組織法〔第4版〕』（有斐閣，2012年）189頁においては，旧版の記述は，特段の説明もなく消えている。

7　法律実施条例の適法性評価

(1) 徳島市公安条例事件最高裁判決とその射程

　こうしたオープン・スペース利用条例，具体化条例，上書き条例といった法律実施条例の適法性評価は，どのような基準でされるのだろうか。まず確認すべきは，この論点が徳島市公安条例事件最高裁判決（最大判昭和 50 年 9 月 10 日刑集 29 巻 8 号 489 頁）の射程外にあることである[38]。道路交通法との牴触性が問題となった「徳島市集団行進及び集団示威運動に関する条例」（徳島市公安条例）は独立条例・並行条例であり，同法の実施には法的に影響を与えない。また，当時は，機関委任事務に関しては条例が制定できないことは当然の前提になっていた時代である。そこで現在では，同判決を踏まえつつ，法律実施条例の法律牴触性判断基準を提示する必要がある[39]。

(2) いくつかの試論的基準

　第 1 に，法律実施条例であるから法律の趣旨・目的に反しえないのは当然である。なお，中央政府の解釈はそれなりに参酌されるにしても当然視されるものではない。中央政府には，自治体と同様，地方分権改革を踏まえた法解釈の経験がないことに留意すべきである。

　第 2 に，法令が第 1 次決定をした全国一律的措置を維持することに合理性があるかぎりで，それに変更を加える条例は，国の事務に対して規律をすることになるため違法である。この判断にあたっては，地方分権改革推進委員会が第 2 次勧告において示した存置許容メルクマールと例外許容メルクマールが参考になろう[40]。

　実務的には，第 2 の基準がより具体化されることになる。たとえば，一律的

---

38)　小早川光郎＝北村喜宣「〔対談〕自治立法権の確立に向けた地方分権改革」都市問題 100 巻 1 号（2009 年）27 頁以下・39〜40 頁参照。

39)　これは，第 1 次地方分権改革の際に試みられたものの果たされなかった課題であった。成田ほか・前註 22）座談会 56 頁以下・67 頁［成田発言］参照。

40)　小早川＝北村・前註 38）対談 40 頁参照。

規制をそのまま適用することが過剰規制・過少規制を招くような自治体にあっては，規制の押しつけは地域的立法事実に欠け比例原則にも反して違法である。そうした場合に，自治体が第 2 次決定を通じて義務を緩和・強化することは，住民からの信託を果たすべく人権保障最適状態を創出するのであり，合理性がある。比例原則は，全国的・地域的と 2 段階で考えるのが適切である。

（3）いくつかの裁判例

　地方分権改革後，法律実施条例が問題となった事件はそれほど多くない。わずかながらある裁判例は，徳島市公安条例事件最高裁判決を念頭に置いているが，その射程距離や条例の性質について，十分な理解を示していない。

　「三重県生活環境の保全に関する条例」は，産業廃棄物処理施設許可基準として，実質的に周辺住民同意の取得を義務づけた法律実施条例であるが，津地裁および名古屋高裁は，廃棄物処理法は全国画一的規制を意図しないとして適法としている（津地判平成 14 年 10 月 31 日 LEX/DB28080751，名古屋高判平成 15 年 4 月 16 日 LEX/DB28082303）。許可事務が法定受託事務であること，廃棄物処理法が明文の条例規定を持っていないことをどのように解したかについては不明である。

　「八尾市廃棄物の減量及び適正処理に関する条例」は，法定自治事務である一般廃棄物処理業許可取消の要件を追加し，かつ，法律効果規定を緩和している。ところが大阪地裁は，廃棄物処理法に「積極的に違反していない」としてあっさり適法としている。三重県条例事件についてもそうであるが，原告の主張がないために，裁判所も論点の存在を認識できなかったのであろう。

　法律実施条例に関する最高裁の判断はまだない。地方分権改革の趣旨および憲法 92 条を踏まえた判断が期待されるところであるが，鳥取県宗教法人情報公開事件決定では，法定受託事務の範囲拡大を安易に許容した高裁判決（広島高松江支判平成 18 年 10 月 11 日判時 1983 号 68 頁）に対する上告を理由なしに棄却しており（最 1 小決平成 19 年 2 月 22 日 LEX/DB28140742），地方自治への感度が懸念される [41]。

---

41)　人見剛「分権改革と自治体政策法務」ジュリスト 1338 号（2007 年）96 頁以下・99 頁参照。

8　地方自治，団体自治，住民自治

　地方自治法 1 条の 2 第 2 項は，「身近な行政はできる限り地方公共団体に」と規定する。ただ，自治体に決定権が移譲されることはよいとしても，その決定が法治主義を踏まえて民主的にされなければ，人権侵害の可能性はこれまで以上に高まる。法治主義を逸脱するような権限の行使・不行使，不正給付の危険性はむしろ増加するかもしれず，それを「自己決定」といってすませるわけにはいかない。違法性が懸念される条例も，少なからず存在する。

　この点に関して，自治体決定のコーディネイト能力，豊かな人権感覚と分権感覚，そして，十分な政策法務力を持つ職員が行政に存在し，住民・議会を含めた民主的決定システムが自治体に整備されていることは，「分権時代の法律による行政」を自治体において実現するための不可欠の条件である [42]。「健全な住民自治なくして健全な団体自治なし」といえる。

　幸いなことに，団体自治的側面からの分権推進は急激には進行しない。そこで，ゴールをしっかりと見据えたうえで，職員の能力向上と自治的決定システムの整備を着実に進める必要がある。市町村合併が「ハードな受け皿論」であるとすれば，これは「ソフトな受け皿論」である。そしてこれは，分権推進にあたって棚上げされるべき課題ではない。

　地方自治の実現は，行政改革であり政治改革である。そしてそれは，法律改革でもある。法律実施条例は，自治体による法律改革ともいえる。憲法 92 条は過剰負担状態であるが，それを具体化し法律の制定・改正の基準となる準憲法的法律を目指して，さらなる理論的検討と実務的実践を進める必要がある。「完全自治体」への道程は平坦ではない。「分権」を超えて「自治」に向かうべきことを想うとき，憲法における第 8 章論の重要性を改めて感じる。

---

42)　木佐・前註30）論文 103 頁，斎藤誠「今次分権改革の位置づけと課題——法学の観点から」ジュリスト 1356 号（2008 年）152 頁以下・160 頁，地方分権改革推進委員会『中間的な取りまとめ』（2007 年 11 月 16 日）参照。自治体政策法務が議論される背景には，こうした事情がある。西尾勝『未完の分権改革——霞が関官僚と格闘した 1300 日』（岩波書店，1999 年）168 頁参照。

II 基準の条例化と条例による追加・加重，上書き権

　「枠付けの緩和」の作業は，地方分権改革推進委員会，その成果を踏まえた地方分権一括法による個別法改正によって行われている。「条例による法令の上書き」という表現もされていた委員会の作業目標は徐々に変容し，最終的には，個別法律が指定する事項について，「従うべき基準」「標準とすべき基準」「参酌すべき基準」という指示を踏まえた条例決定を強制するという措置がなされた。しかし，決定を強制することに合理性はない。自治体は，自らが必要と考える事項に関して，法定されている内容の意味を検討し，修正可能と判断すれば，条例により対応すればよい。示される基準についても，それにふさわしい内容・根拠があってはじめて，その名称通りの機能を発揮できる。

1 共有すべき認識

(1)「枠付けの緩和」をめぐる分析視角

　政権の交代はあったが，2000年の分権改革以降，中央政府は，「未完の分権改革」をさらに進める作業を継続してきた。そのひとつが，「枠付けの緩和」である。すなわち，法令により決定された内容に自治体が従うという仕組みを改めて，自治体自らが自主的・自立的に決定できるようにしようというのである。自治体が事務を実施するかどうかを国の個別判断にかからせていることを是正する「義務付けの廃止」とならぶ，改革の大きな目玉である。これらは，あわせて，「義務付け・枠付けの見直し」と呼ばれる。本章では，地方分権改革推進委員会の作業，および，個別法の一部改正を束ねた一括法方式を通じて

進められている「枠付けの緩和」について検討する。検討の段取りは，以下の通りである。

　第1に，「義務付け・枠付け」に関する中央政府の作業を振り返る。第2に，地方分権時代の条例論についての議論状況を整理する。第3に，現行法に規定される法定事務の意味と国・自治体の役割分担の関係を議論する。現在では，この「事務論」「役割論」が重要だというのが，筆者の立場である。機関委任事務という「国の事務」は，法定受託事務あるいは法定自治事務という「自治体の事務」に変わったのであるが，それでは自治体が何でもできるかというと決してそうではない。国会が創出した事務であるがゆえに国の関心は当然にあるし，国の役割の観点からのコミットも当然にある。許可なら許可というひとつの事務に関して，国と自治体の役割はどのようであるべきか。これは，枠付けの緩和を考える際に重要な論点になる。全国画一的に適用されるべき部分はもちろん存在する。第4は，「上書き権」である。この論点の発端や実定法における具体的規定を概観したあと，条例における実践例を踏まえて，中央政府の理解の仕方を批判的に検討する。第5は，具体的措置としての「公の施設・公物に関する対応」である。いくつかの種類の基準の意味，自治体の受け止め方についてコメントする。第6は，自治体における決定である。「自治」とは，自ら決定することであるが，法治主義国家のなかの自治体である以上，違法行為が許されるわけではない。理論的には悩ましい部分もあり，その内容を共有したい。第7は，ナショナル・ミニマムである。これは，前述の「国の役割論，自治体の役割論」に大きく関わってくる。暫定的結論ながら，筆者は，「ナショナル・ミニマム」という伝統的概念は，地方分権時代には成り立たないのではないかという直感を持っている。それでは，どのように考えるべきなのか。この点の理論的模索状況もお示ししたい。

　本章の議論は，地方分権改革推進委員会においてされてきた作業結果に対して，批判的である。そこには，多くの研究者が自身の研究時間を惜しみなく使って作業に関与している。その苦労は察して余りあるが，あくまで理論的な検討であり，ご海容いただければ幸いである。

(2) 問 題 意 識

　「基準の条例化と条例による追加・加重，上書き権」というテーマを論ずる本章の問題意識は，以下の通りである。

　第1に，現在進行中の義務付け・枠付けの見直し作業は，今世紀をかけて行われる「中央・地方関係法構造改革の第一歩」である。第2に，その作業の方法は，今後の作業のあり方のすべてを決める確定的なモデルではない。第3に，作業を通じて問題点が確認され軌道修正されるべきである。第4に，究極的には機関委任事務を前提にした構造となっている法令それ自体を変革すべきである。第5に，法令改革を「基準の条例による決定」に矮小化させてはならない。

2　「義務付け・枠付けの見直し」のこれまで

(1) 第1次分権改革と法令改革の未完性

　周知の通り，第1次分権改革は，機関委任事務の全廃とその振分けに全力を傾注した。その結果，積み残された課題は少なからず存在した。地方分権推進委員会は，『分権型社会の創造──その道筋』という最終報告のなかで，「この未完の分権改革をこれから更に完成に近づけていくためには，まだまだ数多くの改革課題が残っている」と指摘し，いくつかの点を例示した。そのひとつは，「地方分権を実現するには，ある事務事業を実施するかしないかの選択それ自体を地方公共団体の自主的な判断に委ねることこそが最も重要であるため，地方公共団体の事務に対する国の個別法令による義務付け，枠付け等を大幅に緩和していく」ことである。これは，非常に高邁な目標である。この点に鑑みれば，今回の対応は，きわめて部分的であると評価せざるをえない。

　また，「国の法令等（法律・政令・省令・告示）による事務の義務付け，事務事業の執行方法や執行体制に対する枠付けの緩和については，ほとんど全く手付かずに終わっている」としている。さらに，「地方公共団体の事務を文字どおりそれらしいものに変えていくためには，国の個別法令による事務の義務付け，事務事業の執行方法や執行体制に対する枠付け等を大幅に緩和する必要がある」とも述べる。

　以上の認識の前提となっているように，現行法は，依然として機関委任事務制度を前提にした法構造のもとにある。この点を認識することが，決定的に重要である。そもそも分権型になっていないのであって，この状況を所与とするかどうかが議論の分かれ目となる。

　地方自治法 2 条 16 項は，「地方公共団体は，法令に違反してその事務を処理してはならない」と規定する。これは，分権改革の前後を問わず当然であるが，「法令に違反する」とはどういうことであるかを自覚的に考えなければならない。

　法令とは，単なる個別法なのか，それとも憲法に適合した法律を意味するのか。憲法 94 条は，「法律の範囲内で条例を制定することができる」と規定し，地方自治法 14 条 1 項は，「法令に違反しない限りにおいて……条例を制定することができる」と規定する。そこにいう「法律，法令」とは，どのようなものと考えるべきであろうか。現行法令を額面通りに受け止めるべきであろうか。

　現在の自治体は，恐ろしく窮屈な服を着せられている法状態にあるというのが，筆者の認識である。しかし，一方で，自治体自身が，十分にその窮屈さを実感できない状況にもあると考えている。

　今回の分権改革の対応においては，部分的ではあるものの，これまで自治体が依ってきた基準が消えてなくなるという状況にある。すなわち，条例を制定しなければ事務が進まなくなる。これは，非常に限定された分野についてではあるが，一定期限内に作業を終了させなければならず，自治体にとって大きな負担を与える。議会も大変であり，審議する条例の数は，相当多くになると見込まれる。同じような枠組みで第 2 次，第 3 次と改革が進むと，制定しなければならない条例も多くなる。実質的な審議は，ほとんどできないだろう。市町村にとっては，都道府県が示した内容をそのまま事例化するということにもなりかねない。これに対して，自治体は，どのように対応するのだろうか。長期的な視点に立って今から考えておかなければ，場当たり的対応に終始することになりかねない。そうなれば，住民にとっては，最悪の結果になるであろう。

（2）地方分権改革推進委員会のミッション

　一連の作業を担当した地方分権改革推進委員会は，地方分権改革推進法

（2006年制定）が課したミッションを背負っていた。枠付けに関しては，5条1項の最後の部分である「その他所要の措置」に含まれる。

　同法5条2項には，「地方公共団体の自主性及び自立性が十分に発揮されるようにしなければならない」とある。これは，地方分権一括法により改正された地方自治法1条の2第2項に国の役割として規定されている部分の再掲である。団体自治の実現をするという点が，確認的に規定されている。

（3）『地方分権改革推進にあたっての基本的考え方──地方が主役の国づくり』（平成19年5月30日）

　地方分権改革推進委員会は，2007年5月30日に，まず「基本的な考え方」を示してスタートした。そこには，義務付け・枠付けの見直しと条例制定権の拡大というものがひとつの方向性として明確に認識されていた。「条例による法令の上書き権を含めた条例制定権の拡大」という文言が踊り，それゆえに報道を通じて「上書き権」という言葉がにわかに社会に認知されるようになったのである。

　この用語法であるが，枠付けの内容として把握されていたのは，執行方法・執行体制である。必ずしも政省令が規定する基準ではなかったように思われる。

（4）『中間的なとりまとめ』（平成19年11月16日）

　「上書き権」の内容は，徐々に変容したようにみえる。同年の秋に出された『中間的な取りまとめ』によれば，義務付け・枠付けについては，それを「廃止・縮減，全部・一部の条例委任，又は条例による補正の許容」を通じて見直すものであり，それが条例制定権の拡大の内実であるという認識であった。

　そこでは，「条例による補正の許容は，地方公共団体による法令の『上書き』を確保しようとするものである」という認識が示された。「上書き権」とはいわなくなったのである。もとよりこの表現は，シンボリックなものである。「権」を付することによる内容に対する過剰な期待を懸念したものではないかと思われる。

　『中間的な取りまとめ』のなかで，委員会は，戦略を提示する。どの事務を対象にするかについて，まず法定自治事務を対象にすることにした。さらに，

法令により義務付け・枠付けがされているものを対象とし，さらに，そのうち条例で自主的に定める余地を認めていないものを対象とするとしたのである。「3 段階の絞り」である。条例に関する規定がまったくないものを対象にするという戦略を示したのである。

　この選択については，議論があるところであろう。筆者は否定的である。取り組むのであれば，まずは不十分にしか条例規定を設けていない法定自治事務を対象にすべきであった。それらは，基本的に機関委任事務時代に制定された法律に規定されている。そこでは，中央政府にとって都合が良いように条例制定権がコントロールされていた。それを地方分権の観点から見直すことによって，規定内容の「相場」ができる。その「相場」を踏まえて，何の規定もない事務についての条例を考えればよい。何の規定もない事務からはじめに取り組むというのは，戦略の誤りである。

　その背景には，「個別法明文主義」があるようにみえる。すなわち，個別法に条例規定があってはじめてその範囲で条例制定が可能になるという発想である。そうした考え方と憲法 92 条および 94 条との関係をどう考えるかは，憲法学や行政法学にとっても重要な課題である。

　基本的には，自治権をどのように考えるかが重要である。地域主権一括法案は，第 174 回国会の参議院総務委員会で審議された。礒崎陽輔議員の質問に対する梶田信一郎内閣法制局長官の答弁が注目される。

　梶田長官は，「地方団体の権能というのは，これは法律でもって地方団体に与えるというのが今の憲法の考え方であろうというふうに考えております。」と答弁した。これに対して，礒崎議員は，「国の権限を地方に分担してもらうという意味ですか」とただしたところ，梶田長官は，「国がその権能を地方団体に与えるという見方」であると答弁した。興味深いことに，それを聴いていた当時の原口一博総務大臣が割って入り，「法制局長官が与えるという言葉を使われましたけれども，今，礒崎委員がおっしゃったような分担という方がより正確ではないかというふうに思います。」と述べた。内閣法制局長官の答弁を総務大臣が修正する権限があるのかどうかは不明であるが，議論は，これでおさまっている。

　ここで明らかなのは，内閣法制局は，自治権は個別法律で「与える」と考え

ていることである。それゆえに，個別法で規定する，個別法に規定してはじめて実現するというのである。この考え方が，今回の作業の外枠を規定している。したがって，条例制定権は，個別法に個別的に規定しなければ生み出されない，規定されている範囲で存在するという解釈である。筆者には，適切な解釈であるとは思われないが，内閣提出法案である以上，それを前提としないかぎりは前には進まない。委員会の作業の前提となる解釈を確認しておきたい。

　そうなると，反対解釈が懸念される。すなわち，規定がないかぎりは条例の制定はできない，改正された法律についても，規定がない部分について同様であるといった解釈である。

　一方，学界には，そうした霞が関ルールとは異なる考え方も存在する。通則法主義でやろうとか一括法で改正しようといった議論である。しかし，自治体にとっては，不安定すぎて乗れないのかもしれない。

　ところで，今回の作業においては，メルクマールを設定して，対象とする事務を振り分けていった。その内容をみると，「存置する」，すなわち，今まで通りの枠付けを維持するのは，「全国的に統一して」とか「地方自治に関する基本的な準則……に関する事務」というものである。地方自治法１条の２第２項にみられる文言である。たしかに，法定自治事務であっても，そこには，「国が本来果たすべき役割」にもとづいて決定されている内容がある。法定自治事務をレントゲン撮影したら，国の役割にもとづく内容が含まれていることがわかる。それを再検討してどのように改革するのかが，今後の作業にあたって重要なポイントになる。

(5)『第 1 次勧告——生活者の視点に立つ「地方政府」の確立』（平成 20 年 5 月 28 日）

　以上の作業を踏まえて，委員会は，第１次勧告へと進む。そこでは，「完全自治体」という有名なフレーズが用いられた。「自治立法権，自治行政権，自治財政権を有する『完全自治体』を目指す取り組みである」という高邁な理想を掲げたのである。そして，「立法権の分権が不可欠である」として，それを条例による上書きによって確保するというシナリオを示したのであった。

　「立法権の分権」とは何か。なかなかに難題である。そこで示されていたの

は，たとえば，公営住宅の整備基準について，国の標準基準を踏まえて，自治体が条例により独自決定するというものである。これは，行政命令権の分権にすぎず，立法権の分権ではない。しかし，とにかく「条例による独自決定」というシンボリックな内容を実現することが重視されているようにみえる。本来，法律本則事項を条例で決めるのが立法権の分権であるはずだが，そのようには理解されていないのである。

(6)『第 2 次勧告——「地方政府」の確立に向けた地方の役割と自主性の拡大』（平成 20 年 12 月 8 日）

　第 1 次勧告の半年後にまとめられた第 2 次勧告では，義務付けや枠付けに関する「用語の明確化」などの作業がされた。取り組むべき優先順位については，廃止を優先することが明記されている。そして，「手続，判断基準等の全部を条例に委任すること，条例による補正をすること」，次に，「手続，判断基準等の一部を条例に委任すること，条例による補正をすること」となっている。

　その結果，見直し対象の 4,823 法律 10,057 条項のうち 4,389 条項が該当し，4,076 条項は非該当となった。この非該当条項について，上記優先順位に従って見直しをするとされたのである。

(7)『義務付け・枠付けの見直しに係る第 3 次勧告に向けた中間報告』（平成 21 年 6 月 5 日）

　第 2 次勧告の次は，第 3 次勧告かと思われたが，その前に，中間報告が出された。ここでは，第 3 次勧告に向けてどのような作業をするのかが整理されている。

　それと同時に，委員会は，中央省庁のヒアリングを実施している。会議録からも明らかであるが，その場では，中央省庁から，「住民サービスの低下が懸念される」「規制が緩和されて本来の政策目的が達成されなくなる」「国の方針との整合性が確保されなくなる」といった懸念が多く示された。

　こうした中央省庁からの反対や抵抗に対して，委員会は，「義務付け・枠付けの見直しとは，サービス水準の切り下げでも，国の政策目的を阻害する地方自治体の施策の許容でもない。国が全国一律に決定し，地方公共団体に義務付

けていた基準，施設等を，地方公共団体自らが決定し，実施するように改める改革であり，これによって，各地域において，その地域の実情に合った最適なサービスが提供され，最善の施策が講じられるよう，国と地方公共団体の役割分担を見直すものである」という認識を示している。「地方公共団体が，サービス，施設等のあり方についての説明責任を負うべきであり，何らかのニーズに対応する見直しの必要性の判断も，地方公共団体の責任において行うようにしなければならない」という基本姿勢で応対したのである。

　条例に関しても，議論がされている。前述のように，取り上げる対象については，法律に何の規定もない事務であった。「自治権は与えられるもの」という発想に立つと，「何らかの規定があるだけマシ」ということになる。与えられなければできないという前提に立つと，規定するというのは，道なきところに道をつけるというのであるから，自治体としては「歩きやすい」と整理される。「ヨリマシ主義」である。

　筆者は，法律に条例規定があり，そこに「政令で定める基準に従い」とあった場合に，その政令の基準の合理性を委員会が検証する戦略をとればよかったと考える。しかし，そうなると，個々の施策の内容に相当に立ち入った判断になるから，現実的には，困難であったのかもしれない。

　この中間報告では，2つのレベルの「国の基準」，すなわち，「従うべき基準」と「参酌すべき基準」が登場した。「上書き」という言葉を用いてきた委員会であったが，参酌すべき基準を踏まえて条例を制定することをもって，条例による国の法令の上書きを許容するものと整理したのである。

　中間報告は，法令の規範内容そのものは上書きできるものではないという。「参酌すべき基準」で示される基準そのものは，あくまで参酌されるものであって上書きされるものではない。言葉の意味として，「上書き」とは，何か決定されているものに上塗りをして決定部分を消し，上塗り部分をいかすという趣旨である。しかし，中間報告は，「国の法令で設定されている基準を条例に委任することとした上で，必要最小限のものを『参酌すべき基準』に移行させる見直しについても，地方公共団体の条例による国の法令の基準の『上書き』を許容するものということができる」という。

　この整理には，相当の批判があるところである。通常の言語感覚では，到底

そうは読めないものについて，委員会がそれが「上書き」と定義すればそれが「上書き」になる。牽強付会というほかはない。

　ところで，参酌基準については，参酌さえすれば条例で自由に決められるという表現もあるが，ミスリーディングである。参酌基準を踏まえて制定する条例基準も，自治体の地域特性に適合していなければ，比例原則に反して違法になる。ニーズがあり，それに適合する必要かつ十分な範囲で基準を決めなければ，事業者に対する過重な規制となる。

(8) 『第3次勧告──自治立法権の拡大による「地方政府」の実現へ』（平成21年10月7日）

　第3次勧告では，中間報告で示された「従うべき基準」と「参酌すべき基準」に，「標準」が追加された。それを踏まえて，現行法令のなかで国が決定している基準を，この3つの基準に従って自治体が決定できるようにするための作業がされる。

　委員会の作業とは別に，学界においては，条例制定権についての議論がされていた。トーンの違いはあるが，おおむね拡大方向の論調であった。それを意識して，委員会は，条例制定権の保障に関する認識を示している。

　筆者は，個別法に具体的に規定することによりそのかぎりにおいて条例制定権が保障されるという議論は，憲法の根拠を欠くと考えている。憲法学のテキストのどれをみても，94条がプログラム規定という記述はない。法律に規定されているのが自治体の事務であれば，それに関して，自治体は，法律の範囲内で条例を制定できるのである。

　この点について，第3次勧告は，「法律の制定は，『国権の最高機関』とされている国会によって行われること（憲法第41条）。」「地方公共団体の条例制定権は『法律の範囲内』とされていること（憲法第94条）。」という記述をする。当然の整理であるが，引用する条文のなかに，憲法92条が含まれていないのは象徴的である。第3次勧告の整理は，前提とする法律が地方自治の本旨に適合しているという前提ならばその通りであるが，現行法はそうはなっていない。勧告の認識は，現行法をあまりに所与とした中央政府職員的発想であり，憲法の地方自治本旨具体化作業をしているという自覚に欠ける「狭い法治主義」で

あると評さざるをえない。

(9)『地方分権改革推進計画』（平成 21 年 12 月）

　以上のような作業を踏まえて，地方分権改革推進計画が策定された。地方分権改革推進委員会は，立法権の分権を掲げたのであるが，それは，結論として，行政立法権の分権に変容していったのである。

3　地方分権時代の条例論

(1) 法律リンク型条例

　「条例制定権の拡大」は，様々な角度から整理できる。対象分野についていえば，それは，機関委任事務に関してである。「国の事務」であった機関委任事務は，当然に，自治体の条例制定権の枠外にあった。それが「自分の事務」になった現在，「法律の範囲内」という枠組みのもとでどういうことが可能になるのかが，条例制定権の拡大をめぐる議論のポイントとなる。筆者は，条例で決定した内容が法律の一分として機能する「法律リンク条例」が可能になったことが，条例制定権拡大の内実と考える。

　機関委任事務時代であれば，それを規定する法律のなかに，自治体が条例を制定すればそれを法律の一部として受け止めるという趣旨の規定があってはじめて，条例は法律にリンクできた。条例を規定する現行法は，基本的に，その発想で制度設計されている。こうした構造を所与として議論するのは適切ではないが，学界でもこの点は十分に認識されているとは思われない。

(2) 憲法 94 条の「法律の範囲内」の解釈論

　ポイントになるのは，憲法 94 条の「法律の範囲内」という文言である。この点に関しては，現行法を所与として，それをもって「法律」と解する立場がほとんどではないかと感じる。

　筆者は，そのようには考えない。「法律」というのは，憲法 92 条にいう「地方自治の本旨」に適合した法律を意味し，そうであってはじめて条例制定権の

限界を画しうるのである。そうなっていない法律は，条例との関係では，拘束的ではないのである。

(3) 機関委任事務時代と現在

　機関委任事務時代には，法律のなかに，条例を制定すればそれを法律の一部として取り扱うという個別の許容規定ないかぎりは，法律とリンクする条例は制定できなかった。現在では，そうではない。法律に規定がない，すなわち，「法律の沈黙」は，「条例の否定」を意味しない。これが，基本原則である。

　もっとも，法律が明示的に条例制定を否定する規定を設けていれば，話は別になる。もっとも，なぜ否定するのかについての合理的説明ができなければならない。当然であるが，自治体からすれば，このように問うことが必要になってくる。

　法定自治事務であっても，それが法律により定められる以上，そこには，国の役割にもとづく決定がされている。それが合理的であるかぎり，そこに踏み込んで，条例によってその決定を改変するのは違法である。自治体の事務に関して制定できる条例の事項的範囲を逸脱しているからである。

(4) 「法定基準＝標準」説とその基本的考え方

　現行法令には，多くの基準が規定されている。これを「標準」と考えるという「法定基準＝標準」説と呼ばれる考え方が，分権改革後に提唱されてきた。この考え方は，第 1 次分権改革は法令改革をしていないという認識を前提にしている。機関委任事務という国の事務であるがゆえに全国一律に定めることができたのであるが，現在はそうではないのだから，事務の主体である自治体が，比例原則に配慮しつつも，地域特性を踏まえて自由に決定できるはずだと考えるのである。機関委任事務時代の法定基準は，ナショナル・ミニマムあったりナショナル・マキシマムであったりするが，それは，基本的に，分権改革後はナショナル・スタンダードにすぎないという理解である。

　その際には，地方分権一括法により改正された地方自治法 2 条 12 項の解釈原則が参照される。すなわち，法律で自治体の事務をつくるときには，「地方自治の本旨」が踏まえられていなければならないし，「国と自治体の適切な役

割分担」がされていなければならない。そのように考えて法令解釈をせよというのが，2条12項の命令である。また，2条13項は，法定自治事務であっても法定受託事務であっても，国の事務ではないのであるから，地域特性に適合するような対応が可能になるような措置が講じられなければならないと規定する。

　ここでいう「措置」であるが，それが必然的に住民や事業者の権利義務規制を伴うのであれば，条例の根拠がなければならない。これも，地方分権一括法で新たに追加された地方自治法14条2項が明記するところである。自治体が地域的事情を踏まえて決定すればよいのであり，法令に規定される基準は，国により第1次決定がされているけれども，自治体の第2次決定に開放されたものであり，住民や事業者との関係では，自治体の決定をもって法的拘束力が確定されると考えるのである。もちろん，国民の基本的人権の保障の観点から，国が，国の役割にもとづいて全国画一的に決定する基準については，それが最終的であり法的拘束力を有する。また，自治体決定に開放された基準であっても自治体が何の決定もしないのであれば，国の基準が最終的であり法的拘束力を有する。

　そうなると，自治体ごとに異なった内容が規定されるために，不安定になると懸念される。しかし，それは，分権の宿命である。自治体の決定により確定するということが周知されれば，それを確認したうえで行動するようになる。かりに，国が一律の基準で全国を動かしたいと思うのであれば，それは，その事務を「国の事務」にして，国家公務員が国の直接執行として実施するようにすればよいだけである。たとえば，特定家庭用機器再商品化法や「絶滅のおそれのある野生動植物の種の保存に関する法律」，自治体の主体的な義務的事務は規定されていない。そうした制度設計も現に存在しているのである。

4　法定事務をどうみるか？

(1) 旧機関委任事務と法定自治体事務

　法律に規定される法定事務をどのようにみるかは，重要な論点である。機関

委任事務から法定自治体事務（法定自治事務，法定受託事務）への看板は変わったけれども，これを規定する法律の外形には変化はない。自治体職員に「2000年3月31日と4月1日とで，何かが変わったか」と質問しても，「別に」という答えが返ってくる。その理由は，法令が変わっていないからである。それ以前からやっていた実務の根拠法に変化がないために，その通りの実務が継続されるのである。「慣性の法則」が作用しているかのごとくである。手数料規則を条例化するということはあったが，法令に規定される基準値を自分たちで決定するという局面はなかった。

　現在は，機関委任事務時代に制定された法律構造を引きずっている。本来，自治体が自己決定すべき部分についてまで国が決定してしまっている。まずは，この点を認識することが重要である。

（2）現在の法令規律の意味

　私たちは，1人の個人として存在している。国民であると同時に，都道府県民であり市町村民でもある。ところが，機関委任事務制度のもとでは，「たまたまその地域を所管する自治体に居住する日本国民」であった。住民の税金を使って自治体行政が事務をしているにもかかわらず，それは，日本国民に対するサービスだったのである。

　現在では，たとえば，都道府県の法定自治体事務に関していえば，私たちは，国会が制定した法律のもとにあるという点で，国民であり都道府県民でもあるという二重人格となっている。そうであるとしたときに，都道府県民である部分について，都道府県は何ができるのか。これが，地域特性に適合する事務という議論につながってくる。

（3）自治体事務の再整理

　公職選挙法のもとでの国政選挙事務，住民基本台帳法のもとでの住民票事務，旅券法のもとでのパスポート発給経由事務，道路交通法のもとでの運転免許事務，砂利採取法のもとでの採取計画認可事務……。現在，自治体の事務となっているものの内容は，実に多様である。自治体の事務であるからといって，どの部分についても自治体が独自の判断をしてよいというわけではないことは明

白である。たとえば，自動車運転免許の基準について，都道府県公安委員会ごとに異なっているというのは不適切であろう。一方，砂利採取計画の許可基準については，地域特性を反映した内容であってもよさそうである。

　分権改革においては，こうした点が検証されないままに，とにかく機関委任事務から法定自治体事務にされた。事務を規定する法令のどの部分は国の決定が最終的になるべきであり，どの部分は自治体の決定により修正されてよいか。この点の検証作業が重要なのである。

　そうなると，法定自治事務に関して国の基準の適用を強制するということそれ自体が不適切というわけでは必ずしもない。法定自治事務も国会が創出したものである以上，国の関心は当然にあるため，国民の基本的人権保障の観点から，全国一律の内容とすべきという判断がされてよい部分は存在する。自治体の事務とした以上，国は，国民との関係では，自治体の肩越しにしかアプローチができない。国会も省庁も国の機関であるが，国民に対して何かのサービスをしようとすれば，直営以外はすべて肩越しになる。そういうときに，自治体に対してまったく何もいえないのかというとそうではない。法令規定を通じてその決定の受け入れを強制し，関与を通じてその意思を伝達することができるというのは，常識的な整理であろう。ポイントは，「何について，どの程度」である。

5　「条例による上書き権」の発想で

（1）法律が制御する条例決定

　「条例による上書き」という言葉が，人目を惹きつけた。初出は必ずしも明らかではないが，早くは，北海道庁で道州制特区提案検討委員会が開催された2006年頃，道庁職員の執筆に係る論文にみることができる。

　法令の決定を条例で修正するという意味での「上書き」が現行法に皆無かというと，そうではない。機関委任事務時代であっても，たとえば，水質汚濁防止法3条3項にある通り，都道府県が条例で決定をすれば，それが法令規定に代わって機能するという仕組みがあった。国が決定したカートリッジをはずし

て，そのあとに，都道府県の決定によるカートリッジを差し込むようなものである。結果的に，自治体決定が機関委任事務を規定する法令の一部となって機能したのである。

　都市計画法の開発基準の一部も，上書き方式である。国が政令で決定する基準について，「条例で，強化し，又は緩和することができる」と規定されている。条例で決定するかぎりにおいて，国の基準は使われなくなる。

　条例の制定という自治体決定をしないならば，国の決定が適用されるが，条例を制定すれば，国の決定は効力を持たなくなる。これが「上書き」である。地方分権改革推進委員会が整理したように，「国が選ぶ法律の国が選ぶ部分について，国が示す参酌基準にもとづいて条例による決定を強制する」ことをもって「上書き」というのは，いかにも無理な議論である。多くの批判を浴びたのは，必然であった。

(2) 国の基準は必要

　国の決定を地域特性に応じて修正した場合，そのかぎりにおいてその決定は効力を失う。本来，分権的上書きは，こうしたものであろう。将来的には，十分にある制度設計のモデルである。

　条例は必ず制定しなければならないのだろうか。必ずしもそうではない。自治体のなかには，一律的適用を予定する国の基準の内容で問題はないと考えるところもあるだろう。条例制定には，それなりのコストを要する。国の基準と地域実情をながめてみて，「条例を制定しない」という決定をすることにより，国の基準を自治体が使えばよいのである。修正したいと考える自治体が，条例を制定すればよい。しかし，地方分権改革推進委員会の発想は，全自治体への条例制定の強制となっている。自己決定という外形を持ちながら，自己決定を蹂躙しているというほかない。

　従来，どちらかといえば「居眠り自治体」が多いといわれてきたために，自己決定の強制により無理やり覚醒させる意味はあるのかもしれない。たしかに，条例制定という強制労働によって，覚醒はするであろう。しかし，経験したこともない筋肉痛に辟易して，あるいは，肉離れや骨折に懲り懲りして，再び永い眠りにつくのは明白である。地方分権改革推進委員会という組織が，内閣に

おける自らの存在意義を示すために，自治体に「無茶ぶりをした」といえなくもない。

（3）自治体は委員会のようには「上書き概念」を用いるべきではない

　理論的関心にとどまるが，委員会のようには，「上書き概念」を用いるべきではない。それが自治体の事務であるかぎり，そして，それが自治体の役割に関するものであるかぎり，法令内容を地域特性に応じて修正するのは十分に適法である。上書き権の「権」なるゆえんは，憲法94条にもとづく条例制定権である。自治権と称してもよいであろう。前述の法制局長会答弁のように，「与える」ものでは決してないのである。

　法令で規定されている内容は，第1次決定と考える。それを変更する必要があるならば，自治体は第2次決定をする。変える必要がないと考えれば，「何もしない」という決定をする。そうすれば，第1次決定がそのまま適用される。条例の制定を強制するのではなくて，「考えることを強制する」のである。

（4）自治体の先駆的取組み
（a）安曇野市景観条例

　筆者の議論は，およそ行政実務では受け入れられない発想だろうか。いくつかの実例をみると，必ずしもそうではないようにみえる。

　2010年に制定された安曇野市景観条例を紹介しよう。2004年に制定された景観法の実施条例という側面も持っている。安曇野市は，景観法のもとでの景観行政団体であり，景観計画を策定している。同計画にもとづく景観計画区域において所定の建築をしようとする際には，市長に届出をしなければならない。届出を受けた市長は，申請者に対して勧告ができるのであるが，その期間は，「30日以内」と法律本則で明記されている（17条2項）。その期間内は，行為着手制限がかかる（18条1項）。市長は，着手制限期間内に，申請に係る建築計画が景観計画と整合するかを審査して，必要があれば，建築計画の修正などを勧告する。

　ところで，届出対象となる建築計画は多様である。相当にボリュームが大きいために，景観計画との整合性審査に時間を要するものもある。景観審議会へ

の諮問や住民意見聴取が必要になる場合もある。安曇野市では，かねてより
「安曇野市の適正な土地利用に関する条例」を制定し，一定以上の規模の開発
計画について，独自の観点からの規制をしていた。そこで，この条例の対象に
なる計画については，景観条例において，景観法の規定する 30 日ではなく一
律 60 日とすると規定したのである。景観法には，着手制限期間を個別に 90 日
まで延長できる規定があるが，予測可能性を持たせるために，対象を限定しつ
つ，条例でその期間を延長したのである。まさに「上書き」である。安曇野市
景観条例 18 条 1 項は，「法第 18 条第 1 項に規定する期間を 60 日……とする。」
と規定している。

(b) 鎌倉市都市景観条例

　2007 年に一部改正された鎌倉市都市景観条例にも，上書きの実例をみるこ
とができる。景観法のもとで指定された景観計画区域のなかに，市町村が景観
地区を指定すれば，その範囲にかぎって，景観計画区域の規制が外れる。「1
エリア 1 制度」という発想で，適用除外がされるのである。財産権の保障の観
点からであろう。
　ところが，鎌倉市においては，若干の特殊事情があり，それを実施すると，
景観規制が後退する結果になる。そこで，同市は，「次に掲げる行為について
は，前各項の規定は，適用しない。」「〔景観〕法第 61 条第 1 項の景観地区……
内で行う建築物の建築等」となっている景観法 16 条 7 項 8 号の規定に関して，
いわば「適用除外の適用除外」をして，重複して規制を適用するとしたのであ
る。鎌倉市都市景観条例 12 条 2 項が「特定地区における法第 16 条第 7 項第 8
号に定める建築物の建築等は，当該特定地区における景観計画に定める当該特
定地区における制限の内容と法第 61 条第 2 項の景観地区における制限の内容
が同一の場合に限るものとする。」と規定するのは，そういう趣旨である。景
観法の規定を硬直的に適用すると鎌倉市においては不合理な結果になるところ，
それは景観法の立法者も想定していないと解釈したのである。鎌倉市は，こう
した条例規定の根拠を，景観法 16 条 7 項 11 号「その他政令又は景観行政団体
の条例で定める行為」に見出した。

(c) 自己決定のリスク

　以上の2例は，いずれも景観法にリンクする法律実施条例である。同法の主管官庁は国土交通省であるが，同省がこれをどのように解しているのかは，定かではない。それは別にして，安曇野市も鎌倉市も，景観規制を進める観点から，景観法の一部上書きを条例決定したのである。

　この解釈のリスクは，すべて両市が負う。提訴された際には，自身の法解釈の適法性を裁判所に対して主張することになる。敗訴すれば，相当の損害賠償額を負担するかもしれない。自己決定とは，そういうものであろう。

6　公の施設・公物に関する対応

(1)「従うべき基準」の論理

　自治体の事務といえども，それが法律で規定されている以上，国の役割も残存することを確認した。それは，法律にも政省令にもあらわれている。「従うべき基準」に関していえば，それは，国民の基本的人権の保障を実現するにあたっての，国の「強い」役割にもとづくものである。形式的にみるかぎり，それは，正当な役割である。

　重要なのは，実体である。自治体に対して基準が法的拘束力を持つかどうかは，基準の内容次第である。国の役割にもとづき，必要十分な内容をもって策定されているのであれば，それは，条例制定権の事項的対象外である。しかし，本来は自治体の役割部分にまで踏み込んで策定されているのであれば，その部分については変更可能である。

　「従うべき基準」とされていても，合理性のない制約になっているのであれば，標準なり「参酌すべき基準」とみなしてよい。どの基準なのかは法律に規定されるが，それは，中身と一緒に評価すべきであって，文言は絶対ではない。自治体には，法律に規定されている内容を額面通りに受け止める悪い癖がある。内容が重要なのである。「入れ物」と「中身」を区別して考えるべきなのである。「従うべき基準」は入れ物であり，具体的内容が中身である。十分に根拠が示された妥当性のあるものでなければならない。中身も合理的であるとなっ

てはじめて法的拘束力が発生する。たんに「従うべき」と規定するだけで義務づけ効果が発生するわけではない。

　「従うべき」といっても，一定の範囲をもって示される。自治体には，条例で決定するその値に関しての説明責任は消えない。国の政省令であれば，説明責任は国にあるが，条例である以上，この責任からは逃れられない。これは，「標準」であっても「参酌すべき基準」であっても同様である。自治体の地域特性に適合しているのかを，住民に対して説明できなければならない。

(2)「国が基準をつくる」ことの意味

　国が基準をつくることそれ自体は，批判されるべきものではない。国は，多くの研究機関を設置し，多くの国費を投入し，多くの研究者を雇用して，道路構造基準や排出基準などを策定している。国税を使ってなすべき役割にほかならない。こうした作業を自治体がするとなると，コストパフォーマンスが悪すぎるし，実際にも無理である。人と金を集中して国が基準づくりをするのは，効率的である。自治体とすれば，「基準策定を無料でアウトソーシングしている」と考えればよい。

(3) 具体的基準の「置き場所」

　基準にもとづく決定を求められる自治体であるが，具体的な決定場所はどこになるだろうか。「条例」と法律が指定する以上，条例で受けるのは当然である。長の規則という選択肢はない。

　しかし，自治体が，何を条例事項にし，何をその委任を受けた規則事項とするのかは，自己決定の問題である。一般に，数値のような事項は，条例ではなく規則で決定するのが自治体の法制執務であろう。第 1 次一括法への対応としては，条例で受け止めるにしても，そこでは，決定にあたっての考え方などを指示するにとどめ，具体的決定は規則に委任することも適法である。実質的にも，すべてを議会の審議に委ねるのは無理である。政省令が改正されるたびに条例改正をするのも面倒である。より根本的には，法律では「条例」と指定せずに，たとえば，「都道府県が定める」と規定すればよい。

　ある法律のもとでのある基準についての条例となると，それを本則で規定す

るにせよ規則に委任するにせよ，条例それ自体は，条文数の少ない「薄っぺらい羊羹」のようなものになるかもしれない。そこで，たとえば，「○市の福祉に関する条例」というように射程の広い条例を制定し，そのひとつの章で基準を決定することも考えられる。基準以外に，その事務に関して，基本理念や手続といった独自の内容を規定するのである。

(4) 地域的自己決定と自治体基準

　基準値は，自治体全域に適用されるのだろうか。地域内分権という動きもある。自治体内部で，その地域特性に応じて基準値が変わることも考えられる。基準原案の策定方針や策定手続にもかかわるが，一律である必要は必ずしもない。

(5)「展望あるコピペ」とこれからの過ごし方

　期限内に条例決定を強制され，それをしなければ事務がまわらないというように，国は自治体を追い詰めた。住民サービスを維持するためには，必要最低限の対応をするというのが，大半の自治体の現実であろう。

　しかし，今後もこうした対応が求められるとすれば，それにどう取り組むのかを，原課だけではなく全庁的に考える必要がある。改革の進め方がある程度具体的になってきた現在，今後の分権改革をどのように受け止めてどのように対応するのかの方針をつくる必要がある。2000 年前後には，分権改革に関するポジションペーパーのようなものが多くつくられた。分権熱が冷めた感がある今であるがゆえに，あえてそうしたものを自治体には期待したい。長の指示のもとに，分権担当や政策法務担当が原課を一緒に取り組むのである。

7　「義務付け・枠付け見直し」のこれから

(1) 公の施設の残り分，第 2 次勧告分，その他

　「義務付け・枠付けの見直し」は，第 2 次，第 3 次，そして，第 n 次と続いていく。その成果となる「地域の自主性及び自立性を高めるための改革の推進

を図るための関係法律の整備に関する法律」という同名の法律は，第 7 次（2017 年）まで制定されている。しかし，前述のように，法律対応がされていない事務に関して条例が制定できないわけでは決してない。自治体の事務であるかぎり，それは可能である。

　「従うべき基準」「標準」「参酌すべき基準」という枠組みは，今後も維持されるであろう。地域特性を反映させた対応をしたいと考える事務があるとすれば，その根拠となっている法令に規定されている基準が上記 3 つのどれにあたるのかを自分で評価・判断し，後 2 者であると考えれば，独自の基準を条例ないしその委任を受けた規則で決定することも可能である。安曇野市景観条例を例にすれば，同市は，景観法 18 条 1 項に規定される「30 日」を，おそらくは「標準」と解して，限定的場合について，条例本則において，これを「60 日」としたのである。

(2) 自治体としての迎撃法

　市町村の重視が，地域主権改革大綱の方向性である。そこにおいて，いかに法治主義を実現するかが問題になる。法治主義それ自体は，普遍的な法原理であり，自治体ごとに異なるわけではない。平等原則や比例原則についても同様である。

　市町村行政現場には，「住民との癒着」はないだろうか。条例による自己決定をするとなると，どうしても自分たちに都合の良いように決めがちである。住民も，国税は払う，県税も払う，しかし，「市税は何とかなる」というような感覚がある。「国＞都道府県＞市町村」とういう感覚を市町村職員も共有してはいないだろうか。

　そういう行政現場に決定権限が委ねられるときに，本当に法治主義にかなった行政が実現できるか。行政過程を透明にして，住民に対しても，社会に対しても，きちんと説明ができる行政体制を整備することは，自治体としての大きな課題であり責務である。

8 「ナショナル・ミニマム」の法構造

　最後に，「ナショナル・ミニマム」の法構造を考えてみたい。厚生労働省に設置されたナショナル・ミニマム研究会で議論がされ，中間報告が 2010 年 6 月に公表されている。研究会は，分権改革を明確に意識していた。

　報告書には，ナショナル・ミニマムについて，「国が憲法 25 条に基づき全国民に対して保障する「健康で文化的な最低限度の生活」水準である。」と記されている。なるほど，憲法 25 条 1 項を踏まえた記述であるが，若干の違和感を持つ。

　分権改革は，憲法に保障された地方自治の実現のために国家が行うものである。国だけが担当するのではなく，国家のなかにある「国と自治体」が分担する。憲法 25 条には，「すべて国民は，健康で文化的な最低限度の生活を営む権利を有する。」とあるが，ここに「国民」とあるから国だけの責任だというのは，短絡的な理解である。憲法第 8 章を踏まえれば，憲法第 3 章に規定される「国民の権利及び義務」は，国と自治体の両方が，適切な役割分担のもとに実現するのであり，決して国の専権ではない。

　重要なのは，個人が国民でもあり自治体住民でもある現実を踏まえて，国と自治体の両者がいかに適切に役割分担をして福祉の向上を実現するかである。報告書には，「国の定めるナショナル・ミニマムは地方自治体で下回ることができない最低基準であり，地方自治体の独自性や裁量はナショナル・ミニマムを上回る部分についてのみ認められる。」とある。それが最低基準であれば下回れないのは当然である。

　この記述は，無意識のうちに機関委任事務制度を前提にしてはいないだろうか。緩和をしたことにより損害が発生すれば，自治体は，国家賠償責任を負う。問題は，最低基準なるものの合理性である。国が最低基準であるといえば自動的に法的拘束力が発生するのではなく，その合理性が適切に説明されてはじめてそうであるというべきであろう。

9　パラダイム転換にふさわしい発想の転換

　個人は国民でもあり住民でもある。国による第 1 次決定を自治体が第 2 次決定により修正する。「従うべき基準」はそれにふさわしい内容を伴ってこそ法的拘束力を持ちうる。憲法第 3 章の基本的人権は，国と自治体の両者の適切な役割分担によって保障されるのが憲法の命令である。いずれも，十分な論証がないままの問題提起であった。

　2000 年の分権改革が実現した「第三の革命」とも称される大きなパラダイム転換を受け止めた具体的作業が継続されている。筆者の関心は，「未完の分権改革」の大きな柱である「未完の法令改革」にある。法定自治体事務を規定する法令は，たとえば 50 年後には，どのような形になっているだろうか。筆者なりの議論をしてはいるが，小さな枠組みのなかでしかものをみていないのではないかという懸念もある。過去に引きずられるのは議論の常ではある。しかし，相当の発想の転換をしないかぎり，2000 年改革の意義を受け止められないようにも感じている。踏み出すべき方向について，確たる自信はないが，引き続き思索を深めたい。

【注記】
　本稿は，第 25 回自治総研セミナーにおける講演原稿を論文形式に整理し直したものである。

Ⅲ　分任条例の法理論

法律のなかで，条例を通じて一定の決定を行う措置が規定される場合，当該条例は，一般に「委任条例」と称される。機関委任事務制度のもとであれば，国の事務に関する国の決定を自治体により条例にさせてその内容を法令の一部とする仕組みは，そもそもの国の決定権限の委任であるから，そうした呼称は適切であった。しかし，同制度が廃止されて自治体の事務となった現在，法律の実施にあたっての条例による決定は，国と自治体の適切な役割分担の観点からとらえる必要がある。地域特性を踏まえた行政を可能にすべく，法律の立法権の一部が事務の実施を命じた自治体に任せられるという意味で，法律に規定されるこうした条例は，「分任条例」と称されるべきである。

1　2つの一括法と「委任条例」

いわゆる第1次一括法および第2次一括法という正式名称を同じくする法律（「地域の自主性及び自立性を高めるための改革の推進を図るための関係法律の整備に関する法律」）による措置の大きな柱のひとつは，「義務付け・枠付けの緩和・撤廃」であった。その具体的対象項目は，①施設・公物設置管理基準，②協議・同意・認可・許可・承認，③計画等の策定およびその手続である。

これらは，地方分権改革推進委員会の『第2次勧告』（2008年12月）において見直す必要があるとされた義務付け・枠付けのうち，とくに問題があるとされたものである。上記3項目についての具体的見直し措置の方向性は，『第3次勧告』（2009年10月）において提示されている。その内容は，『地方分権改革

推進計画』（2009 年 12 月閣議決定）および『地域主権戦略大綱』（2010 年 6 月閣議決定）にまとめられ，それらをもとにして，2 つの一括法が制定された。

　本論文では，そのなかで，①に関する対応，すなわち，従来は全国一律的に決定していた政省令に代えて，「従うべき基準」「標準（とすべき基準）」「参酌すべき基準」という 3 つの基準を踏まえつつ自治体が新たに制定する条例について考えてみたい。枠付け緩和措置への自治体対応である。

　筆者はかつて，「委任条例」について検討をしたことがある[1]。その際には，「政令の定める基準に従い」という規定のある法律のもとで制定される条例を前提としていた[2]。文言は似ているけれども，今回の枠付け緩和措置の内容は，当時の議論とは，その前提を大きく異にしている。しかし，通底する理論的問題もあるため，当時の議論も振り返りながら，試論的に検討を進めることにする[3]。なお，本論文では，2 つの一括法のもとで策定された基準やそれを踏まえて制定された条例の内容それ自体については，直接には検討の対象とはしない。

2　委任条例と分任条例

（1）従来の「委任条例」と今回の「委任条例」

（a）裁量的制定と義務的制定

　「委任条例」は，法律用語ではない。おそらく，一般的には，「法律に条例制定ができる旨の規定がある条例」というほどの意味として理解されているものと思われる。その点では，従来の「委任条例」も今回の「委任条例」も変わりはない。

　違いがあるとすれば，従来の「委任条例」の場合，それを制定しなくても政

---

1)　北村喜宣「委任条例の法理論」『分権改革と条例』（弘文堂，2004 年）168 頁以下。

2)　都市計画法制を例にした行政学的研究として，田丸大「委任条例と自治体の自律的意思決定──『政令で定める基準に従い』方式の考察」都市問題 93 巻 2 号（2002 年）85 頁以下参照。

3)　斎藤誠「条例──地方自治の基礎概念としての」『現代地方自治の法的基層』（有斐閣，2012 年）183 頁・187 頁は，委任条例に関して，「現在なおその理論的検討は不十分なままである」とする。

省令が適用されるために，地域特性に応じた対応を不要と考える自治体は，特段の措置を講じなくてもよかったことである[4]。すなわち，任意的である。これに対して，今回の「委任条例」の場合は，制定が義務となっている[5]。それゆえに，分権推進のコンテクストで実施されているにもかかわらず，そこで用いられる「委任」という文言については，かなり重くかつ強いニュアンスが感じられるのである。

　なお，今回，対応された施設・公物設置管理基準に関しては，「法令基準に代えて条例で定められる」といわれることがある[6]。たしかに，外形的にはその通りである。ただ，従来，「代えて」という文言は，典型的には，水質汚濁防止法 3 条 3 項や都市計画法 33 条 3 項のように，政省令により確定的に決定されていた内容を実質的に条例により上書きすることを指して用いられていた[7]。これに対して，今回の「委任条例」の場合は，政省令による確定的決定が法制度的に存在しないのであり，前提の違いに留意する必要がある。

(b)　団体委任事務条例と法定自治事務条例

　機関委任事務制度のもとでは，地域特性を踏まえた行政を自治体現場で実現しようと「国が」思えば，政省令とは異なる基準の設定を，権限を持つ自治体の長が制定する規則に委任（国の事務を大臣の下級行政機関へ委任）することがありえた。しかし，おそらくは，国民の権利義務に関するがゆえに，条例により決定させることが選択された。国の事務に関する措置であるため，その選択は国が立法によって創設的に行ったのである。

　もっとも，条例は自治体が制定するから，当該条例の法的性質は，団体委任事務条例であった。ただ，機能的には，法律実施条例としての団体委任事務条

---

4)　条例を制定しなければならなかった事務もある。たとえば，食品衛生法の許可基準については，従来から，条例制定がなければ事務ができないことが制度の前提とされている（51～52条）。こうしたタイプの条例は，外形的には，今回の「委任条例」と似ている。

5)　出石稔「地域主権時代の自治立法のあり方」都市とガバナンス 14 号（2010 年）45 頁以下・49 頁は，「任意委任」「必要委任」という表現をする。

6)　出石稔「自治体と議会は地域主権改革にどう対応すべきか」廣瀬克哉＝自治体議会改革フォーラム（編）『議会改革白書 2012 年版』（生活社，2012 年）101 頁以下・101 頁。

7)　北村喜宣『自治体環境行政法〔第 7 版〕』（第一法規，2015 年）27 頁参照。

例であって，当該条例が制定されれば，法律の側で，「それは法律の一部」とみなしたのである。このような操作は，すべて法律の明文規定によって可能になった。

　ところが，第 1 次分権改革によって，団体委任事務という整理はなくなり，法定自治事務となった。法律に規定される条例は，現在では，法定自治事務条例ということになる。条例に関係する事務も，機関委任事務ではなく，法定受託事務あるいは法定自治事務である[8]。

(2) 呼称への批判

　機関委任事務制度が廃止された現在，「委任条例」という呼称を用いることに対しては，多くの批判がある[9]。法律が自治体に任せる内容は，「国の事務」の実施ではなく，「自治体の事務」の実施である。自治体の事務を規定する法律には，①国の役割にもとづく事務，②自治体の役割にもとづく事務が盛り込まれているが，条例制定は，後者の事務のひとつである。そして，それに関する条例制定権は，個別法によって創設的に与えられているのではなく，憲法 94 条によって包括的に保障されている。このような認識が，批判の根底にある。

　そのように考えれば，「委任条例」という表現は，不適切であることがわかる。もっとも，中央政府の側も，これを積極的に使用しているのではないようである。「『本来なら国が定めるべきものを地方に定めさせる』という意味での『委任』とは異なる。」という前提に立ちつつも，「法律用語としてなじみがある『委任』に代わる表現が見当たらないために，この言葉が使われた」と解説されている[10]。

---

8)　この条例制定権に関しては，これを「国家法令の制定権限の委任」とする考え方がある。塩野宏『行政法Ⅲ——行政組織法〔第 4 版〕』（有斐閣，2012 年）189 頁参照。

9)　たとえば，斎藤誠「法律規定条例の可能性と限界」同・前註3）書 299 頁以下・302 頁，小泉祐一郎『地域主権改革一括法の解説——自治体は条例をどう整備すべきか』（ぎょうせい，2011 年）64〜65 頁，松本英昭「自治体政策法務をサポートする自治法制のあり方」北村喜宣＝山口道昭＝礒崎初仁＝出石稔（編）『自治体政策法務』（有斐閣，2011 年）80 頁以下・93 頁，山口道昭（編著）『入門地方自治〔第 1 次改訂版〕』（学陽書房，2012 年）31 頁［山口執筆］参照。

　中央政府の語彙不足には同情する。しかし，第 1 次分権改革の意義，そして，「委任」という文言が有するニュアンスに若干なりとも想いを馳せるならば，勧告などの公式文書がこうした文言を何の注釈もなしに繰り返し使用することには，中央政府の分権推進に対する感度の悪さを感じざるをえない[11]。この文言は，全体としてみれば，まだまだ機関委任事務体質が抜けず自立的思考・姿勢に欠ける自治体が[12] 受け止めるのである。おそらく中央政府は，「自治体目線」では考えられないのだろう[13]。

3　「分任条例」の基本思想

(1)「分任条例」

　法定自治体事務を規定する法律に明文規定のある条例は，「分任条例」と呼んではどうだろうか。地方自治法 10 条 2 項にある文言[14] にヒントをえた，筆者の造語である[15]。

　自治体の事務が法律に規定される場合，地方自治法 2 条 11 項によるならば，

---

10)　小早川光郎「義務付け・枠付けの見直し──その意義と展望」市政 61 号（2012 年）22 頁以下・23 頁参照。

11)　第 1 期分権改革に深く関与した実務家は，法定受託事務の「受託」という用語法に関して，「この言葉，"受託"という言葉，何か良い言葉があれば変えなければならないと思っていたのですが，そこで明確に意識していたのは，委任という言葉だけはいかん，ということだった。」と述懐している。松本英昭「義務付け・枠付けの緩和に関する取組み状況について」自治総研 414 号（2013 年）1 頁以下・5 頁。

12)　礒崎初仁『自治体政策法務講義』（第一法規，2012 年）24 頁参照。

13)　北村喜宣「機関委任事務体質・霞が関バージョン──条例と行政立法」同『自治力の達人』（慈学社出版，2008 年）13 頁以下参照。

14)　地方自治法 10 条 2 項は，「住民は，法律の定めるところにより，その属する普通地方公共団体の役務の提供をひとしく受ける権利を有し，その負担を分任する義務を負う。」と規定する。「分任」という文言を総務省の法令データベースで検索すると，現在では，51 件の法令がヒットする。そのほとんどは，「分任資金前渡官吏」「分任物品管理官」のような役職名の一部に用いられている。

15)　斎藤・前註 9）論文 301 頁，同「条例制定権の限界」同・前註 2）書 286 頁以下・293 頁は，「国の法令の仕組みを使う条例」という趣旨で「法律規定条例」という表現を用いるが，同様の認識にもとづくものであろうと思われる。

それは，国と自治体の適切な役割分担にもとづいているはずである。第 1 次分権改革以前に制定された法律に関しては，同条 12 項が規定するように，そのようになっていないとしても適切な役割分担を踏まえて解釈されるべきである。

　適切な役割分担の内容とは，どのようなものだろうか。憲法 92 条にある「地方自治の本旨」の重要な内容になる。なお抽象的ではあるが，それは，地方自治法 1 条の 2 第 2 項が規定する。すなわち，「〔国は〕国が本来果たすべき役割を重点的に担い，住民に身近な行政はできる限り地方公共団体にゆだねることを基本として，地方公共団体との間で適切に役割を分担するとともに，地方公共団体に関する制度の策定及び施策の実施に当たつて，地方公共団体の自主性及び自立性が十分に発揮されるようにしなければならない。」のである。線引きは困難であるが，国が本来果たすべき役割以外は自治体の役割とするのが「適切な分担」ということになる。

(2)　分けて任せる

　「分任」という文言は，明治 21 年（1888 年）の市制 6 条および町村制 6 条のなかで規定された。1947 年制定の地方自治法 10 条 2 項は，それを引き継いだものである [16]。この「分任」には，分権改革を考える際に重要な示唆を見いだすことができるように感じている。

　文字通りに読むと「分けて任せる」ことである [17]。これを地方分権の文脈で用いるならば，それは，国家において，市民福祉の増進のために，国と自治体が適切な役割を分担することになる。「分権」とは，本来，このような意味ではなかったのだろうか。機関委任事務制度に象徴的であったように，自治体

---

16)　佐藤竺（編著）『逐条研究地方自治法 I』（敬文堂，2002 年）242 頁参照。

17)　佐藤（編著）・前註16) 書 257 頁，松本英昭『要説地方自治法〔第 7 次改訂版〕——新地方自治法の全容』（ぎょうせい，2011 年）157 頁，同『新版逐条地方自治法〔第 6 次改訂版〕』（学陽書房，2011 年）130〜131 頁は，「分かち合うこと」とする。解説書においても，これ以上の議論はされていない。たとえば，俵静夫『地方自治法』（有斐閣，1975 年）95 頁，室井力＝兼子仁（編）『基本法コンメンタール地方自治法〔第 4 版〕』〔別冊法学セミナー〕（日本評論社，2001 年）45 頁〔三橋良士明執筆〕，金子芳雄『地方自治法』（成文堂，1997 年）68〜69 頁参照。なお，村上順＝白藤博行＝人見剛（編）『新基本法コンメンタール地方自治法』〔別冊法学セミナー〕（日本評論社，2011 年）58〜59 頁〔原島良成執筆〕は，本稿の問題関心とは異なる観点から，踏み込んだ議論をする。

が有すべき権能が，国の側に過剰に保持されていた。それを，適切な役割分担の観点から自治体に「分けて任せる」のが分権改革なのである。

　2つの一括法による作業は立法論であり，それゆえに，整理としては，地方自治法2条11項を関係法律に関して具体化したものということができる。法律に規定される事務に関して，目的実現の観点から，地方自治法2条11項を踏まえて，国と自治体の役割を見直しつつ改正されたのが，29法律100条項であった。それにより，政省令による「国の決定」から，条例による「自治体の決定」へと，決定の担当主体が交代した。すべてを国が決定していたところ，法規ではないガイドライン的基準の設定と法規である基準の策定を分けて，後者を自治体に任せたのである。まさに「分任」であり，それは条例という法形式で行われるがゆえに，その条例は「分任条例」と呼ぶのがふさわしい。

　筆者がこの表現を初めて公的な場で用いたのは，2012年11月に開催された第12回日本自治学会分科会においてであった。当日の議論に参加された実務家のひとりは，その後に執筆された論攷において，2つの一括法による対応を解説するなかで，「なお，条例『委任』と表現しているが，その実態は，あくまで基準設定の意思決定主体の変更であり，国と地方の役割分担の見直しである。この点で『委任』でなく『分任』と表現すべきとの指摘もある。」と紹介している [18]。また，別の実務家は，「言葉としては『分任』というのも良いかと思います。」とコメントしている [19]。今後，定着することを期待したい。

　以上は，形式的な整理である。2つの一括法を通じて自治体に任された内容が適切であったかどうかについては，多くの批判があるが，本章では，この点には立ち入らず，枠組的な整理を続ける。

(3) 分任条例の位置づけ

　政省令という行政立法は，法律本則との関係では，その下位にあるものである。政令の根拠は，「この憲法及び法律の規定を実施するために，政令を制定すること。」を内閣の事務とする憲法73条6号に，そして，省令の根拠は，

---

18)　大村慎一「義務付け・枠付けの見直しと条例制定権の拡大」義務枠見直し条例研究会（編著）『義務付け・枠付け見直し独自基準事例集』（ぎょうせい，2013年）31頁以下・38頁。

19)　松本・前註11）論文6頁。

「各省大臣は，主任の行政事務について，法律若しくは政令を施行するため，又は法律若しくは政令の特別の委任に基づいて，それぞれその機関の命令として省令を発することができる。」ことを大臣の権限とする国家行政組織法 12 条 1 項に求められている。中央政府の行政機関は，法律の命令の範囲で政省令を制定することができるのであり，その範囲が「委任立法の限界」として論じられてきた。

　これに対して，条例は，政省令のような行政立法ではない[20]。その根拠は，法律ではなく憲法 94 条にあり，同条にもとづく自治立法である[21]。政省令の場合には，（白紙委任という問題はあるが，とりあえずは）法律を所与としたうえで，法律との関係でその内容の適合性が問題になる。これに対して，分任条例の場合には，個別法のもとで自治体に役割分担をさせているその内容および程度の合憲性が問われるのである。すなわち，自治体事務を規定する法律のもとでの自治体の役割に不足はないか，国が決めすぎていないかなどが，憲法 92 条に照らして問題になる。かりにそうであれば，法律に関して限定解釈を施す必要も出てくる。政省令と同じ意味で法律本則の下位にあると観念するのは，適切な認識とはいえない[22]。

　そうであるとすれば，分任条例はどこに位置づけられるのだろうか。政省令で決定していた内容が条例による決定に変更されたため，分任条例は政省令と同格にみられているようにも思われる。あるいは，「従うべき基準」に法的拘束力があるという立場からみれば，それ以下であるのかもしれない。

　しかし，条例制定が憲法で保障された自治体の権能であること，そして，分任条例の制度化が国と自治体の適切な役割分担を実現するための措置であることに鑑みれば，そのように整理するのは適切ではない。分任条例を政省令と同

---

20)　条例を「広い意味での行政立法」とする考え方があったことは，周知の通りである。田中二郎『新版行政法上巻〔全訂第 2 版〕』（弘文堂，1983 年）159 頁。

21)　松本英昭「条例による法令の規定の補正等（条例による法令の『上書き』等）」『自治制度の証言——こうして改革は行われた』（ぎょうせい，2011 年）109 頁以下・109〜110 頁も参照。

22)　塩野宏『行政法 I ——行政法総論〔第 5 版〕』（有斐閣，2009 年）93 頁は，「法律による委任に基づいて制定されるものを除いては，……行政立法という把握は適切ではない。」とする。これを逆に読むと，法律の委任にもとづいて制定される条例は行政立法という整理になるが，その趣旨かどうかは定かではない。

【図表 3.1】分任条例の位置づけ

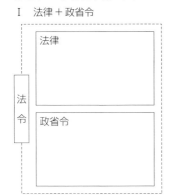

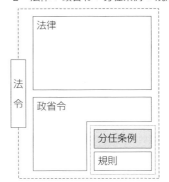

Ⅰ　法律＋政省令

Ⅱ　法律＋政省令＋分任条例＋規則

Ⅲ　法律＋分任条例＋政省令＋規則

出典：筆者作成。

列かつ法律の下位に位置づける従来の議論からすれば違和感を覚えるかもしれ
ないが，現在では，理論的には，「分任条例は法律本則のなかにある」と考え
るのが適切ではないだろうか。すなわち，憲法 41 条が規定する国権の最高機
関である国会が，憲法 92 条を踏まえて，国と自治体の役割分担を整理して，
一定の法規の制定を国から独立した統治主体たる自治体に任せたと考えるので
ある。そのかぎりにおいての立法権の移譲である。

　イメージとしては，【図表 3.1】を参照されたい。法律と政省令による基本型
は，モデルⅠである。これに対して，2 つの一括法により改正を受けた法律の
もとでの政省令，分任条例，規則は，モデルⅡのように考えられているのかも

しれない。しかし，そうではなくて，モデルⅢのように考えるべきではないだろうか。

　そうすると，下位法令である政省令によって示される「従うべき」「標準（とすべき）」「参酌すべき」という3つの基準との関係が問題になるが，次のように整理したい。

　自治体に条例による決定をしてもらう事項は，かつては中央政府の行政機関が決定していたものである。すなわち，専門的・弾力的対応の必要性から，国会自身がそれを自ら完結的に決定することが不適切と考えて，行政機関に命じていたのである。それを「対等な統治主体」である自治体，さらには民主的正統性が高い議会の議決に任せる以上，同じ国の行政機関に命じるのと同じ程度に制約を課しうると考えることはできない。かりにそのようにしたければ，国の直接執行事務とするしかないだろう。条例制定にあたっての詳細かつ適切な指示を国会自身がすることができないため，その役割は，中央政府に委任せざるをえないが，中央政府が政省令を通じて示す内容には，従来とは異なる制約があり，分任条例は，その緩和された制約の枠組みのなかで制定されるものである。「従うべき基準」との関係については，後でもう一度論ずる。

4　分任の限界

(1) 2つの観点

　「委任立法の限界」になぞらえていえば，分任条例にも限界があるということになる。これは一般論としては，「法律の範囲内で条例が制定できる」という法理の解釈論である。限界としては，2つの局面が想定できる。第1は，分任条例に関する規定を制定する国会の立法裁量の限界である[23]。第2は，分任条例を制定する自治体の立法裁量の限界である。いくつかのコメントをしてみよう[24]。

---

23) この段階では，なお抽象的であり事件性に欠けるため，第1の点については，実務的にはあまり意味はないかもしれない。

24) 小泉祐一郎「事務の枠付け見直しの論点」自治実務セミナー 52 巻 3 号（2013 年）68 頁以

(2) 国会の立法裁量の限界

　第1の点に関して，行政立法の場合には，いわゆる白紙委任は違憲・無効とされた[25]。分任条例の場合には，政省令と同様に考えることができないのは当然であるが，立法裁量の限界はどこかにあるのだろうか。従来の「委任条例」に関して，委任の限界が論じられることはなかったが，分権時代においては意識されるべき論点であろう。その際には，憲法92条の解釈論が重要になってくる。「法律の内容が地方自治を阻害したり，地方公共団体の自主性を否定する場合には，法律が無効と判断されうる」のである[26]。

　行政立法については，指示・命令をしないという不作為が問題とされるのに対して，分任条例については，あれこれと指示・命令をする作為が問題とされる。そのひとつは，地方自治法2条11項が規定する「適切な役割分担」が踏まえられているかどうかであろう[27]。法定自治事務に関していえば，同法2条13項にあるように，「地方公共団体が地域の特性に応じて当該事務を処理することができるよう特に配慮」されているかどうかである。もっとも，これら基準は，いかにも抽象的で切れ味が悪い[28]。今後，より具体的な基準をつくらなければならない。それは別にしても，今回の2つの一括法による関係法律の改正は，少なくとも内閣法制局の解釈によれば，これら基準を充たしていることになる。

　立法裁量に関していえば，それぞれの法定自治事務に関して，「従うべき」

下は，条例を通じて設定が義務づけられる基準に関して，自立的基準と他律的基準を区別し，条例の内容等について違いがあるべきとする。分任条例の内容を考えるにあたっても示唆に富む議論である。

25)　塩野・前註22）書96頁，原田尚彦『行政法要論〔全訂第7版補訂2版〕』（学陽書房，2012年）115頁参照。

26)　大橋洋一『行政法Ⅰ　現代行政過程論』（有斐閣，2009年）59頁。斎藤・前註9）論文304頁，小早川光郎「基準・法律・条例」小早川光郎＝宇賀克也（編）『行政法の発展と変革（下）』［塩野宏先生古稀記念］（有斐閣，2001年）381頁以下・383頁も参照。

27)　塩野・前註8）書236頁は，地方自治法2条11項が規定されたことに関して，「地方公共団体に関する法令の制定にあたり，憲法との関係に一層留意されなければならないことが確認された」とする。この点は，解釈論においても同様である。小早川・前註26）論文383頁は，「国の立法の憲法上の限界をあらためて表現したものと解すべき」とする。

28)　これら条項の制定の経緯については，西尾勝「『地方自治の本旨』の具体化方策」東京市政調査会（編）『分権改革の新展開に向けて』（日本評論社，2002年）35頁以下・45頁参照。

「標準（とすべき）」「参酌すべき」という3つの基準が示されたが，それが国の役割分担として適切であったかが問われることになる。この措置は，地方自治法1条の2第2項が例示する国の役割のどれに該当するのだろうか。さらに行政立法にまで拡げて考えるなら，3つの基準の内容が，とりわけ同法2条13項に照らして適切であったかが問われることになる。もっとも，それらにそれほど重大な違いを見いださないのであれば，論点としての重要度は低くなる。

（3）自治体の立法裁量の限界

　第2の点についてはどうだろうか。分任条例といえども条例であり，それゆえに法律の範囲内で制定できることに変わりはない。憲法94条が明定するところである。「法律の範囲内」の内容には多くのものがあるだろうが，「任せた範囲を超える」「任せた趣旨に沿わない」ならば違法になると，一応はいえる。それは，どのような場合だろうか。

　将来的にどのように展開するかは不明確であるが，すくなくとも2つの一括法のもとでの条例対応は，項目を法律が選択し，政省令が示すガイドラインを参照しつつ制定することが命じられている。現在の状態を前提に考えてみたい[29]。

　第1に，分任条例がそれを規定する個別法の制度趣旨に反することができないのはいうまでもない[30]。法律冒頭の第1条に規定される目的による制約を受けること，条例の「根拠法規」の枠内でなければならないことは当然である。もっとも，2つの一括法にもとづく今回の対応では，決定の範囲がきわめて制約的になっているため，それに従っているかぎりでは，問題は発生しないだろう。

　第2に，条例に任せられた趣旨は，自治体において，民主的議論を経ての自治的決定・政治的決定がされるべきということであるから[31]，決定内容のいかんにかかわらず条例を「スルーして」，実質的にすべてを規則に委ねたとす

---

29)　解釈論の枠組みとして，塩野・前註8) 書189頁は，「通常の法律と政省令の関係よりも適法性審査の基準はゆるいとみるのが，地域の自主性の理念に合致する。」という。

30)　斎藤・前註9) 論文305頁も参照。

31)　小泉・前註24) 論文69頁も参照。

れば，当該条例は違法である[32]。条例本則での決定がされるべき事項が何で
あるべきかを具体的に示すのは難しいが，当該自治体にとっての「重要事項」
はそれにあたるといえるだろう。重要事項留保・本質性留保の発想である[33]。
専門性・柔軟性を要するものが規則事項である点では，法律と政省令の関係と
同じと一応はいえる。ただ，数値であったとしても，たとえば，従来，政省令
で規定されていた値を緩和するような場合は，それにより事故が発生すれば国
家賠償責任が生じないとはかぎらない。そうしたリスクを踏まえての政治的決
定なのであるから，条例本則で決定すべき重要事項といえるのではないだろう
か[34]。

　第3に，平等原則や比例原則に反することができないのは，政省令と同じで
ある[35]。平等原則に関しては，自治体内部をいくつかのエリアに分けて，異
なる基準を設定した場合に問題になりうる。比例原則については，より現実的
問題がある。基準の効果が私人に及ぶ場合[36]，その根拠が十分になければな
らないのである[37]。現実には，「従うべき」「標準（とすべき）」「参酌すべき」
という3つの基準の根拠が問題になるが，中央政府はこれを十分に示していな
い。筆者が多くの自治体で調査したところによれば，各省庁は，自治体から照
会を受けても，回答をしていない[38]。政省令基準が最初に策定されたときに

---

32)　大村慎一「地域主権改革関連条例の制定状況について──条例制定権の拡大と議会の役割」
　　議員 NAVI 33 号（2012 年）48 頁以下・55 頁，近藤貴幸「義務付け・枠付けの見直しと条例
　　制定権の拡大について」自治体法務 NAVI 49 号（2012 年）2 頁以下・9 頁参照。

33)　大橋・前註 26) 書 273 頁，阿部泰隆『行政法解釈学Ⅰ』（有斐閣，2008 年）102〜103 頁参
　　照。

34)　この論点に関しては，澤俊晴「実務から見た義務付け・枠付けの見直しとその課題」自治
　　体法務 NAVI［第一法規］52 号（2013 年）20 頁以下・24 頁も参照。

35)　斎藤・前註 9) 論文 305 頁も参照。

36)　小泉・前註 24) 論文のいう「他律的基準」である。

37)　比例原則については，塩野・前註 22) 書 84 頁参照。

38)　日野稔邦「佐賀県における一括法対応とそこから見えたもの」自治総研 415 号（2013 年）
　　28 頁以下・45 頁は，「十分な根拠開示がなされなかったのは残念である。」とする。どのよう
　　な立場の者が執筆したかは不明であるが，「参酌すべき基準」である道路法に関する基準につ
　　いて，「道路の構造については，安全面を重視したものであり，数値基準は多くの実験データ
　　に基づいて定められているものであり，設備，機械等が整わない自治体においては，実証実験
　　も十分に行えないので，技術基準を国の基準と異なるものにするのは困難である。」というコ

はそれなりの根拠が示されていたのかもしれないが，現在においてそれが維持されるかどうかは，改めて確認されるべきであるにもかかわらず，そうしたことはない。どの基準に関するものであっても，条例においては，地域特性を踏まえた決定がされることになるのであるが，根拠が不明確な状況のもとで「とりあえず基準通り」に設定される条例・規則は，3つの基準のどれに則したものであっても，比例原則，とりわけ，必要性の原則の審査にたえられないようにも思われる[39]。条例にあっては，十分な立法事実が踏まえられているべきは当然であり[40]，結論に至る過程や理由が適切に説明されているかどうかが重要になる[41]。

　第4は，「従うべき基準」に関してである。他の2つの基準と同様，「従うべき基準」とは，いわば通称である。実定法においては，たとえば，以下のように表現されている。

■老人福祉法17条（抄）

1項　都道府県は，養護老人ホーム及び特別養護老人ホームの設備及び運営について，条例で基準を定めなければならない。

2項　都道府県が前項の条例を定めるに当たつては，第一号から第三号までに掲げる事項については厚生労働省令で定める基準に従い定めるものとし，第四号に掲げる事項については厚生労働省令で定める基準を標準として定めるものとし，その他の事項については厚生労働省令で定める基準を参酌するものとする。

一　養護老人ホーム及び特別養護老人ホームに配置する職員及びその員数

メントがある。条例策定研究会（編著）『地域主権改革対応条例のチェックポイント』（ぎょうせい，2013年）41頁。国は根拠データを持っているということのようである。それにもかかわらず自治体に示さないというのは信義にもとる対応であり，自治体の信頼と尊敬を到底獲得することはできない。

39)　北村喜宣「不合理の強要？——枠付け緩和作業の意味」自治実務セミナー52巻5号（2013年）49頁参照。

40)　神崎一郎「法律と条例の関係における『比例原則』『合理性の基準』『立法事実』」自治研究85巻8号（2009年）79頁以下・95〜101頁，鈴木庸夫「条例論の新展開——原理とルール・立法事実の合理性」自治研究86巻1号（2010年）58頁以下・71〜72頁参照。

41)　川崎政司「地方分権改革のこれまでとこれから」同（編著）『ポイント解説「地域主権改革」関連法——自治体への影響とその対応に向けて』（第一法規，2012年）1頁以下・34頁参照。

　二　養護老人ホーム及び特別養護老人ホームに係る居室の床面積

　三　養護老人ホーム及び特別養護老人ホームの運営に関する事項であつて，入所す
る老人の適切な処遇及び安全の確保並びに秘密の保持に密接に関連するものとして
厚生労働省令で定めるもの

　四　養護老人ホームの入所定員

　「従うべき」が何を意味するかは，解釈になる。『地方分権改革推進計画』に
よれば，「条例の内容を拘束する，必ず従わなければならない基準であり，当
該基準に従う範囲内で地域の実情に応じた内容を定める条例は許容されるもの
の，異なる内容を定めることは許されないもの」である。不明確な表現である
が，中央政府は，原則として法的拘束力があるけれども，異ならない内容で地
域特性を反映した条例は可能と考えている[42]。

　この点に関して，政省令基準が最低基準である場合にそれを強化するこ
と[43]や，定性的表現がされている場合にそれを具体化することは可能という
説明もある[44]。地域の事情に照らして，基準を硬直的に適用することに合理
性がない場合でも，根拠規定および根拠法の制度趣旨に反しないかぎりで，異
なる対応をすることは認められよう[45]。十分な立法事実にもとづくべきこと
は，前述の通りである。地域特性を踏まえた対応を否定するような形で「従う
べき基準」が策定されているとすれば，それは「従うに値しない基準」であり，
せいぜい「参酌すべき基準」と読み替えて適用されることになる[46]。前述し
たように，根拠が示されていない場合も同様である[47]。「従うべき基準」とい

---

42)　小泉・前註9）書97頁は，「従うべき基準」は「従わなければならない基準」とは異なる
　　と指摘する。

43)　小泉・前註9）書97頁は，従うべき基準が最低基準である場合において，「法目的や要件
　　規定の趣旨に合致した合理性（法令の要考慮事項が当該地域において重要な事項である立法事
　　実があり，強化する基準が比例原則に適合している場合など）があれば，基準の強化は可能で
　　あると解される。」とする。その具体例（児童福祉法にもとづく保育所乳幼児室面積）として，
　　澤・前註34）論文21頁参照。

44)　岡田慎一「第1次一括法の解説と自治体の対応」川﨑（編著）・前註41）書103頁以下・
　　131頁註29も参照。その具体例（介護保険法にもとづく事業者指定申請者としての法人格要
　　件）として，澤・前註34）論文21頁参照。

45)　小泉・前註9）書97頁参照。

46)　日野・前註38）論文45頁は，同様の発想をしているようにみえる。

う外観は必要条件にしかすぎない。適切な内容という十分条件が伴っていなければならないのである[48]。法的効力をどのように解しているかは必ずしも明確ではないが,「広範かつ細部にまで定めることになれば,改革に明らかに反する」という整理もある[49]。

　第5は,省令基準が数値などによって具体的に示されていない内容についてである。前掲の老人福祉法17条を例にすれば,養護老人ホームおよび特別養護老人ホームの設備・運営に関して,2項1~3号基準は「従うべき基準」に則して,2項4号基準は「標準(とすべき基準)」に則して条例・規則で規定する。そのほかは,「参酌すべき基準」に則すことになる[50]。参酌基準として示されていない内容については,設備・運営に関するものであるかぎり,条例・規則で決定することも可能である。何をもって「設備・運営に関する」といえるかは,解釈になる。「従うべき基準」であっても,解釈の余地がある場合には,地域特性を反映した内容を規定することは可能である。たとえば,介護保険法にもとづく指定居宅サービス事業の指定基準のひとつは,「申請者が都道府県の条例で定める者でないとき。」(70条2項1号)であるが,この1号要件に関しては,「厚生労働省令で定める基準に従い定めるものとする。」(同条3項)とされている。この省令は,介護保険法施行規則126条の4の2である。同条は,「法第70条第3項の厚生労働省令で定める基準は,法人であることとする。」と規定するが,この「法人」に関して,条例で,「法人(次に掲げる法人を除く。)」として,「その役員のうちに,暴力団員又は暴力団員でなくなっ

---

47)　澤・前註34)論文24頁は,生活保護法のもとでの救護施設の入所者面積基準(1人あたり3.3 m²)について,「居住環境が大幅に改善された現代ではあまりに時代錯誤的な数値となっており,ナショナル・ミニマムとしてではなく,単に,恣意的に国が定めた基準に,全国一律に従わせるだけ」と評する。

48)　北村喜宣「『つき出し条例』?──『従うべき基準』の拘束力」同『自治力の躍動──自治体政策法務が拓く自治・分権』(公職研,2015年)35頁以下参照。斎藤誠「自治立法の将来」同・前註3)書328頁以下・335頁は,基準の範囲を超えた条例制定は一定限度で可能とするが,基準を規定する政省令の適法性を所与としているようにもみえる。しかし,そうした保証は必ずしもないのではなかろうか。

49)　松本・前註21)論文114頁。

50)　以上の3基準は,「養護老人ホームの設備及び運営に関する基準」(昭和41年7月1日厚生省令19号)に規定されている。

た日から 5 年を経過しない者がある法人」などのいわゆる暴力団条項を規定する自治体がある[51]。

　第 6 は，手続である。行政手続条例などで，条例案および規則案に対してパブリック・コメント手続を適用すると規定している場合（例：横須賀市市民パブリック・コメント手続条例）において，正当な理由なくその手続が講じられずに制定・策定されたならば，当該条例・規則は違法となる[52]。

(4) 徳島市公安条例事件最高裁判決と分任条例

　分任条例は，個別法が制定を予定する法律実施条例である。したがって，その法律牴触性判断については，個別法とは直接の関係がない並行条例・独立条例である「徳島市集団行進及び集団示威運動に関する条例」（徳島市公安条例）を前提とする最高裁判決（最大判昭和 50 年 9 月 10 日刑集 29 巻 8 号 489 頁）の射程からは，一応外れることになる[53]。もっとも，同判決は，憲法 94 条の解釈論をしたものであり，そのかぎりにおいて，その趣旨は，分任条例の法律牴触性判断にあたっても参考にされるべきであろう。

5　分任条例論の今後

　本章では，法律に規定される分任条例の位置づけについて試論的に論じてきた。検討の過程で痛感したのは，憲法学からの本格的議論の必要性である。これは筆者の手に余る。憲法 8 章を踏まえた（解釈論として使える）41 条論，法治主義論，人権論の深化を，ぜひとも期待したいところである[54]。

---

51)　北村喜宣「意外に広い可能性？――従うべき基準と暴力団条項」同・前註 48）書 118 頁以下参照。

52)　パブリック・コメント実施上の論点については，澤・前註 34）論文 22 頁参照。

53)　この認識については，斎藤・前註 9）論文 301〜302 頁も参照。小早川光郎＝北村喜宣「〔対談〕自治立法権の確立に向けた地方分権改革」都市問題 100 巻 1 号（2009 年）27 頁以下・40 頁［小早川発言］は，「私も，基本的に徳島市公安条例事件判決と今回の問題とは別だと思うのです。……徳島市公安条例判決のように両者の目的や効果を比べるという手法ではアプローチできない。」とする。

　なお，筆者は，法定自治体事務に関しては，個別法の明文規定がなくても，法律実施条例を制定して，政省令の規律事項を上書きすることは，原則として適法と考えている[55]。法律実施条例には，（明文規定のある）分任条例と，（明文規定のない）（狭義の）法律実施条例があると整理できる。本章では，「2つの一括法を受けての条例」を所与としてはいるが，地方自治を進めるにあたって，分任条例という枠組みでの議論が，今後どれほど必要であるかについては，確たる自信が持てないでいる[56]。広く用いられている「委任条例」という用語法，すなわち，本章でいう「分任条例」という用語法が示す概念は，そもそも必要ではないようにも感じている。その意味で，本章は，分任条例の意義を積極的に論ずるものではない[57]。

　法律に明文規定がある分任条例，そして，それがない（狭義の）法律実施条例を検討していて感じるのは，現行法の構造を，分権改革の観点から，とりわけ「国と自治体の適切な役割分担」の観点から分析することの必要性である。第 1 次分権改革は，機関委任事務を廃止して，それを法定自治事務と法定受託事務に振り分けることにとどまった。筆者のいう「未完の法令改革」の状態は

---

54)　小早川光郎「地方分権改革──行政法的考察」公法研究 62 号（2000 年）163 頁以下・166 頁が指摘する論点である。この点に関して，ある憲法学者は，「戦後日本の憲法学では，地方自治の分野は軽視され続け」と嘆息を漏らす。大津浩「現代憲法における地方自治権保障の意義と課題」自治総研 280 号（2002 年）1 頁以下・15 頁。その学界状況に変化はあるだろうか。

55)　北村喜宣「法律改革と自治体」公法研究 72 号（2010 年）123 頁以下，同「2つの一括法による作業の意義と今後の方向性──『条例制定権の拡大』の観点から」自治総研 413 号（2013 年）39 頁以下参照。小早川＝北村・前註 53）対談 33 頁［小早川発言］は，「〔法定事務に関する〕条例制定権は憲法 94 条と地方自治法 14 条 1 項に基づいて存在します。……法律の規定がなければ条例は制定できないということではない。」という。もっとも，小早川・前註 26）論文は，筆者ほど広くは制定余地を解していない。

56)　小早川・前註 54）論文は，「事務権限の範囲の広狭と事務処理の自主性の強弱という二つの量を掛け合わせたものが，地方自治の大きさである」（163 頁），「自治体の条例制定権がどれだけあるのかということも，ここでいう“地方自治の大きさ”に当然含まれる」（164 頁）という。大きくても内容が乏しければ意味がないから，その点も考慮する必要がある。この枠組みで分任条例をみた場合，個々の条例に関しては，これまで中央政府の決定であったものが自治体決定になったということで，自治は大きくなったと評することも可能だろうが，よりマクロにみるならば，筆者は根本的に不十分だと感じている。

57)　2つの一括法を受けての条例対応に関して，条例策定研究会（編著）『地域主権改革対応条例のチェックポイント』（2013 年）11〜17 頁は，興味深い総括をしている。

継続しており，それを根本的に改革する作業が残されているのである。しかし，第2次分権改革のなかでの枠付け緩和措置は，従来の法律構造を所与としたままに，政省令決定を条例決定としたにすぎない。自治体の決定権は拡大したようにみえるけれども，なお「大きな制約」のなかでの実現にとどまっている点を忘れてはならない[58]。

---

58)　「大きな制約」とは，法定自治体事務に関する条例制定について，条例ができる旨を明文で規定してはじめて条例が可能になると考えているようにみえる発想を指している。すなわち，「条例制定権」は明記されたが，それは当該規定が設けられる根拠法の堅牢な枠組みのもとに置かれるという趣旨である。

　　2つの一括法による対応は，まさに規律密度の高い法令の一部分を消しゴムで消して真っ白にすることにより「白地領域」を創出し，その範囲で，3つの基準に則した条例制定を可能にした。そうしなければ条例は可能にならないと考えているのであろうか。法令で第1次的決定がされている事項に関して条例余地を創出するためには，国会の明示的意思表明（すなわち，法律改正）によるのでなければ憲法41条に照らして問題があると考えているように思われる内閣法制局の解釈を前提にすれば，内閣提出法案を通じて枠付け緩和を実現しようとする地方分権改革推進委員会がそうした戦術をとるしかなかったことは，十分理解できる。この点に関して，西尾勝『自治・分権再考——地方自治を志す人たちへ』（ぎょうせい，2013年）73頁参照。しかし，そうした理解が，地方自治の本旨の憲法解釈として唯一であるかどうか，適切であるかどうかは，別の問題である。自治体は，2つの一括法が実現した措置を，一歩引いたところで受け止める必要がある。

Ⅳ　法律実施条例の法律牴触性判断基準・試論

徳島市公安条例事件最高裁判決は，道路交通法には法的にリンクしない独立条例・並行条例である公安条例に関するものである。このため，分権時代において，法律の規定内容を地域特性適合的に修正・追加するリンク型法律実施条例の審査には，そのままでは利用できない。新たな判断枠組みが必要である。自治体の事務化により条例制定権は拡大したが，全国統一的仕組み・内容として国の役割にもとづいて規定される法令部分については，条例は制定できない。しかし，国が決定をしていてもそれが自治体の第2次決定に開放されている部分ならば条例制定は可能であるし，法律目的の観点から自治体の第1次決定が認められるオープンスペース部分についても条例制定は可能である。

1　議論の必要性

(1) 2つのパターンによる条例制定権拡大

　第1次分権改革によってもたらされた「条例制定権の拡大」は，その後，2つのパターンでその実現が進行中であるようにみえる。

　第1は，「地域の自主性及び自立性を高めるための改革の推進を図るための関係法律の整備に関する法律」という同名の法律，いわゆる数次の一括法による「枠付けの緩和」措置にもとづき実施されている条例制定の方式である。これは，中央政府のやり方である。もとより，きわめて限定された範囲ではあるが，かつては政省令により国が全国一律的に決定していた事項に関して，事務の主体となった自治体の条例によって決定がされるようになった[1]。2011年

に制定された第1次一括法および第2次一括法に続き，内閣府に設置された地方分権改革有識者会議において2013年以降に展開された作業は，部分的には，この延長線上にある[2]。いわゆる提案募集方式を通して集められた自治体の条例に関する法改正要望のごくわずかについては，第1次一括法および第2次一括法と同名の整備法であるいわゆる第5次一括法を通じて実現した[3]。これも，条例による代替決定である。こうした条例は，いわゆる「委任条例」，筆者のいう「分任条例」[4] である。分権改革の歴史のなかで，拡大のための措置として個別法の明文規定により条例を制定する余地を創出するという方式がとられたことについては，明確に記憶されなければならない[5]。この作業は，内閣府に設置された地方分権改革推進室のもとで，現在も継続中である。

　第2は，そうした国法の動きとは別に，法律により自治体の事務とされたものに関して，当該事務の実施権限を有する自治体が，憲法94条にもとづき，地方自治法2条12項および13項も踏まえつつ，独自の立法事実を踏まえ，地域特性に対応できるように法令の規定内容に追加・修正を加える条例の制定の方式である。個別法に，条例を認める明文の規定はない。これには，①リンク型（条例で規定された内容が，法律と融合し，法律の一部として作用するもの），②非リンク型（条例で規定された内容は，法律とは融合せず，独立的・並行的に作用するもの）がある。これらは，個別法を自治体において実施するにあたり制定され

---

1)　中央政府としてのひとつのまとめとして，義務枠見直し条例研究会（編著）『義務付け・枠付け見直し独自基準事例集』（ぎょうせい，2013年）参照。

2)　作業の概説として，岩﨑忠「地方分権改革と提案募集方式——地方分権改革有識者会議での審議過程を中心にして」北村喜宣（編著）『第2次分権改革の検証——義務付け・枠付けの見直しを中心に』（敬文堂，2016年）324頁以下参照。

3)　第5次一括法に関しては，上林陽治「地域の自主性及び自立性を高めるための改革の推進を図るための関係法律の整備に関する法律——第5次一括法（平成27年6月26日法律50号）」自治総研444号（2015年）45頁以下参照。条例による決定は，建築基準法および「精神保健及び精神障害者福祉に関する法律」の2カ所で規定された。中央政府による解説として，大田圭＝田林信哉「地域の自主性及び自立性を高めるための改革の推進を図るための関係法律の整備に関する法律（第五次地方分権一括法）について」地方自治813号（2015年）17頁以下参照。

4)　北村喜宣「分任条例の法理論」本書Ⅲ論文参照。

5)　現在に至るまでの全体状況の概観として，北村喜宣「枠付け見直しの動きと条例による決定」都市問題104巻5号（2016年）52頁以下参照。

るものであり，法律実施条例と呼ぶ[6]。いずれもが，地域において，憲法 92
条の「地方自治の本旨」の具体化を企図している。

(2) 個別法の明文根拠なき条例と「法律の範囲内」

　第 1 のパターンであっても，そこで制定される条例には，憲法 94 条のいう
「法律の範囲内」という制約がある。しかし，それは相当に統制された「拡大」
であるがゆえに，「指示」に忠実に従っているかぎりにおいては，法律との牴
触が問題になるケースはあまり考えられない[7]。

　一方，個別法に明文規定がないケースにおける第 2 のパターンにおいては，
法律との緊張関係が発生する。第 1 次一括法および第 2 次一括法の 2 つは，個
別法の個別規定を改正することによって，まさに「道を付けた」のであるが，
措置がされなかった法律については，いわば反対解釈により，条例による修正
はできないと主張されるかもしれない。そこで，自治体は，「道を自分で切り
拓いて進む」ことになる。内閣法制局審査を経て実現された第 1 のパターンと
は異なって，第 2 のパターンに挑戦する意欲的な自治体には，それを適法とい
うための独自の自治的法解釈が求められる。自治体にとって必要なのは，この
点の学問的指摘だけではなく，具体的な解釈論である。本章は，第 2 のパター
ンのリンク型法律実施条例を念頭に置いて，法律牴触性判断基準を試論的に検
討する。

---

6)　条例の類型論については，北村喜宣「2 つの一括法による作業の意義と今後の方向性──
『条例制定権拡大』の観点から」本書Ⅷ論文【図表 8.1】（162 頁），田中孝男「地方公共団体に
おける条例制定の裁量」行政法研究 3 号（2013 年）65 頁以下参照。いくつかの実例について
は，北村喜宣『環境法〔第 4 版〕』（弘文堂，2017 年）94〜97 頁参照。法律実施条例がリンク
型と非リンク型に分けられる点については，これまで筆者は，十分な認識をしてこなかった。
なお，リンク型の法律実施条例は，法律の規定を利用するという意味で「法律規定条例」とも
いわれる。斎藤誠「法律規定条例の可能性と限界」『現代地方自治の法的基層』（有斐閣，2013
年）299 頁以下参照。

7)　もっとも，「従うべき基準」「標準とすべき基準」「参酌すべき基準」に関しては，中央政府
自身，確たる根拠を持っていなかったために，何の根拠も示せなかった。このため，基準に用
いられている数値を自治体が無批判に「流用」したならば，比例原則に反して違法とされる可
能性がないとはいえない。ただ，「これまでそれで特段の不都合はなかった」という「事実」
は，それなりの立法事実となるのだろう。

(3) これまでの検討との関係

　これまで筆者は，第2のパターンの法律実施条例が「なぜ可能か」について論じてきたが[8]，「どういう場合に違法になるか」については十分に検討をしていなかった。しかし，この基準は，現実の争訟において，条例の法的評価をする際に必要であるし，自治体現場における条例案作成作業においても必要になるものである。裁判例に事後的に群がるのではなく，それが出される前に何らかの枠組みを提示して，住民福祉を向上させる法政策の実現をサポートすることは，自治体政策法務論の責任であろう[9]。

　もっとも，法律実施条例に関する具体的紛争が十分にないために[10]，本論文においては，手探りをしつつ検討を進めざるをえない点を，あらかじめお断りしておきたい[11]。また，立法論ではなく，解釈による条例制定権の拡大を論ずるものである[12]。

---

[8]　筆者なりの一応の議論として，北村喜宣「法律改革と自治体」本書Ⅰ論文参照。論者の数は増えないが，議論は深まりつつある。斎藤・前註6）論文，田中・前註6）論文，礒崎初仁『自治体政策法務講義』（第一法規，2013年）第11～12章，松本英昭「自治体政策法務をサポートする自治法制のあり方」北村喜宣＝山口道昭＝礒崎初仁＝出石稔（編）『自治体政策法務』（有斐閣，2011年）80頁以下，岩橋健定「分権時代の条例制定権——現状と課題」同前353頁以下参照。

[9]　礒崎初仁「自治体立法法務の課題」北村ほか（編）・前註8）書32頁以下参照。

[10]　西尾勝『「地方自治の本旨」の具体化方策』東京市政調査会（編）『分権改革の新展開に向けて』（日本評論社，2002年）35頁以下・53～54頁は，判例法を通じた「地方自治の本旨」の内容の具体化の可能性を明確に認識する。

[11]　筆者と立場は異なるが，岩橋健定「条例制定権の限界」小早川光郎＝宇賀克也（編）『行政法の発展と変革（下）』［塩野宏先生古稀記念］（有斐閣，2001年）357頁以下，小早川光郎「基準・法律・条例」同前381頁以下は，この論点に関する分権改革初期における基本文献である。

[12]　立法論としては，松本・前註8）論文，岡田博史「自治通則法（仮称）制定の提案」自治研究86巻4号105頁以下・5号124頁以下（2010年），喜多見富太郎「上書き権改革『残置』の論理と地域主権の法理」自治研究86巻6号（2010年）121頁以下，幸田雅治「法律の壁を乗り越える条例の可能性」神奈川大学法学部50周年記念論文集刊行委員会（編）『神奈川大学法学部50周年記念論文集』（神奈川大学，2016年）121頁以下参照。

2　徳島市公安条例事件最高裁判決とその射程

(1) 前提としての独立条例・並行条例

　「徳島市集団行進及び集団示威運動に関する条例」（徳島市公安条例）が道路交通法に牴触して違法かどうかが争点となった事件において，最高裁判所大法廷が示した基準は，ほぼいかなる帰結をも導きうるほどに柔軟であり，また，必ずしも明確ではなく妥当性に疑問符が付くとはいわれるものの [13]，その後の裁判実務に大きな影響を与えている（最大判昭和 50 年 9 月 10 日刑集 29 巻 8 号 489 頁）。広く知られた判例法理であるが，これをフロー図にして示せば，【図表 4.1】のようになる [14]。

　公安条例は，道路交通法との関係では，独立条例である並行条例である。それゆえ，その判例法理の射程は，そのままでは法律実施条例には及ばない [15]。しかし，最高裁判決は，「法律の範囲内」という憲法 94 条の解釈をしたという点において，法律実施条例の法律牴触性判断と共通するところはある。

　最高裁判決が示した基準を法律実施条例に適用すればどうなるだろうか。法律実施条例であるから，法律と対象は同じであるし，目的も同じである。したがって，これらを独立したチェックポイントとして措定することには意味がない。そうなると，法律の規制内容が全国画一的であるかどうかの問題になる。分権時代においては，「法律はできるだけ地方の自主性を制限しないように限定的に解釈されるべき」である [16]。一般的には，自治体の事務（とりわけ法定

---

13)　岩橋・前註 11) 論文 365 頁，阿部泰隆『行政法解釈学 I』（有斐閣，2008 年）291 頁参照。

14)　なお，点線で囲んだ「均衡を失するか」の基準は，高知市普通河川条例事件最高裁判決（最 1 小判昭和 53 年 12 月 21 日民集 32 巻 9 号 1723 頁）の判示内容である。

15)　小早川光郎＝北村喜宣「〔対談〕自治立法権の確立に向けた地方分権改革」都市問題 100 巻 1 号（2009 年）27 頁以下・40〜41 頁〔北村発言，小早川発言〕参照。たとえば，「法律施行に関し必要な事項を定めることにより，その適正な施行を確保する」という趣旨が目的に規定されているとしても，規定内容が法律に対して直接に法的効果を及ぼさないようなもの（例：「千葉県林地開発行為等の適正化に関する条例」〔2010 年制定〕）は，非リンク型（並行型）法律実施条例（行政手続条例が適用）であり，これは徳島市条例事件最判の射程内にある。千葉県条例については，北村喜宣「一線越えないおつきあい？──千葉県林地開発行為適正化条例」『自治力の躍動──自治体政策法務が拓く自治・分権』（公職研，2015 年）48 頁以下参照。

【図表 4.1】　条例の法律適合性の判断（最高裁判所の判断枠組み）

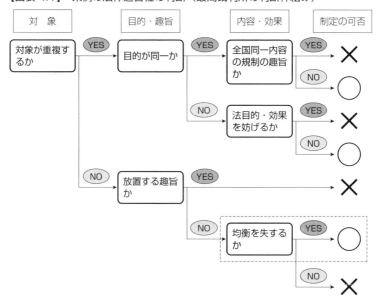

出典：北村喜宣＝礒崎初仁＝山口道昭（編著）『政策法務研修テキスト〔第 2 版〕』（第一法規，2005 年）15 頁を若干修正。

　自治事務）としておきながらすべての部分が全国一律に適用されるべきといえる場合はそれほど多くないだろうから，ほとんどがこのスクリーンをクリアして「パス」となってしまう。これでは，到底基準とはいえない。条例を制定する自治体の側からみれば，緩やかな基準は，実務的には歓迎すべきなのかもしれないが，少なくとも法理論的には，別に考えるべきである。筆者は，法定事務の構造や法律実施条例の特性に即した基準を考える必要があると考えている [17]。

---

16)　阿部・前註 13）書 292 頁。

17)　北村喜宣「斬れる刀──条例の法律牴触性判断基準」同・前註 15）書 57 頁以下参照。本判決を独立条例に適用する場合にも，本判決が地方自治の本旨にまで検討の視野を拡げた形跡がないことから，現在においては，その判断は，限定的に解されるべきである。阿部泰隆「法律・条例の設計の手順・考慮要素（14）」自治実務セミナー 40 巻 9 号（2001 年）4 頁以下・11 頁参照。後述するように，もちろん，「全国画一的規制であるかどうか」は，重要な基準でありつづける。

(2) 北海道砂利採取計画認可条例事件公調委裁定

　「北海道砂利採取計画の認可に関する条例」が問題となった裁定において，公害等調整委員会（公調委）は，前記最高裁大法廷判決を引用して，その適法性を肯定した（公調委裁定平成 25 年 3 月 11 日判時 2182 号 34 頁）。少し検討してみよう。

　北海道条例は，砂利採取法 16 条にもとづく砂利採取計画認可の審査にあたって，同法 19 条にいう「砂利の採取が他人に危害を及ぼし……公共の福祉に反する」という基準の判断をするために，申請者に対して，砂利工業組合または金融機関の保証措置書面の提出を義務づけたものである [18]。筆者は，北海道条例について，他人に危害を及ぼさないことを保証措置の有無によって判断しようとしている点で，地域特性を踏まえて法定基準を読み込み，これを具体化・詳細化するものと整理していた [19]。

　この点，本裁定は，この仕組みを「法 19 条の文言及び解釈を超えた別段の規制」と整理している。そこで，「別段の規制」という文言が問題になるが，公調委は，これを並行条例の意味で用いているようである。道路交通法と公安条例の関係と同じ意味で，砂利採取法と北海道条例を把握したのである [20]。すなわち，非リンク型の法律実施条例と考えた。

　しかし，この判断には，相当な無理がある。何より，「砂利採取法……第 16条の規定による採取計画の認可……に関し，必要な事項を定める」と規定する条例 1 条の文言に反する。また，「知事は，法第 19 条に規定する認可の基準の適用に当たっては，特に当該採取計画に定める次に掲げる事項が適正かどうかを審査しなければならない。」として，事項のひとつに「保証措置」を掲げる 7 条の仕組みにも整合的ではない。北海道条例は法律実施条例であると評価するのが素直である。裁定は，「保証措置が講じられないことをもって法 19 条に

---

18)　北海道条例に関しては，北村喜宣「だって私の事務だもの！──北海道砂利採取計画認可条例」『自治力の冒険』（信山社出版，2003 年）95 頁以下参照。

19)　北村喜宣『自治体環境行政法〔第 7 版〕』（第一法規，2015 年）39 頁参照。

20)　北村喜宣「判評」新・判例解説 Watch13 号（2013 年）275 頁以下では，公調委が北海道条例を法律実施条例と理解したという前提で議論していた。同「判評」では，「裁定」と表記すべき部分を「裁決」としていた。また，裁定に関して，直接裁判所に提訴することも可能と誤解していた。裁定前置主義である。いずれも訂正する。

該当すると認め申請を棄却した」と事実認定をしているにもかかわらず，さらに，処分庁も申請人も，条例規制が「別段の規制」であるとは主張していないにもかかわらず，公調委はなぜ条例の法的性質を変えたような解釈をしたのだろうか。

　本件において，公調委には，徳島市公安条例事件大法廷判決を踏まえつつも法律実施条例の法律牴触性判断基準をつくることが求められた。しかし，公調委は，それを果たせなかったようにみえる。そこで，前提を異にする大法廷判決の射程に北海道条例を取り込んで整理をしたのではないだろうか[21]。これをみても，公調委や裁判所の使用に耐える判断基準を早急に提示する必要性を痛感する。

3 法律実施条例の特徴

(1) 法定事務の構造に関するベクトル説

　法律実施条例の法律牴触性判断基準を考えるには，まず自治体に事務実施権限を与えている法律の構造について検討する必要がある。この点が分権時代の条例論の根幹となるように感じているが，いまだ十分な整理ができないでいる。現在のところ，試行錯誤的ながら，【図表4.2】のようなものではないかと考えている[22]。その形から，ベクトル説と称している。「自治体の事務」といっても，そう単純なものではない[23]。

　国会は，国の役割にもとづき，法律を通じて自治体の事務を創設するととも

---

21)　北村喜宣「公調委の真意——北海道砂利採取条例事件」同・前註15）書54頁以下参照。判例評釈として，人見剛・法学セミナー706号（2013年）109頁，岩﨑忠・自治総研422号（2013年）73頁以下，三好規正・自治研究91巻9号（2015年）139頁以下参照。

22)　かつては，もう少し大雑把に考えていた。北村喜宣「法律の規律密度をいかにして緩和するか」同『分権政策法務と環境・景観行政』（日本評論社，2008年）52頁以下・59頁［図表4.1］参照。

23)　第1次一括法と第2次一括法のもとでの3つの基準を踏まえた条例対応を取り込んだベクトル説に関しては，北村喜宣「三訂・ベクトル説——条例三基準の位置づけ」同・前註15）書17頁以下参照。

【図表 4.2】　ベクトル説

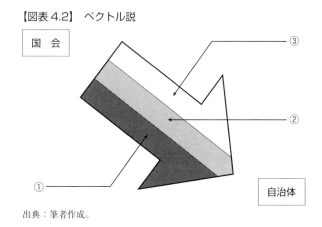

出典：筆者作成。

に，自治体に対して，その実施を命じている。事務の内容は，法律本則や法律の委任にもとづく政省令によって規定される。それを「ベクトル」で表現し，理論的には，3 つの部分から構成されると整理する。それぞれについては，次節で解説する。

①は，「国が全国画一的適用をすべく法令により決定したものであり，内容の修正は許されない部分」である。②は，「国が法令により決定したが，それは非完結的・暫定的な第 1 次決定であり，地域特性を踏まえた自治体の第 2 次決定に開放されている部分」である。③は，「国が法令の目的を実現するための内容としては決定しなかったものであり，自治体の第 1 次的決定に開放されている部分」である。

都市計画法の開発許可制度を例にして説明する。①は，開発許可という仕組み，許可対象や許可基準として規定されているもののうち全国画一的に適用されると解される部分である。②は，許可対象や許可基準として法令で規定されているもののうち，権限を有する自治体において，地域特性に応じた修正が許されると解される部分である。以上は，29 条や 33 条に規定される。③は，「都市計画の内容及びその決定手続，都市計画制限，都市計画事業その他都市計画に関し必要な事項を定めることにより，都市の健全な発展と秩序ある整備を図り，もつて国土の均衡ある発展と公共の福祉の増進に寄与する」という都市計画法 1 条の目的を実現すべく，権限を有する自治体において，法令には規定さ

れていないけれども地域的事情に対応するには規定が必要と解される部分である。

　②と③の境界線については，法令で第1次決定がされているかどうかの違いにより判断する。これは，形式的になしうる。問題は，①と②の境界線である。「法律によるあまたの規律の中から，地域的立法政策の見地から規範補正の余地を充分に認め得る部分と，およそそのような余地を認め得ない画一的規範の部分を慎重に選びだし」という指摘があるが[24]，おそらくは同じ発想によるものと思われる。なお，理論的には，国と自治体の役割が競合する部分が考えられるが，本論文では，この点には踏み込まない。

　なお，そのように明確に境界を画することできるのかという批判は，当然に予想される。しかし，これは，整理のためのモデルとして提示しているものであり，それゆえのおおざっぱさは不可避である。そこで，このように発想することの妥当性についての議論を期待したい。

(2) 全国一律に決定・運用される部分

(a) 判断基準

　①は，全国一律に適用される部分である。国の第1次決定が最終決定となる。自治体の事務といえども法律にもとづくものであり，国の立法的・行政的役割がなくなるわけではない。自治体の事務ゆえに，それを規定する法令のすべてが条例制定対象となるというのは，国の役割や事務の法構造を無視したあまりに乱暴な議論であろう。

　国会が，地方自治法1条の2第2項に限定列挙される国の役割にもとづき，国民の基本的人権の保障や福祉の向上を考えて，全国的に共通とされるべき枠組みを規定することには，合理性がある。法律は，関係する諸利害がメタレベルで政治的に調整された結果として制定されるが，このレベルの政治的決定をするのは，「国の唯一の立法機関」たる国会の専権的な役割である。また，それを前提にして，一定程度の行政的決定がなされる。国民の側からみれば，その権利利益が法律によってのみ確定される部分である。

---

24)　磯部力「分権改革と『自治体法文化』」北村ほか（編）・前註8）書61頁以下・67頁。

　何が具体的にこの部分に該当するのかは，解釈になる。この点に関しては，地方分権改革推進委員会が義務付け・枠付けの存置の許容性を判断する際に用いたメルクマールが，ひとつの参考になる[25]。これは，同委員会が2008年の第2次勧告において示したものである。網羅的ではないが，これを踏まえて，たとえばいくつかの基準を抽出してみれば，次のようになる。

> 1 制度目的の実現のために，事務を実施する自治体が共通のルールに従うことが必要な内容
> 2 国民の生命・健康等への重大かつ明白な危険から国民を保護するために，あるいは，最低限の福祉の確保のために必要な内容
> 3 国際的取決めを実施するために必要な内容

　この基準は，①と②を区別する境界線の基準でもある。1〜3のいずれにも該当しなければ，②になる。注意が必要なのは，前記メルクマールは，法定自治事務に関する義務付け・枠付けの存置の判断のために用いられたということである。全国一律的に決める部分があるとしても，法定受託事務はでない以上，その「必要性」は，より限定的に考えるべきであるともいえる[26]。
　もっとも，1〜3であれば，国の直接執行とする選択もありえたのであり，そうであるにもかかわらず自治体の事務とする以上，すべてが条例の事項的対象にならない（＝条例が排除される）というのは難しいように思われる。

---

25)　メルクマールについては，斎藤誠「第二次地方分権改革の位置付けと課題——義務付けの見直しを中心に」同・前註6）書309頁以下，田中聖也「義務付け・枠付け見直しの到達点（上）——地方分権改革推進委員会第二次・第三次勧告」地方自治765号（2011年）34頁以下参照。小早川＝北村・前註15）対談40頁［小早川発言］は，「使えるところは使ってもらえればありがたいですね。」という。

26)　法定受託事務とするメルクマールをまとめた『地方分権推進計画』（1998年5月閣議決定）には，「広域にわたり国民に健康被害が生じること等を防止するために行う伝染病のまん延防止や医薬品等の流通の取締りに関する事務」があった。一方，地方分権改革推進委員会『中間的なとりまとめ』で示された，義務付け・枠付けの維持を判断するメルクマールのなかには，「広域的な被害のまん延を防止するための事務であって，全国的に統一して定めることが必要とされる場合」があった。法定自治事務が前提になっている以上，後者においては，「たんなる必要」ではなく，「きわめて高度の必要」と解すべきである。

（b）　制度目的の実現のために，事務を実施する自治体が共通のルールに従うこと
が必要な内容

　複数の自治体において同じ営業をするなど，自治体域を超えて展開される活
動に関する法制度には，それをスムーズに実施させることが，憲法上求められ
ている。適用されるルールのなかには，共通である必要がある場合もある。制
度の全国的統一や解釈の全国的統一がされるべき場面である。法律である以上，
法目的の修正は許されない。自治体相互が協力して，当該活動の目的を実現す
ることになるから，「抜け駆け的対応」は許されない。また，自治体域を超え
た観点から設けられた制度の場合，その枠組みを自治体判断により修正するこ
とは，制度目的の実現を阻害するためにできない。そのような性質を持つ事務
は，観念的には想定しうる[27]。

　十分な立法事実があっても条例による修正はできないのかと反論されそうで
あるが，このような事務に関しては，一自治体に関する立法事実を問題にする
わけにはいかないのである。独立条例である並行条例により対応するとしても，
その適法性は，【図表4.1】にある徳島市公安条例事件最高裁大法廷判決の法理
に即して評価される。おそらくは，「法目的・効果を妨げるか」という基準に
照らして違法とされるだろう。

（c）　国民の生命・健康等への重大かつ明白な危険から国民を保護するために，あ
るいは，最低限の福祉の確保のために必要な内容

　「国民」の生命・健康等の保護は，国の重要な任務である。保護のレベルに
ついては様々な考え方があろうが，やや観念的にいえば，その中心的な部分は，
学問的・技術的観点から客観的に確定が可能であり，どの自治体の住民であろ
うとも，およそ日本国民であれば[28]憲法上保障されるべきものである。

　それは，国の直接執行事務を通じて措置されている場合もあるし，法定自治

---

27)　磯崎初仁「法令の過剰過密と立法分権の可能性」北村喜宣＝山口道昭＝磯崎初仁＝出石
　　稔＝田中孝男（編）『自治体政策法務の理論と課題別実践』〔鈴木庸夫先生古稀記念〕（第一法
　　規，2017年）189頁以下・200頁は，法目的，執行主体，執行手段の上書きは認められないと
　　する。

28)　定住外国人や一時滞在外国人についても問題になるが，ここでは議論を単純化するために，
　　「日本国民」とする。

体事務を通じて措置されている場合もある。その内容およびそれを確保するための仕組みは，生命・健康等に対する重大かつ明白な危険から国民を保護するための最低限度のものである。こうした事務に対して的確な措置がされていなければ，立法不作為として国家賠償責任すら招来しうるであろう。最低限の福祉についても，同様に考えることができる。

(d)　国際的取決めを実施するために必要な内容

「日本国が締結した条約及び確立された国際法規は，これを誠実に遵守することを必要とする。」（憲法 98 条 2 項）。（自動執行的でない）条約の実施のために制定された法律は，締約国としての最低限の責任を果たすためのものである。実施にあたっては，中央政府のみに権限が与えられている例が多いように思われるが，自治体の事務を規定することができないわけではない。

どのような制度設計をしてどのような実施をすれば国際法上の義務を果たしたといえるのかは，解釈の問題である。中央政府の権限のみを規定する法律であれば法律実施条例の余地はないが，法定自治体事務（法定受託事務となる可能性が高い）が規定された場合はどうだろうか。法律実施条例と独立条例の区別を意識しているかどうかは必ずしも定かではないが，「法律の上乗せ，あるいは横出しの条例が制定可能か否かは，国際条約の趣旨に照らして判断されることになる」とする説がある[29]。

(3) 第 2 次決定に開放される部分

②は，国がとりあえず第 1 次決定をしただけで，事務を実施する自治体による第 2 次決定に開放されると解される部分である。憲法 92 条を具体化した地方自治法 2 条 13 項は，「法律又はこれに基づく政令により地方公共団体が処理することとされる事務が自治事務である場合においては，国は，地方公共団体が地域の特性に応じて当該事務を処理することができるよう特に配慮しなければならない。」と規定する。法定事項ではあるけれども①ではない部分に関しては，この配慮義務が適用される[30]。筆者の整理に即して解すれば，地域特

---

29)　渋谷秀樹「地方公共団体の条例と国際条約」立教法学 73 号（2007 年）223 頁以下・235 頁参照。

性適合的に事務内容を第2次に決定する自治体の法解釈を尊重する義務が，裁判所を含む「国」に課されているのである。条例によりなされる第2次決定の内容としては，上書き，法定基準の詳細化・具体化・顕在化（以上は，解釈の明確化）が考えられる [31]。法令内容を修正する上書きには，強化的上書きと緩和的上書きがある。前者は，上乗せである。

　第2次決定は，義務的ではない。これをしないという決定をすれば（＝何もしなければ），法令による決定がそのまま適用される結果となる。

(4) オープン・スペースの部分

　③は，法律目的を実現するために自治体が法律の制度趣旨の範囲内で第1次決定をすることが予定されている部分である。無制約ではなく，あくまで法律の制度趣旨の枠内にあって，オープン・スペースとして存在している。横出し条例は，この部分に関するものである。「法律は不完全であるのを通例とするから，条例によるその空白の補塡は原則として許容され〔る〕」というのは，同旨であろうか [32]。

4　**具体的基準**

(1) 議論の前提

　上述のように，本稿で念頭に置くのは，法定受託事務あるいは法定自治事務を規定する法律の実施にあたって，当該事務の主体である自治体が自主的に制定する法律実施条例である。第1次一括法および第2次一括法による枠付け緩和措置のように，政省令が詳細に規定していた部分を，国会がいわば消しゴム

---

30)　法定自治事務に関しては「特に配慮」されるべきであるとともに，法定受託事務に関しては「それなりに配慮」されるべきというのが，筆者の解釈である。北村喜宣「『法定自治事務に関する条例』の可能性」同『分権改革と条例』（弘文堂，2004年）116頁以下・122頁参照。

31)　斎藤・前註6) 論文305頁，阿部泰隆『政策法学講座』（第一法規，2003年）290頁も参照。法定基準の詳細化・具体化・明確化は，行政手続法5条にもとづく審査基準，および，同法12条にもとづく処分基準を通じて，自治体行政庁が行うこともできる。

32)　阿部・前註13) 書295頁。

で消して真っ白にしたうえで条例による決定に強制的に代える[33] ようなものではない。詳細に規定されている部分について，自主的判断により，それを修正したり（②）追加したり（③）するものである。地方自治の本旨を踏まえた地方自治法 2 条 11〜13 項に則れば，個別法に関して，①を狭く，②③を広くする方向での整理となる。なお，本来は，法定受託事務に関する法律実施条例と法定自治事務に関する法律実施条例とを区別した議論をすべきであるが，本論文ではこの点を捨象して，法定事務に関する法律実施条例として議論を進める[34]。

　法律実施条例の法律牴触性判断基準を具体的事案から離れて「真空状態」で考えるのは，現実には困難である。徳島市公安条例事件最高裁判決が上述のような議論をしたのは，条例を違法として検察の控訴を棄却し，被告人を一部無罪とした地裁判決（徳島地判昭和 42 年 11 月 30 日判時 508 号 24 頁）を支持した控訴審判決（高松高判昭和 46 年 3 月 30 日判時 629 号 44 頁）の議論があったからである。控訴審判決が条例を違法としたのは，「交通秩序の維持」という文言の抽象性もさることながら，「道交法 77 条により所轄警察署長が道路使用の許可条件として具体的に規制の対象とした事項については，特段の理由なくして直ちに条例による規制，処罰の対象とすることは許されないものと解せられる」からであった。要は，ある種の形式的な法律先占論である。最高裁判決は，これを否定するために，多くの場合分けをし，【図表 4.1】にみるように，その樹形図の上から 2 つ目の末端において「○」とした部分に公安条例が該当するとしたのであった。前提が異なれば，理論構成は違っていたかもしれない。

　法律実施条例の場合には，どうであろうか。制定される条例に対してなされる「違法」という主張の根拠をある程度念頭に置いて論を進める。

　【図表 4.2】においては，条例の可能性として，②（第 1 次決定修正型）と③（オープン・スペース補填型）を提示した。それぞれにおいてもいくつかの内容が考えられるが，以下では，具体的なイメージを持って議論を進めるために，第

---

33)　北村喜宣「『義務付け・枠付けの見直し』は自治を進めたか」本書Ⅶ論文 131 頁参照。

34)　理論的には，原則として，法定自治事務に関する法律実施条例の方が，判断基準の適用がより緩やかになるはずである。櫻井敬子「自治事務に関する法令の制約について——開発許可を素材として」自治研究 77 巻 5 号（2001 年）62 頁以下・69 頁も参照。

１次決定修正型としては，省令基準に代えてそれを強化する条例基準を用いる旨を規定する条例を考える。これに対しては，法律に特段の明示的根拠なく，国が立法的・行政的に行った第１次決定を修正するのは憲法41条に反して違法ではないかという議論が想定される。また，オープン・スペース補填型としては，法定の許可要件に横出し的に要件を追加する条例を考える。これに対しては，法定要件は基本的人権に対する最大規制であるから，法律に特段の明示的根拠なくこれを強化するのは違法ではないかという議論が想定される。

　なお，法律の制度趣旨を逸脱する条例は違法であるし，比例原則に反する条例も違法である。当然のことであるが，確認しておきたい。

（2）全国一律に適用される部分

　前述のように，全国的に統一して定めることが必要な部分（①）は，国の役割にもとづく決定として，自治体は所与とすべきものである。したがって，条例制定権の事項的対象外になる。全国共通に適用されるべき内容であり，それが適切に規定されているかぎりにおいて，この部分を修正する条例は違法となる。

　「ナショナル・ミニマム」という議論がある。その内実は多様であるが，憲法92条に対する配慮を経たうえで，なお全国的観点から設定された最低基準と解されるのであれば，それを条例によって緩和的に修正することは違法となる[35]。強化的修正は，次の項の問題となる。

（3）第１次決定修正型の場合
（a）第２次決定禁止規定の有無

　第１次決定修正型とオープン・スペース補填型とでは，適用されるべき基準が異なることから，まず具体的条例がこのどちらかであるかを考える。もっとも，この判断は，容易である。第１次決定修正型と判断された次のステップとしては，法律のなかに第２次決定を許さない規定があるかどうかの基準を考える。こうしたネガティブ・リスト方式は，分権時代の法律のあり方としては，

35）　田中孝男「自治立法の動向・課題とそのあり方」川﨑政司（編集代表）『総論・立法法務』
　　（ぎょうせい，2013年）317頁以下・331頁参照。

基本的に望ましい[36]。ただ，現在では，理論的可能性にとどまる。

　国の第 1 次決定で完結する①の部分が条例制定権の対象外であることは当然であるが，ここでは，「②であるけれども禁止が規定されている状態」を考える。この点については，形式的に判断できる。

(b)　禁止規定の合理性

　禁止規定があった場合，その合理性が問題になる。国会が前述の配慮義務に違反していないかどうかである。立法裁量は広く認められるだろう。分権時代において，ネガティブ・リストを規定する立法が容易に制定できるかどうかはさておき，地方自治の本旨を含めた諸事情を総合考慮してなされた判断は，基本的には，立法裁量として尊重される。この場合には，条例は認められない[37]。

　理論的には，自治権の侵害立法の合憲性判断基準という角度からの議論が求められるが，憲法学でも行政法学でも，十分になされていないのが実情である[38]。その議論が深まって立法裁量の統制法理が確立すれば，より切れ味の鋭い基準が提示されるだろう。

(c)　禁止規定欠缺の意味

　②の部分に関して禁止規定がないことをどう解釈するかが，もっとも重要である。とりわけ法定自治体事務の前身が機関委任事務であった場合には，全国画一的な法律適用が基本とされたから，そうした規定はされていないのが通例である。そして，それは当然に，規定の欠缺は，（現在における意味での）法律実施条例が制定できないことを意味したのである。そうした解釈は，現在でもありうる[39]。国会が制定した法律の内容を修正できるのは国会だけであると

---

36)　かねてより，成田頼明「法律と条例」同『地方自治の保障』（第一法規，2011 年）（初出は1964 年）169 頁以下・187～188 頁が指摘するところであった。最近のものとして，原島良成「自治立法と国法」川﨑・前註34）書 187 頁以下・210 頁参照。

37)　もちろん合理性が認められなければ，当該禁止規定が違憲無効となり，条例は適法になる。見上崇洋「自治体の行政法解釈」公法研究 66 号（2004 年）225 頁以下・231～232 頁参照。

38)　憲法学者の議論として，大津浩『分権国家の憲法理論――フランス憲法の歴史と理論から見た現代日本の地方自治論』（有信堂高文社，2015 年）参照。

いう前提に立って，法律実施条例には明文規定を要するとするようにみえる内閣法制局の解釈もそうであろう[40]。

　機関委任事務が自治体の事務となった現在，形式的には，まさに手のひらを返したような状態になっている。すなわち，自治体の事務であるがゆえに条例制定権の対象となるのである。それゆえに，「条例は原則として国法に違反しないという推定が働くと解すべき」という整理もされるところである[41]。①の部分は別であるが，筆者も，基本的にはそのようにいえると考える。ただ，判断基準としてはもう少し踏み込んで整理する必要がある。すなわち，当該事務に関して存在する法令規定が全国画一的に適用されるべきであり，地域特性適合的対応を許さない趣旨であるかどうかという基準である。

　これが肯定されるならば[42]，すなわち，国と自治体との役割分担として適切であれば[43]，地域特性適合的対応を考えることはできず，したがって，条例は制定できない。一方，そうではないと解されるなら，すなわち，国が完結的に決定することが国と自治体との役割分担として適切でないならば，条例の制定は可能である[44]。②の部分に関しては，全国的観点から政策的に条例対

---

39)　志賀二郎「改正都市計画法と自治体条例──開発許可基準を中心に」月刊地方分権14号（2000年）106頁以下・107頁は，そういう趣旨だろうか。明文規定の欠缺の意味については，島田恵司『分権改革の地平』（コモンズ，2007年）92～95頁参照。

40)　内閣法制局の認識については，第179回国会衆議院東日本大震災復興特別委員会議録8号（2011年11月24日）11頁〔梶田信一郎内閣法制局長官答弁〕参照。復興特区法案の審議においてであるが，梶田長官は，「憲法41条……は，国会は国の唯一の立法機関であるというふうに定めておりまして，従来から，この憲法の趣旨を否定する，いわば国会の立法権を没却するような抽象的，包括的な規定により条例の定めにゆだねるということは問題がある」と解している

41)　阿部泰隆『政策法学と自治条例』（信山社出版，1999年）123頁。同・前註17）論文11頁も参照。

42)　憲法92条の具体化として地方自治法2条13項が規定された現在においては，憲法41条も憲法92条と整合的に解釈することが憲法それ自身の命令であるといえる。「法律の範囲内」で制定されるべき条例であるが，「法律」の内容が分権改革の前後では変わっているのではないだろうか。櫻井・前註33）論文67頁も，その趣旨であるようにみえる。

43)　「国と自治体の適切な役割分担」に裁判規範性を持たせるかどうかは，解釈論の大きな争点である。

44)　小早川・前註11）論文383頁，斎藤・前註36）論文305頁，見上・前註36）論文230～231頁参照。

応を禁止することもありうる。しかし，その場合には，明文の禁止規定が必要であり，それがない以上，条例制定は可能である[45]。

(4) オープン・スペース補塡型の場合

(a)　オープン・スペースの有無

　次は，第 2 のオープン・スペース補塡型の場合である。第 1 次決定はされていないのであるが，それは，それ以外の部分をもって法令が完結的に決定したからかどうかが問題になる。これを肯定するなら，横出し的対応の必要性は否定される。観念的にはオープン・スペースの余地はないことになり，条例は制定できない[46]。

(b)　オープン・スペースの役割

　一方，オープン・スペースが認められるとなれば，次に，法律の制度趣旨に照らして法目的実現のために地域特性適合的対応が認められるかどうかが問われることになる。これは，オープン・スペースの存在を認めた当然の帰結であり，条例制定は認められるだろう。前出の公調委裁定は，この解釈をとったものと整理できる。

　以上を図示すると，【図表 4.3】のようになる。いささか表現が冗長であり，切れ味が鈍いと自認しているが，さらに検討を重ねたい。なお，憲法違反の条例が許されないことは，当然の前提である。また，本章では「地域特性」「立法事実」という文言を無造作に用いているが，その内実が適切なものでなければならないのも，当然の前提である[47]。

---

45)　阿部・前註 30）書 299 頁も参照。

46)　志賀・前註 38）論文 107 頁参照。

47)　川﨑政司「自治立法のあり方と政策法務——より良き条例を目指した枠組みへの展開に向けて」北村ほか（編）・前註 8）書 395 頁以下，神﨑一郎「法律と条例の関係における『比例原則』『合理性の基準』『立法事実』」自治研究 85 巻 8 号（2009 年）79 頁以下，渋谷秀樹「条例の違憲審査」立教法学 85 号（2012 年）1 頁以下・12 頁参照。

【図表4.3】　法律実施条例に関する法律牴触性判断基準

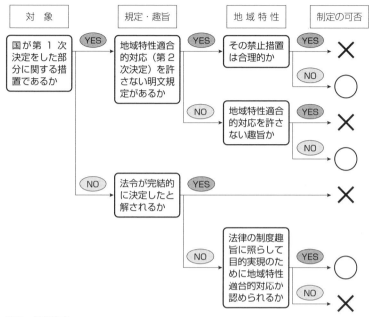

出典：筆者作成。

5　法令を所与としない解釈論を

　法律実施条例の法律牴触性判断基準について，まさに手探りで検討してきた。筆者は，分権改革の後も従前の法構造が維持されていることを重視するとともに，それを所与とせずに，憲法92条のもとで，あるべき「国・自治体役割分担関係」，すなわち，「法律・条例役割分担関係」を探究するべく思索を重ねてきた。地方分権一括法によって変革されたはずの「アンシャン・レジーム」であるが，全体としてみれば法令それ自体はほとんど改正されていないがゆえに，現在もその「慣性」が働いているように感じる。法令を所与としないという認識を強く持っているのはそのためである。

　現実の認識として，筆者は，現行法は「国の決めすぎ状態」となっており，より多くを自治体の自立的決定に移行させるべきと考えている。したがって，

条例制定権拡大の方向でのバイアスがかかった議論になったようにも感じている。

　そうであるからか，筆者の議論は，「急進的解釈」と評されるように [48]，少なくとも伝統的な行政法学の議論からは相当の距離があるようである。筆者自身は，いささか性急であるのかもしれないが，同時に前衛的であるとも考えている。それゆえに，抵抗感を持たれることも少なくないだろう。そうであるとしても，本論文で提示したたたき台をもとに自治体政策法務論からの議論が活性化され，結果として，自治体実務をサポートするような理論が導出され，そして，憲法が求めている分権法治主義が実現されるよう期待するばかりである。

48）　鈴木庸夫「条例論の新展開——原理とルール・立法事実の合理性」自治研究 86 巻 1 号（2010 年）58 頁以下・73 頁。

V　自治立法と政策手法

　　分権改革のもとにおける国家法体系のなかで，とりわけ重視されるのは，法律が規定する自治体事務を地域特性に適合させるようにカスタマイズすべく制定される法律実施条例である。法律には条例に関する規定がない場合であっても，憲法 92 条および 94 条を踏まえた自主解釈にもとづき，法律規定を具体化・詳細化・顕在化させる要件読込み条例，要件や手続を追加する横出し条例，要件や手続を加重する上乗せ条例が制定されている。自治体が，条例による修正可能と整理した部分についての対応である。独立条例においても，相手方との交渉を重視する手法，即時執行，調査・検討要求など，自治体ならではの発想にもとづく仕組みが制度化されている。

1　分権時代の自治体政策手法

(1) 第 1 次分権改革の基本姿勢

　1999 年制定の「地方分権の推進を図るための関係法律の整備等に関する法律」(以下「地方分権一括法」という) により断行された第 1 次分権改革[1] は，日本という国家における自治体の位置づけを，改めて明確にした。自治体は，地域における総合的行政実施主体である。同法により新設された地方自治法 1 条の 2 第 1 項が，「地方公共団体は，住民の福祉の増進を図ることを基本として，地域における行政を自主的かつ総合的に実施する役割を広く担うものとする。」と規定するところである。そして，同条 2 項が規定するように，総合的

---

1)　成田頼明『分権改革の法システム』(第一法規，2001 年)，西尾勝『地方分権改革』(東京大学出版会，2007 年) 参照。

行政主体たる自治体が担当する行政は，「住民に身近な行政」でもある。

　国が全国的観点から策定した政策を自治体が現場で執行するという伝統的なモデルからは脱して，現在，自治体は，地域に適合した政策を独自に形成・実施することが期待されている。そして，それを実現するための手法も，法律において使用されてきた伝統的なものだけでなく，自治体ならではのものが期待されているのである。

　一方，国は，自治体がそうした役割を果たすことができるように振る舞わなければならない。すなわち，地方自治法1条の2第2項が規定するように，これまでよりも一歩引いた形で，「国は，……地方公共団体に関する制度の策定及び施策の実施に当たって，地方公共団体の自主性及び自立性が十分に発揮されるようにしなければならない」。憲法92条の確認であるこの法理は，新規立法の立案および自治体事務を規定する現行法の解釈において，基本とされるべきである[2]。

　日本国憲法（以下「憲法」という）92条を，その施行後52年経過して確認的にやや具体化したこれら規定は，国家のなかで自治体政策が展開されるべき広いフィールドを，私たちの前に提示した。21世紀の自治体は，主権者である「国民たる住民」の信託に応え，住民福祉増進のために，地域特性に適合した政策を，自治体事務を規定する法律の実施を通じて，実現していかなければならない。

（2）自治体の対応のあり方

　もっとも，国会が制定する法律を，自治体が改正するわけにはいかない。しかし，そこに規定される法定自治体事務（法定自治事務＋法定受託事務）の実施にあたって，総合的行政主体たる自治体[3]が地域特性を踏まえて当該事務を地域最適化することができないようであれば，地方分権一括法が廃止した機関委任事務制度と実質的には異ならない。国の事務である機関委任事務の廃止は，地域における行政を自治体のものとし，自治体がそれを自主的・総合的に解

---

2)　松本英昭『新版逐条地方自治法〔第8次改訂版〕』（学陽書房，2015年）15頁参照。

3)　「総合的行政主体」に関しては，松本英昭『自治制度の証言――こうして改革は行われた』（ぎょうせい，2011年）4頁以下参照。

釈・実施できる素地をつくったはずなのである[4]。

　上述の国の作為義務は，地方自治法2条13項において，「国は，地方公共団体が地域の特性に応じて……事務を処理することができるよう……配慮しなければならない。」と再説されている。国がこの義務を立法的あるいは行政的に適切に果たすかどうかは別にして，自治体としては，そうすることが憲法の命令であると考えて[5]，法定自治体事務を実施するための法環境の整備をする必要がある。地方分権一括法を制定して自治体の事務とした以上，基本的に，当該事務が，機関委任事務と同じように全国一律的に実施されるべきと国会が考えたとは思えない。実施にあたって，自治体の政策が反映されることを，立法者は当然に予定していたとみるべきである。また同項は，法律に規定されない自治体事務については触れないけれども，その趣旨は，法定外事務に関しても，解釈上の示唆を与えている。

　第1次分権改革が実現した自治体の決定権拡大という国家目的のためには，どのような実現手段があるのだろうか。そのもとにおいては，どのような政策手法が考えられ，それはどのような行政手法によって実現されうるのだろうか。本章では，実現手段として，自治立法たる条例に注目する。

　かつての機関委任事務および団体委任事務が法定自治体事務となり条例制定権の対象となったことから，自治体政策の実現のために，それを地域特性適合的に運用するべく，条例を活用する方策が模索されている。それにあたっては，目的実現のために，様々な政策手法および行政手法が用いられうる。本論文では，自治体政策の実現という視点から，自治立法のあり方を論ずるとともに，その目的を実現するための政策手法・行政手法に関するいくつかの論点を検討する[6]。

---

4)　西尾勝「分権改革の到達点と課題」松下圭一＝西尾勝＝新藤宗幸（編）『岩波講座 自治体の構想Ⅰ 課題』（岩波書店，2002年）1頁以下・10頁参照。

5)　礒部力「国と自治体の新たな役割分担の原則」西尾勝（編）『地方分権と地方自治』（ぎょうせい，1998年）75頁以下・89頁参照。

6)　「政策手法」という用語については，礒崎初仁『自治体政策法務講義』（第一法規，2012年）74頁以下・113頁以下，川﨑政司『法律学の基礎技法〔第2版〕』（法学書院，2011年）190頁参照。本論文では，「個別行政手法を組み合わせて条例目的を実現するためのシステム」というほどの意味で用いている。

　従来の条例論は，「法律の実施のための条例」を念頭に置いていなかった。また，このタイプの条例に関する裁判例はほとんどない状況にある[7]。しかし，分権時代においては，その議論の枠組みは，相当に変化するように思われる[8]。まさに，政策法務の最前線である。なお，本論文の議論は，基本的に，規律密度と規律強度が高いといわれる現行法（とりわけ，法定自治事務を規定するそれ）を前提にしている。

2　国家法体系における自治体政策の意義

(1) 自治体の 2 つの責務

　地域における総合的政策主体である自治体は，住民に対して，2 つの責務を負っている。

　第 1 に，国会の制定にかかる法律に規定される自治体事務を実施する責務である。当該事務の内容が，法目的の自治体現場における実現（つまりは，「国民たる住民」の福祉向上）にとって，地域的立法事実に照らして不十分と判断される場合には，これに補完的に対応する責務も負っている。第 2 に，法律を通じた立法判断がされていない領域について，地域的立法事実を踏まえて条例を制定し，その実施を通じて住民の福祉の向上を実現する責務である[9]。それが自治体の役割領域に属するかぎりにおいて，対応することに法的障害はない。

---

7)　宇賀克也「条例の適法性審査——地方分権改革後の最高裁判例の動向」法学教室 369 号（2011 年）50 頁以下参照。

8)　川﨑政司「自治立法のあり方と政策法務——より良き条例を目指した枠組みへの展開に向けて」北村喜宣＝山口道昭＝出石稔＝礒崎初仁（編）『自治体政策法務』（有斐閣，2011 年）395 頁以下も，同様の問題意識を有しているようにみえる。

9)　政策法務論においては，「立法事実」は，それほどの考察もなく語られる傾向がないではない。自治体法政策に即した議論の深化が，一層必要になる。礒崎・前註 6）書 106〜111 頁，川﨑・前註 6）書 121〜122 頁，川﨑政司「『立法事実』が問うていること」政策法務 Facilitator 37 号（2013 年）1 頁参照。

（2）法律の実施

　法律の実施の場合，法政策の目的は，当該法律の第 1 条に規定されているのが通例である。法律にもとづいて計画を策定することを国会が中央政府に命じ，そこにおいて，法目的実現のためのより詳細なプログラムが規定される場合もある。そのもとで，事務権限を与えられている自治体は，目的実現のために，当該事務を「自分の事務」として実施する。法律は，その目的の地域における実現に対して，完結的な仕組みを用意することはできず，不完全となるのが宿命である[10]。かつての機関委任事務のように国の事務ではなく，自治体の事務とした以上，自治体が独自の解釈のもとに独自の対応をして法律目的を実現することは，原則として立法者の意図するところであると考えるべきである。

　自分の事務である以上，自治体は，実施にあたって，自らの政策の実現を，法律を用いて行うことは可能である。もちろん，それは，第 1 条に定められる目的を逸脱した違法なものであってはならない。それにあたっては，自治的法解釈[11] が施されることになる。法律の実施にあたっては，事務の種類に応じて，法律所管官庁から，技術的助言（地方自治法 245 条の 4）や処理基準（同法 245 条の 9）が出されることがあるが，自治体は，それを参考にしつつも，独自の判断をしなければならない[12]。自治的法解釈は，自治体の「権利」ではなく「義務」と考えるべきである。

　自治的法解釈は，行政による個別の事案処理においてもなされるが，一般的な形としては，審査基準（行政手続法 5 条 1 項）や処分基準（同法 12 条 1 項）として表される。これらの行政基準は，法規性を持たない行政規則であり，外部的拘束力はない。しかし，自治体の法解釈権の表現形式であり，分権改革以前にも増して重要な意義を持っている[13]。「何が法か」を自治体社会に伝える機

---

[10]　阿部泰隆『行政の法システム（下）〔新版〕』（有斐閣，1997 年）733 頁参照。松下圭一『日本の自治・分権』（岩波書店，1996 年）57〜58 頁・199 頁も参照。

[11]　自治的法解釈の必要性が古くから主張されていることについては，周知のところであろう。松下圭一『市民自治の憲法理論』（岩波書店，1975 年）51 頁参照。分権改革のなかでも，引き続き主張されている。兼子仁『変革期の地方自治法』（岩波書店，2012 年）96 頁，人見剛「自治体の法解釈自治権について」北村ほか（編）・前註 8）書 178 頁以下参照。

[12]　自治体は，中央政府に対して，技術的助言などを求めることは，権利として明記されている（地方自治法 245 条の 4 第 3 項）。もっとも，中央政府側に応答義務があるわけではない。

会であり[14]，自治体が「国法の法創造的執行」[15] をするための手段である。森林法 10 条の 2 が規定する林地開発許可基準に関して，林野庁が出している指針を特定条件のもとで緩和する「静岡県林地開発許可審査基準及び一般的事項」が，例としてあげられる[16]。

　もうひとつの手段は，本論文が注目する条例である。「法律の範囲内で条例を制定することができる。」と規定する憲法 94 条を踏まえて，自治体は，法定自治体事務に対して，自治体政策を反映するような内容を条例で規定し，それを法律と融合的に実施することができるのである。補完的対応のひとつの形であり，法律実施条例と呼ばれる。

（3）独立条例の制定と実施

　一方，法律と融合的に作用するのではなく，それとは独立して作用する条例も，自治体は，憲法 94 条にもとづいて制定できる。それを実施することで，自治体法政策を実現するのである。独立条例と呼ばれるこのタイプの条例には，法律と融合はしないもののそれを補完する機能を有するものと，法律の未規制領域において発生する問題に対応するためのものとがある。従来の条例論は，ほとんど独立条例に関するものであった。

　次に，自治体政策の実現のための重要な手段である条例について整理する[17]。

---

13)　野口貴公美「自治体執行法務と審査基準・処分基準」北村ほか（編）・前註 8）書 143 頁以下参照。

14)　北村喜宣「自治体政策法務で分権改革を活かす」ガバナンス 96 号（2009 年）85 頁以下・86 頁参照。

15)　山口道昭「自治体における執行法務の課題」北村ほか（編）・前註 8）書 2 頁以下・5 頁。

16)　小泉祐一郎「分権改革に伴う規制行政における自治体の裁量権の拡大と比例原則」内山忠明＝池村正道（編著）『自治行政と争訟』（ぎょうせい，2003 年）25 頁以下・28〜31 頁参照。

17)　条例の類型論に関しては，北村喜宣『自治体環境行政法〔第 7 版〕』（第一法規，2015 年）34 頁以下，同「権限移譲と義務付け・枠付けの緩和が自治体に求めるもの」都市問題 102 巻 10 号（2010 年）80 頁以下・85 頁参照。

3　国家法体系における条例と法律との関係

(1) 独立条例

　条例と法律の関係を論ずる際には，条例制定をしようとする自治体が，当該法律のもとで事務権限を有している自治体であるかどうかに意識的でなければならない。「廃棄物の処理及び清掃に関する法律」（以下「廃棄物処理法」という）の産業廃棄物規制を例にすれば，これは都道府県の法定受託事務である（24条の4）。その都道府県が，産業廃棄物処理施設設置許可申請に先立って，申請予定者に対して，一定の手続を義務づけるいわゆる事前手続条例を制定することがある。一方，それとは別の次元で，立地予定地の地元市町村が，水源保護を目的として，水道水源保護条例を制定することがある。これらは，いずれも，基本的には，廃棄物処理法とは法的にリンクしない独立条例である。

　独立条例は，規制システムとして「独り立ち」していなければならず，そのなかに，種々の手法が規定される。いわゆる「フル装備条例」である。水質汚濁防止法29条や大気汚染防止法31条のように，独立条例に関する規定を設けて，その制定を期待している法律もある。また，独立条例は，法律未制定分野についても制定できる。2014年に「空家等対策の推進に関する特別措置法」（以下「空家法」という）が制定される前に制定されていた空き家適正管理条例の多くが，この例である。独立条例においては，その目的の実現のために，様々な政策手法が組み合わされる。

(2) 法律実施条例

　これに対して，法律により事務を命じられている自治体が，当該事務を地域特性に適合するよう実施するために，条例を制定することがある。この法律実施条例は，独立条例とは異なり，法律とリンクしている。

　条例制定主体は，当然のことながら，法定事務の実施主体である自治体である。法律実施条例の場合，規定されるのは，基本的には，自治体が強化・追加（場合によっては，緩和・削除）したいと考える事項のみである。その実現は法律によることになり，したがって，フル装備条例ではない。条例で決定された事

91

項は，法律の一部として，融合的に運用される。水質汚濁防止法 3 条 3 項や大気汚染防止法 4 条 1 項のように，法律実施条例に関する規定を設けて，その制定を期待しているものもある。これら 2 法は，省令が全国画一的に規定する排出基準値の強化を認めている [18]。都市計画法 33 条 3 項のように，政令基準値の強化のほか，緩和を認めるものもある。同条 4 項は，一定の横出しを認める。

(3) 憲法 41 条との関係

　対象が法定外事務であるか法定事務であるかの違いはあるが，独立条例も法律実施条例も，制定の根拠は憲法 94 条である。ところで，とりわけ後者に関しては，憲法 41 条を理由に，個別法に条例を許容する明文規定がなければ，すなわち，国会が明示的に認めているのでなければ，制定はできないという考え方もある。かつて地方分権改革推進委員会は，『第 3 次勧告――自治立法権の拡大による「地方政府」の実現へ』(2009 年 10 月 7 日) のなかで，個別法に条例規定がなくても当該法律に融合的に作用する条例が可能という議論を念頭に置いて [19]，次のように述べたことがある (下線筆者)。

> ・法律の制定は，「国権の最高機関」とされている国会によって行われること (憲法第 41 条)。
> ・地方自治体の条例制定権は「法律の範囲内」とされていること (憲法第 94 条)。
> ・政令は「憲法及び法律の規定を実施するため」に，府令・省令は「法律若しくは政令を施行するため，又は法律若しくは政令の特別の委任に基づいて」制定されるものであり，特に，それらによって罰則を設けたり義務を課したり<u>国民の権利を制限したりするのはすべて法律の委任に基づいて行われるもの</u>であること (憲法第 73 条，内閣法第 11 条，内閣府設置法第 7 条，国家行政組織法第 12 条参照)。
> 等を踏まえつつ，引き続き，慎重な検討が必要である。

　下線部は，個別法の個別の明文規定が必要であるという考え方であろう。憲法 41 条をあげていることからも推測されるように，国会の立法裁量をきわめ

---

18)　北村喜宣『環境法〔第 4 版〕』(弘文堂，2017 年) 143 頁参照。

19)　念頭に置かれたのは，松本英昭元自治事務次官の議論であろうかと思われる。同氏の議論としては，松本英昭「自治体政策法務をサポートする自治法制のあり方」北村ほか (編)・前註 8) 書 80 頁以下参照。

て広汎に認めるのである。これが，2011 年に制定された「地域の自主性及び自立性を高めるための改革の推進を図るための関係法律の整備に関する法律」という同名の 2 つの法律，いわゆる第 1 次一括法および第 2 次一括法における枠付け緩和対応の基本的枠組みの根拠となっている[20]。

しかし，国会の立法権も，平等原則や比例原則の制約を受けるほかに，憲法 92 条の制約を受ける。自治体事務であるのに地域特性適合的配慮ができない法律であれば，それは，「地方自治の本旨」に反しているのであって違憲である[21]。憲法 92 条がプログラム規定であるという議論は，寡聞にしてない。『第 3 次勧告』が憲法 92 条に言及しないのは，極めて奇異である。

地域的政策需要を踏まえて住民福祉を向上させるべく法定事務を実施するのは，自治体固有の権限といえる。そして，その手段は，地方自治法 14 条 2 項が「……義務を課し，又は権利を制限するには，……条例によらなければならない。」と規定する通りである。問題は，何が憲法 94 条にいう「法律の範囲内」かの解釈である。後に整理するように，自治体事務といえども条例による修正は認められない部分はあるけれども，現行法を前提にするかぎり，それは法解釈によって決すべきものであり，適切な立法的対応がされない以上，およそ法解釈論を許さないというものではない。

憲法 41 条を前面に出したうえで，条例は国会の制定した「法律の範囲内」でしか制定できないのであるから個別法の明文規定が必要になるという解釈は，委員会というよりも，おそらく内閣法制局の考え方であろう[22]。法律の明文規定を通して国会がある意思を示している以上，その内容を修正・変更するためには，国会による法律改正を要するという整理であるように思われる。「国

---

[20]　本章では論じないが，これら法律のもとで行われた枠付け緩和作業についての筆者の評価と，しては，北村喜宣「2 つの一括法による作業の意義と今後の方向性——『条例制定権の拡大』の観点から」本書Ⅷ論文参照。

[21]　松本・前註2) 書 5 頁，宇賀克也『地方自治法概説〔第 7 版〕』(有斐閣，2017 年) 231 頁，岡田博史「自治体から見た地方分権改革——自治立法権に焦点を当てて」ジュリスト 1413 号 (2010 年) 22 頁以下・27〜28 頁，北村喜宣「法律改革と自治体」本書Ⅰ論文 7 頁，鈴木庸夫「地域主権時代の条例論」ジュリスト 1413 号 (2010 年) 14 頁以下・17 頁参照。

[22]　小幡純子＝曽和俊文「〔討論〕討議のまとめ」ジュリスト 1413 号 (2010 年) 31 頁以下・37 頁〔小早川光郎発言〕参照。

権の最高機関」という文言を出してはいるが，実質的に法律改正に大きな影響
力を持ち，分権改革に必ずしも協力的ではない中央政府関係省庁の思惑を覆い
隠す議論となっている点に注意が必要である。中央政府は，「条例制定権の限
界」を指摘するのであれば，「法律制定権の限界」もまた，自覚すべきであ
る[23]。

　上書き的効果を持つ法律実施条例に対する内閣法制局の見解は，総合特別区
域法案の審議過程において，「いわゆる条例による法律の上書きを可能にする
ということにつきましては，国会を国の唯一の立法機関であるというふうに規
定しております憲法第41条の規定，それから，地方公共団体は法律の範囲内
で条例を制定することができるということを規定しております憲法第94条の
規定との関係で議論すべき問題点がある」[24]として示されている。前出の『第
3次勧告』と同様，憲法92条が認識されていない。

　内閣法制局は最高裁判所ではなく，中央政府の行政機関のひとつにすぎない
（内閣法制局設置法1条）。「地方自治の本旨」を軽視しがちなその法解釈の「権
威」を，内閣として尊重するのはいいとして，「国権の最高機関」である国会
が尊重するというのは，民主主義国家においては，戯画的でしかない。裁判所
はもちろんのこと，中央政府から独立した自治体が，現行法の自治的法解釈が
できるのは当然であることを敢えて指摘しておきたい。問題は，分権改革がな
された現在において，憲法が何を求めていると考えるかである。行政改革に関
しては，「官僚制に内発性なし」が，洋の東西を問わない相場である[25]。分権
改革に引きつけていえば，それゆえに，「中央政府に内発性なし」である。そ
れゆえに，「自治体関係者の自覚的な意識改革」[26]が強く求められるのである。

---

23)　北村喜宣「法律改革と自治体」本書 I 論文 9 頁，同「法律制定権の限界」自治体法務研究
　　33 号（2013 年）1 頁参照。

24)　第 179 回国会衆議院東日本大震災復興特別委員会会議録 8 号（2011 年 11 月 24 日）11 頁
　　〔梶田信一郎内閣法制局長官答弁〕。北口善教「構造改革特別区制度の継続について──提案募
　　集及び計画認定制度の期限の延長並びに規制の判例措置の追加等」時の法令 1930 号（2013
　　年）18 頁以下・25～26 頁は，興味深い認識を伝える。

25)　佐々木信夫『自治体政策学入門』（ぎょうせい，1996 年）84 頁参照。

26)　磯部・前註 5) 論文 98 頁。

（4）法定自治事務に関する条例

　「地方公共団体に関する法令の規定は，地方自治の本旨に基いて，これを解釈し，及び運用するようにしなければならない」。これは，地方分権一括法による改正前の地方自治法 2 条 12 項である。機関委任事務を規定する法令の規定は，「地方公共団体に関する法令の規定」ではなかったから，憲法 92 条の「地方自治の本旨」が問題になる余地はなかったと，形式的にはいえるのかもしれない。こうした規定の裏側で，機関委任事務制度が存在したのである [27]。

　「地方公共団体に関する法令の規定は，地方自治の本旨に基づいて，かつ，国と地方公共団体との適切な役割分担を踏まえて，これを解釈し，及び運用するようにしなければならない」。これが，現在の 2 条 12 項である。旧機関委任事務に対して，この規定は全面的に適用される。第 1 次分権改革の制度趣旨がこの規定に込められているといっても過言ではない。条文は似ているが，その適用の射程は，まったく異なっている。とりわけ，「地方自治の本旨に基づいて」という文言の意味は重い。国民の基本的人権の保障のための法的アプローチを考える際に，憲法学が第 8 章をそれほど重視していないのは，自明の事実である [28]。行政法学においても，事情はさほど変わらない。自治体政策法務論においては，そうした現状を十分に認識して，解釈論を展開する必要がある [29]。

　法定受託事務に関しても法定自治事務に関しても，それが条例制定権の対象になることについては，まったく異論はない。ただ，法定受託事務に関しては，地方分権一括法案審議において，次のように認識されていた。第 145 回国会における法案審議状況は，最近ではあまり振り返られなくなったが，分権改革の「原点」として，たえず意識しておく必要がある。時の総務大臣は，次のように答弁した（下線・付番筆者）。

27）　塩野宏「機関委任事務の法的問題点」同『国と地方公共団体』（有斐閣，1990 年）214 頁以下，成田頼明「機関委任事務制度の廃止と新たな事務区分」同『地方自治の保障《著作集》』（第一法規，2011 年）283 頁以下参照。

28）　主要な憲法テキストを開いて，第 8 章に関する記述がどれほどあるかをみれば，一目瞭然である。条文をなぞった程度の解説しかされていないものが多い。そうしたなかで，渋谷秀樹『憲法〔第 3 版〕』（有斐閣，2017 年）は例外といえる。

29）　先駆的な指摘として，松下・前註 11）書 113 頁参照。

> 　そこで，今回の改正案の結果，地方自治法第 14 条第 1 項の規定で，法令に違反しない限りにおいて，自治事務であると法定受託事務であるとを問わず，条例制定権の対象になるということなんですね。この場合，条例制定の制約となるのは，その条例が規定する内容に関係する個別の法律の規定及びその解釈ということになるわけですが，いずれにせよ，したがって，①法定受託事務につきましても，法令の明示的な委任を要さないで条例を制定ができるようになったということであります。
>
> 　ただ，実際には，法定受託事務については，法律や政令などでその処理の基準が定められている場合が多いわけでありまして，結果的に，②条例を制定しなければならない余地というのは少なくなるであろうということは想像されます。
>
> ［出典］第 145 回国会衆議院行政改革に関する特別委員会議録 5 号（1999 年 5 月 26 日）10 頁［野田毅・総務大臣答弁］。

　この答弁は，法定受託事務についてされていることを，まず確認しておこう。法定自治事務は，法定受託事務よりも自治体決定の自由度が高いと一般にいわれることから，下線部①については，より一層その趣旨が妥当する。一方，下線部②については，法定受託事務は国として相対的に高い責任と関心を持つものであるため，全国統一性を保持する必要があるものとされている。しかし，基準が十分に制定されていなければ，また，制定されている基準が地域特性適合性の観点から問題があれば，条例による基準設定や修正は可能ということであろう。

　この答弁は，「国権の最高機関」におけるものであり，分権改革の基本をなす整理である。それを一応前提にして，法定自治事務に対する条例の可能性を論ずれば，おそらく，次のような結論になるだろう。すなわち，法定自治事務に関する基準が法令に規定されていた場合，自治体はそれを地域特性に適合するように，条例によって修正することができ，それには個別法の根拠を要しない。法定自治事務についても法令で基準が規定されていることはあるが，そのかぎりにおいて法定受託事務と同様に考えるというのでは，両事務の区別はないことになり不合理である。したがって，法定自治事務に関する法令基準は，それが全国一律的適用が予定されると合理的に考えられる場合を除き，原則として標準とみることができ，「法律の範囲内」で条例制定が可能である。

4　法律実施条例と政策手法

（1）自治体による法律の実施の意味

（a）　政策展開の方向

　法律により事務の実施を命じられている自治体は，その目的の地域における実現を，地域事情を踏まえて図ることになる。条例は，そのための重要な手段である。ところが，機関委任事務を念頭に置いて制度設計された法律は，基本的に，そこに規定された仕組みのみを用いて目的を実現することを前提にしている。まさに「国から目線」であって，国が必要と考えれば，法律の実施に地域事情を「反映させるべく」，明文の条例規定を設けたのである[30]。

　しかし，とりわけ法定自治事務に関するかぎり，現在ではそうした制約はない。「法律の範囲内」という制約はあるけれども，上述のように，相当自由に法政策裁量を発揮できるようになった。国レベルの公共性に優先する自治体レベルの公共性が，場合によっては存在しうるようになったのである[31]。

　その内容は，いくつかのカテゴリーに分けて整理できる。まだ考察が十分ではないが，さしあたり，次のようなものが考えられる。第1は，要件読込み（具体化・詳細化・顕在化），第2は，要件・手続追加（横出し），第3は，要件・手続加重（上乗せ）である。これらは，法律目的を自治体において実現するための，自治体独自の政策手法である。

　伝統的行政法学の理論を踏まえた現行法制度は，次のようなものであろう。行政が自立的に公益判断をして，施策対象となっている市民に対し，授権の根拠法の要件を解釈したうえで権限を行使する。その前提には，国会が政治的判断によって国民の権利に制約を加え，あるいは，権利を付与することがある。それらは，当該法律の目的の実現を企図している。

　伝統的行政法モデルに対しては，自治体ならではの法システムという観点か

---

30)　阿部・前註10) 書733頁は，担当官庁の方針と異なる政策が出てくることをおそれるがゆえに，国の立法者は，条例に授権する規定を自ら積極的におこうとはしないと指摘する。

31)　磯部力「行政システムの構造変化と行政法学の方法」小早川光郎＝宇賀克也（編）『行政法の発展と変革上巻』[塩野宏先生古稀記念]（有斐閣，2001年）47頁以下・58頁参照。

らの整理の必要性が，かねてより主張されている[32]。分権改革を踏まえてこの議論をさらに深化させなければならない。以下では，法律実施条例という手段を利用したいくつかの具体例を紹介しながら，法律実施のあり方を考えてみたい。

(b)　法律解釈の自立性

　　分権改革以前からも，法律の実施にあたって，自治体行政庁は，行政手続法のもとで，審査基準（5条）や処分基準（12条）を策定してきた。こうした行政規則は，当然のことながら，根拠法の解釈として表現されるものであるが，それにあたっては，法律所管官庁の通達等が，大きな影響を持っていた。

　　機関委任事務制度の廃止によって，内部的拘束力をもつ通達はなくなり，内容的に存在するとすれば，それは，技術的助言となった（地方自治法245条の4）。現在，法律実施を命じられている自治体は，独自の法解釈によって，その意味を確定し，地域の政策需要に適応する形で，それを適法に実施することができる。法令解釈を自立的にできるようになったことは，第1次分権改革の最大の成果とされているところである[33]。それを活かすことが，とりわけ2000年前後には強調されていたのである[34]。個別法の明文の根拠なく，上述の3つの方向性に取り組んでいる実例をみておこう[35]。

(2)　要件読込み（具体化・詳細化・顕在化）

(a)　自治体法解釈の強調

　　法定要件の読込みは，審査基準や処分基準を通じて行うことが可能であるが，最近では，これを条例という手段によって表現する例が目立つようになってきている。分権改革の観点から評価をすれば，「行政庁としての解釈」というがけではなく，「自治体としての解釈」であることを前面に出す意味がある[36]。

---

32)　磯部力の業績が顕著である。たとえば，磯部・前註31）論文のほか，同「行政法の解釈と憲法理論」公法研究66号（2004年）82頁以下参照。

33)　西尾・前註1）書67頁参照。

34)　西尾・前註4）論文11頁参照。

35)　北村・前註17）書38頁以下参照。

36)　消極的な評価としては，①行政側がその法解釈に盤石の自信がないために，条例という形

（b）　北海道砂利採取計画の認可に関する条例

砂利採取法は，砂利採取計画認可の基準として，「申請に係る採取計画に基づいて行なう砂利の採取が他人に危害を及ぼし，公共の用に供する施設を損傷し，又は他の産業の利益を損じ，公共の福祉に反すると認めるときは，同条の認可をしてはならない。」（19条）と規定するのみで，それ以外の規定は，政省令にもない。この点，同法の法律実施条例として2001年に制定された「北海道砂利採取計画の認可に関する条例」は，「埋戻しが確実になされるよう当該者が講ずべき措置」などを具体的に規定する（5～7条）。これは，審査基準の条例化である。

北海道では，埋戻しがされないために砂利採取法にもとづく埋戻命令の発出件数が全国でもっとも多い状況にあった。不利益処分を的確にすることは法律の予定するところではあるが，そうした事後的対応では，タイミングを逸する可能性もあり安全性確保に限界があることから，これを事前措置で確保しようとしたのである。法律の機能不全が立法事実となっている。同法の立法者は明確には認識していなかった問題点であろうかと思われるが，同法の目的の実現をより確実にしようという自治体政策にもとづく対応といえる。

（c）　市川市空き家等の適正な管理に関する条例

処分基準の具体化をするものとして，2012年に制定された「市川市空き家等の適正な管理に関する条例」がある（空家法の制定を受けて，2015年に全部改正された）。市川市長は，建築基準法の特定行政庁として，いわゆる既存不適格となっている老朽空き家に対して，除却などを命ずる権限を有しているが，同法は，その要件について，「著しく保安上危険であり，又は著しく衛生上有害であると認める場合」（10条3項）と規定するのみである。そこで同条例は，「空き家が倒壊し，又はその屋根ふき材，外装材，屋外に面する帳壁等が脱落することが確実であると認められることにより，人の生命，身体又は財産に係る被害を生ずるおそれが高いと認められるとき。」など，いくつかの基準を具

式にすることで，万が一の訴訟の際に，裁判所による「尊重度」を高めたいと考えている。②国家賠償訴訟が提起され，万が一敗訴した場合であっても，議会を「共犯者」にできると考えているといったことがあげられよう。

体的に規定している（13 条）。

老朽空き家の壁面が崩落して不特定多数の通行人に被害を与えるリスクが，広く認識されるようになっている。これに対しては，独立条例の制定で対応する自治体が圧倒的に多いなか，市川市は，略式代執行の活用も可能な 10 条 3 項命令を利用することを選択し，さらに，命令が的確に発出できるよう，要件を具体化・詳細化したのである。独立条例か法律実施条例かの条例選択の問題であるが，敢えて後者を選択した点が注目される[37]。

(d) 条例による対応の適法性

行政手続法 5 条が行政庁に策定を命じた審査基準について，それが裁量基準である場合に，その内容を条例で規定することに消極的な見解もあったが[38]，現在では，可能と考えられているように思われる[39]。地方自治法 2 条 12 項にあるように，自治体は，機関委任事務時代に制定された法律を分権改革の制度趣旨を踏まえて解釈・運用する責務がある。必ずしも明確ではない法律の文言を，法目的を現場において確実に実現するために，地域需要を睨んで解釈し，それを条例に規定することの重要性は，ますます高まるものと思われる。

(3) 要件・手続追加（横出し）
(a) 目的実現のための手法の創設

読込みは，法律のなかの個別の文言を，法律の制度趣旨を踏まえて具体化・詳細化・顕在化するものであった。横出しと整理できる対応は，法律の目的実現の観点から，法律のなかに具体的文言はないけれども，その制度趣旨を踏ま

---

37) 森幸二「法の要件は『基準』か？『目安』か？——空き家対策条例が教えてくれるもの（1）」地方自治職員研修 641 号（2012 年）58 頁は，自治的解釈を追究する観点から，法律実施条例による対応を評価する。空き家対策条例については，後註 63）の文献参照。

38) 塩野宏『行政法Ⅲ——行政組織法〔第 3 版〕』（有斐閣，2006 年）173 頁は，「地方公共団体としては，行政手続法による審査基準を定めることになるが，これを条例の形式として定めることは，法律の法規創造力……からして，許されないと解される。」としていた。

39) 鈴木・前註 21）論文 16 頁，阿部泰隆『政策法学講座』（第一法規，2003 年）289〜290 頁参照。塩野宏『行政法Ⅲ——行政組織法〔第 4 版〕』（有斐閣，2012 年）からは，塩野・前註 38）書 173 頁に該当する記述は消えている（ただし，第 4 版 189〜190 頁参照）。

えて，新たな内容を条例により創設するものである。

(b)　横須賀市宅地造成に関する工事の許可の基準及び手続きに関する条例

　法律目的を地域においてより効果的に実現する観点から，事務を命じられた自治体が許可基準を追加し，結果的に，法律レベルで課されている制約よりも強い制約を人権に加える例もある。横須賀市は，宅地造成等規制法の実施条例として，2006年に「横須賀市宅地造成に関する工事の許可の基準及び手続きに関する条例」を制定し，「法，令及び省令に定めがある<u>もののほか，次に掲げる基準</u>に適合しなければならない。」として，「造成主が工事を完成するための必要な資力を備えていること。」などいくつかの要件を追加している（4条1項）（下線筆者）。下線部は，プラスアルファとして要件を追加することを明示している。これは，許可基準の横出しであり，横出し基準を充たさない申請は不許可となる[40]。

　斜面地に対する開発圧力が高い横須賀市においては，宅地造成等規制法の許可をえての工事が多くあるが，同法は，もっぱら技術的側面からの許可基準しか規定していない。このため，技術力はあるものの，工事途中で資金不足となって工事が中断され，そのことが安全性に深刻な影響を与えていた。そこで，工事許可の際に資金の手当てが十分にあると確認することによって，工事の完遂を確実なものとし，同法の目的である「国民の生命及び財産の保護」（傍点筆者）を市内において確実に実現しようとする法政策である。横須賀市は，宅地造成等規制法の目的を，「横須賀市民の生命及び財産の保護」と読み替えたのである。法律規定だけによる実施では法律目的の実現が困難になっていることが立法事実となっている。

---

40)　横須賀市条例については，北村喜宣「横出しストーリー——横須賀市宅地造成工事許可基準手続条例」同『自治力の達人』（慈学社出版，2008年）38頁以下参照。横出し条例自体は，地方分権改革以前から存在していたが，それは，法律からは独立していた。原田尚彦『〔新版〕地方自治の法としくみ〔改訂版〕』（学陽書房，2005年）145頁は，基準付加を審査基準で定めることも可能という。しかし，地方自治法14条2項に照らせば，無理ではないだろうか。

(c)　神戸市廃棄物の適正処理，再利用及び環境美化に関する条例

　不利益処分基準の横出しをするものとして，「神戸市廃棄物の適正処理，再利用及び環境美化に関する条例」がある。同条例は，2006 年改正によって，廃棄物処理法にもとづく一般廃棄物処理業許可に関する事業停止命令に関して，「その業務に係る車両の交通により人の死傷又は物の損壊をしたときその他道路交通法……の規定に違反したとき。」（15 章の 2 第 1 号）などいくつかの要件を横出し追加している。「法第 7 条の 3 各号<u>又は次の各号</u>のいずれかに該当するときは，期間を定めてその事業の全部又は一部の停止を命ずることができる。」という規定ぶり（15 条の 2 柱書）（下線筆者）の下線部には，横出しの立法意図が明らかにみてとれる。

　廃棄物処理法上，一般廃棄物の処理は市町村の事務とされている（6 条の 2 第 1 項）。一般廃棄物処理計画を踏まえて，許可業者に事業を任せることはあるが，公共性の高い事務であり，市民の信頼性をえる必要があるという政策判断にもとづく要件の厳格化である[41]。

(d)　鳥取県廃棄物処理施設の設置に係る手続の適正化及び紛争の予防，調整等に関する条例

　前にみた「要件読込み」と整理することもできるが，条例による独自手続の履行完了を許可基準の充足判断に用いている制度もある。外形的にみれば，法律に独自条例が前置され，かつ，両者がリンクしているようにみえる。「鳥取県廃棄物処理施設の設置に係る手続の適正化及び紛争の予防，調整等に関する条例」は，2007 年改正によって，同条例が義務づける住民説明や意見書への対応などの手続が完了しないままになされた廃棄物処理法 15 条にもとづく施設設置許可申請について，「第 15 条の 2 第 1 項第 2 号……の規定に適合していないものとして，当該許可をしないものとする。」と規定する（24 条 1 項）。

　廃棄物処理法 15 条の 2 第 1 項 2 号に規定される許可基準は，「周辺地域の生活環境の保全及び環境省令で定める周辺の施設について適正な配慮がなされたもの」である。何をもってこの要件を判断するのかは，法律に規定はない。判

---

41)　北村喜宣「不利益処分要件の横出し条例——神戸市廃棄物適正処理条例の改正」同『自治力の達人』（慈学社出版，2008 年）44 頁以下参照。

断材料は，行政庁の合理的裁量に委ねられていると解される[42]。鳥取県は，「適正な配慮」という文言に，一種の環境アセスメント的な意味を見いだし，申請者が住民とのやりとりを通じて地域環境に適合した立地の実現に努力していることを審査の基準のひとつとすべきと考えたのであろう。とかく紛争になることが多い廃棄物処理施設の立地について，踏み込んだ問題解決手段を規定したのである[43]。

(e)　倉敷市都市景観条例

　2009 年制定の倉敷市都市景観条例は，景観法の法律実施条例および景観に関する独自条例の合体条例である。そこでは，景観法が条例の決定に任せた事項に対する対応がされているほか，景観法の実施をより効果的にする措置が規定されている。

　景観法 17 条 1 項および 5 項は，景観計画区域内において届出があった場合に，景観計画に規定された形態意匠制限に適合しないものに対して設計変更命令等を発出することができると規定する。同法は，その履行に関して，行政罰しか規定していないところ（101 条，102 条 1 号），同法のもとでの景観行政団体である倉敷市は，都市景観条例にもとづいて，命令違反者に対する公表制度を規定している（38 条）。

　この公表は，明らかに制裁的意図を持つサンクションであり，そうであるがゆえに，条例の根拠を与えるのは適切である[44]。公表を規定することが命令履行に対してどれほどの効果があるかは定かではないが，様々な事業者との交

---

42)　環境省は，おそらく生活環境影響調査結果のみをもって判断すると考えているように思われる。北村・前註18) 書 476 頁参照。

43)　北村喜宣「法律施行条例としての事前手続条例——鳥取県廃棄物処理施設条例の試み」同『分権政策法務と環境・景観行政』（日本評論社，2008 年）157 頁以下，同「さらに強く！——鳥取県廃棄物処理施設条例改正」同『自治力の爽風』（慈学社出版，2012 年）（以下『自治力』として引用）96 頁以下参照。行政手続法 5 条の審査基準のなかで規定することも可能であるが，「自治体行政庁の解釈」ではなく「自治体の解釈」として条例によって表現したのである。そのほかの条例としては，「岐阜県廃棄物の適正処理等に関する条例」「浜松市廃棄物処理施設の設置等に係る紛争の予防と調整に関する条例」も注目される。

44)　北村喜宣「行政指導不服従事実の公表」同『行政法の実効性確保』（有斐閣，2008 年）73 頁以下参照。

渉経験を持つ倉敷市が必要と判断したのであるから，それなりの抑止力は発揮するのだろう。

(f)　義務履行確保手法の追加と厳格化

　筆者自身，まだ十分な整理ができないでいる論点として，法律が一定の義務づけをしつつも，それに対して特段の違反是正措置を講じていない場合に，自治体が条例によってそれを追加することができるか，一層厳格化できるかがある[45]。前記倉敷市条例は，追加事例であった。この程度ならば問題はないように感じる。

　それでは，たとえば，義務違反に対して法律が勧告どまりとしている場合に，条例で命令を規定し，その違反に対して行政代執行をしたり，刑罰を規定したりすることはできるだろうか。一層の厳格化である。その場合には，もはや法律実施条例ではなく独立条例とするしかないのだろうか。これまでは，そのように考えてきたように思われる。

　法律目的の実現の必要性は，自治体にとって異なることはたしかである。法律にさしあたり規定されている義務履行確保手法に自治体独自の手法を加えることができるか。消防法に規定される刑罰が実効的でないことを前提にして，解釈論として，「自治体の事務となった以上は，自治体が，消防法の手段に付加して，執行罰を導入できると考えるべき」[46] という主張もある[47]。執行罰は，地方自治法が規定する強制徴収対象（231 条の 2 第 3 項）ではないため，最終的には民事訴訟によることになる。この主張の根底には，事務の根拠法の目的をどのような方法で実現するかについては，自治体の法政策裁量があるという認識があるのだろう。さらに，義務違反に対して刑罰までが規定されているから，そうした場合には，それよりは「軽い」と考えられるサンクション手法であれば可能という整理もあるのだろうか。

---

45)　北村喜宣「法執行の実効性確保」北村ほか（編）・前註8）書 169 頁以下・173 頁参照。

46)　阿部・前註39）書 160 頁。近藤哲雄『自治体法〔第 1 次改訂版〕』（学陽書房，2008 年）122 頁も参照。

47)　立法論としての主張は多い。松本英昭『自治制度の証言——こうして改革は行われた』（ぎょうせい，2011 年）27 頁・72 頁，塩野宏「国と地方公共団体の関係のあり方」『法治主義の諸相』（有斐閣，2001 年）391 頁以下・403 頁参照。

　金銭という手法を用いた義務履行確保手法としては，課徴金の活用が主張されている[48]。戦後すぐに立法された地方自治法や行政代執行法は，条例による権力行政を十分に想定していないし，新たな発想にもとづく政策手法にも開放的でない。執行罰もそうであるが，これらを含む多様な手法を法制化すべきである[49]。それは，法律を通じて自治権を保障する義務を負う国会の責任である。

　法律が規定する要件を条例で緩和することにより，権限行使をより早期かつ容易にすることができるだろうか。違反者にとっては，「規制強化」になる。屋外広告物法と屋外広告物条例という関係においてではあるが，「管理されずに放置されていることが明らかなとき」という法律の簡易除去要件（7条4項2号）について，財産権に対する侵害の強度の低さ（とおそらくは，財産権行使による公益侵害の程度）に鑑みて，「自主条例によって廃止することができる」とする説がある[50]。「法第7条第4号第2号の規定にかかわらず」と表現するのだろうか。

(4) 要件・手続加重（上乗せ）
(a) 結果としての「上書き」

　法律において一定の内容が規定されている場合において，それを条例で修正し，条例内容を法律の実施にあたって用いるという対応がある。その結果，法定要件が重くなったり，手続的負担が重くなったりする。文言に素直な意味での「上書き」ということになるだろう[51]。

---

48) 塩野・前註47）論文403頁，松本・前註19）論文96頁参照。

49) 鈴木庸夫「地方公共団体における義務履行確保に関する法律要綱私案覚書」千葉大学法学論集23巻1号（2011年）9頁以下，同「地方公共団体における義務履行確保に関する法律要綱私案について」自治研究87巻7号（2011年）52頁以下が，具体的提案をしている。地方自治法14条3項が規定する刑罰の上限の大幅引き上げも主張されている。松本・前註19）論文96頁参照。方向性としては筆者も同感であるが，そもそも上限を設けていることが不適切である。条例制定権の内容として，自治体が罪刑均衡のもとで自立的に判断すればよいことがらというべきである。北村喜宣「自治体議会不信？――地方自治法14条3項」同『自治力の冒険』（信山社出版，2003年）58頁以下参照。

50) 阿部泰隆『やわらか頭の法戦略――続・政策法学講座』（第一法規，2006年）90頁。

51) 北村喜宣「牽強付会？――地方分権改革推進委員会のいう『上書き』」同『自治力の爽風』

(b)　安曇野市景観条例

　上書き条例と整理できる例は，まだ多くない。そうしたなかで，2010 年制定の安曇野市景観条例が注目される。

　景観法のもとで景観計画区域において行為届出がされた場合，届出者は，届出の受理日から原則 30 日間は，行為着手が制限される（18 条 1 項）。30 日という日数が，景観行政団体の長が届出内容を審査して，勧告なり命令を出すための期間でもある。ところが，それなりの景観インパクトがある計画の場合には，たとえば審議会で議論したり住民意見を聴取したりする必要があることから，30 日以内に対応できない。景観法は個別に延長することを規定するが（17 条 4 項），一定カテゴリーに属する開発行為の場合，着手制限期間を一律延長し，それを原則とすることが，実務的にも便宜である。そこで，安曇野市景観条例は，「市長は，法第 16 条第 1 項又は第 2 項の規定による届出に係る行為が，安曇野市の適正な土地利用に関する条例第 20 条第 2 項の規定による説明会の開催が必要な開発事業に該当する場合は，法第 18 条第 1 項に規定する期間を 60 日……とする。」（18 条 1 項）と規定した。

　「適正な土地利用に関する条例」20 条 2 項事業とは，いわゆる大規模事業であり，景観面のインパクトも大きい。そこで，そうした事業については，原則 30 日以内での処理は困難であると考え，例外カテゴリーと整理して，一括して 60 日としたのである。事業者の負担を軽減するために，期間短縮通知が個別にされるようになっている[52]。

(c)　鎌倉市都市景観条例

　景観法のもとでの景観行政団体である鎌倉市は，景観計画を策定して，一定行為の規制を実施している。同法のもとでは，景観計画区域内部に景観地区が

（慈学社出版，2012 年）23 頁以下参照。薄井一成「分権時代の法令の解釈・運用——自治体法務の課題」高橋滋（編集代表）『執行管理——法令の解釈・運用，行政評価，住民参加』（ぎょうせい，2013 年）1 頁以下，19 頁は，上書き条例を適法と解している。

52)　北村喜宣「上書き条例見参！——安曇野市景観条例と景観法」同・前註 43)『自治力』114 頁以下参照。筆者は，安曇野市条例の対応は，景観法の制度趣旨から許容されると考えている。人見剛「条例の法律適合性に関する一考察」同『分権改革と自治体法理』（敬文堂，2005 年）159 頁以下・167 頁に整理される基準では，どう評価されるだろうか。

106

指定されると，当該地区内での建築物・工作物の建築は，景観計画にかかる届出対象から除外されるようになっている（景観法 16 条 7 項 8～9 号）。

　ところが，鎌倉市では，法的拘束力は別にして，景観計画の方が行為規制を詳細に規定しているため，適用除外されると規制が後退することになる。そこで，2007 年に都市景観条例を一部改正し，景観地区制度のもとで認定対象となる行為を，条例で独自に定めることができる行為（景観法 16 条 7 項 11 号）として規定し，この適用除外をさらに適用除外したのである（12 条 2 項）。その結果，両方の制度が適用される。安曇野市条例ほどの直接性はないが，景観法が一般的適用を予定している制度について，一部修正をすることにより，結果的に「上書き」をした効果を持つものである[53]。

(d)　上書き条例の可能性

　地方分権改革推進委員会が『基本的な考え方』を公表した当時に，「上書き」として一般に想定されていたのは，安曇野市条例のような対応ではなかったかと思われる。現在，中央政府は，個別法による個別的「許容規定」がないにもかかわらず上書き対応をすることに関して，先にみたように，消極的であると推測される。横出し対応についても，同様であろう。

　しかし，個別法に明文規定があるかぎりにおいて，自治体に地域特性適合的条例対応が許されると考えるのは，憲法解釈としても適切ではない。条例制定権の限界は当然に存在するが，「明文規定なくして条例は可能か」という点については，前出の総務大臣答弁で決着がついている。あとは，どのような場合にできないのかという「ネガティブ・リスト」づくりを，自治体政策法務論としては，詰めて考えるべきである。これは，法律実施条例の法律抵触性判断基準づくりにもつながる。

---

53)　北村喜宣「適用除外の適用除外？——鎌倉市都市景観条例の改正」同・前註 43)『自治力』
　　111 頁以下参照。

5　独立条例と政策手法

(1) 条例の政策手法と法律

　従来からも，憲法94条にもとづいて制定可能であった独立条例は，多くの分野で制定されている[54]。もっとも，ただ条例を制定すれば自己決定を実現したというものでもなく，「より良き条例」[55]，「すぐれた条例」[56] が自覚的に目指されるべきことはいうまでもない。

　独立条例を議論する視点は多様である。以下では，条例目的を実現するという実効性確保の視点から，いくつかの手法について検討する。

(2) 行政代執行法と独立条例に規定される代替的作為義務

　規定ぶりからも明らかなように，1948年に行政代執行法が制定された当時，自治体が独立条例を通じて現在のような広汎な活動を行うことは，おそらく想像されていなかったのではないかと思われる。それゆえ，独立条例に規定される代替的作為義務の行政強制に同法を適用しようとすると困難に直面するのは周知の通りである。

　一般には，行政代執行法が適用できるとしつつも，それを正当化する解釈として，同法2条の「法律の委任に基く……条例」という規定を，地方自治法14条1項にもとづく条例と読む解釈が一般的である[57]。分権改革後もそうであり，何とも苦しい読み方をしている情けない状況にある[58]。分権時代において，行政代執行法の改正は喫緊の課題であるし，そうしないのであれば，自治体に関する特別法を制定すべきである[59]。

54）　条例政策研究会（編）『行政課題別条例実務の要点』（第一法規，加除式）参照。

55）　川﨑・前註8) 論文396頁参照。

56）　礒崎・前註6) 書94頁以下参照。

57）　議論の状況として，宇賀克也『行政法概説Ⅰ　行政法総論〔第5版〕』（有斐閣，2013年）223頁参照。なお，原田尚彦『行政法要論〔全訂第7版補訂2版〕』（学陽書房，2012年）230頁も参照。

58）　塩野宏「自治体と権力」塩野・前註47) 書351頁以下・357頁は，「整合的解釈は困難」と断ずる。

　現行法の解釈としては，行政代執行法は独立条例を想定して立法されたのではないことを前提に，憲法94条が保障する条例制定権はそこにおいて創出された義務を完結的に強制する措置も包含していると考えて，類推解釈をして適用することはできないだろうか。具体的には，2条の「法律（法律の委任に基く命令，規則及び条例を含む。以下同じ。）」という規定を，「条例」と読み替えるのである。解釈による準用である。憲法94条が自治体に条例制定権を与えた以上，その規定内容を完結的に実現できる権能をも与えたとみるのが適切である[60]。

（3）交渉による行政

（a）　義務者違反者の同意・合意の調達の制度化

　義務違反に対して不利益処分が規定されていたとしても，それを積極的に用いるのは，自治体職員にとっては，非日常的なことであろう。相手方との関係を険悪にしないことに配意して，相手方を説得し，相手方との合意のもとにコトを進めようとするのが通例である[61]。

　前述のように，こうした認識は，伝統的な行政法モデルにおいては，基本的に持たれていない。独立条例においても，それが前提とされている。それゆえに，「あるべき状態」から法律執行の現実をのぞけば，「タテマエと実態のギャップ」が観察され，それが「執行の欠缺」と評されることにつながった[62]。実効性確保手法の機能不全は，行政法学においては，今や常識的認識である。

　もっとも，行政の目的は，不利益処分を積極的に行うことではなく，法律や条例の目的を実現することである。そこで，最近の条例のなかには，目標とする状態をいかに効率的に実現できるかという実践的視点から，義務違反者の「合意・同意」を踏まえて権限行使をすると明記するものが現れている。空き家対策条例から，例を紹介する[63]。

59）　鈴木・前註49）の両論文参照。この点で，総務省の責任と役割は大きい。

60）　塩野・前註39）書184頁参照。

61）　杉山冨昭『交渉する自治体職員』（信山社出版，2004年）参照。

62）　北村喜宣『行政執行過程と自治体』（日本評論社，1997年）参照。

63）　空き家条例に関しては，北村喜宣「空き家対策の自治体政策法務（1）（2・完）」自治研究88巻7号21頁以下，8号49頁以下（2012年），同「自治体条例による空き家対策をめぐる

(b)　緊急安全措置

　2011 年に制定された「足立区老朽家屋等の適正管理に関する条例」は，管理の適正化を図ることで倒壊事故などを防止し，区民の安全で健康な生活を確保することを目的としている[64]。伝統的仕組みならば，「措置命令→行政代執行」となるところであるし，即時執行を規定することも可能であるが，これらはいずれも，相手方の意思いかんにかかわらず，強制力を行使して法目的の実現をするものである。ところが，足立区条例は，緊急安全措置という独自の手段を用いている。これは，以下にみるように，必要最小限度の措置であり，解体・除却などは想定されていない。

（緊急安全措置）

第 7 条　区長は，建物等の危険な状態が切迫している場合で，所有者等から自ら危険な状態の解消をすることができないとの申出があったときには，危険な状態を回避するために必要な最低限度の措置（以下「緊急安全措置」という。）をとることができる。

2　区長は，前項に規定する緊急安全措置を実施する場合は，所有者等の同意を得て実施するものとする。

3　（略）

　形式的にみるならば，申出がないかぎりは，いかに危険性が高まっても行政は手が出せない。しかし，現実には，行政が所有者と交渉をして同意を調達することが想定されており，措置の実施も同意のうえであるから，実施は確実である。こうした運用は，おそらく条例がなかったとしてもされていたものであり，緊急安全措置は，それに法的根拠を与えたということではないだろうか。「法律による行政」にはなっているが，実際には，「交渉による行政」である。

　空き家条例のなかには，伝統的方式で，「措置命令→行政代執行」を規定するものも少なくない。実施例もないではないが[65]，ほとんどがそこまでには

　くつかの論点」都市問題 104 巻 4 号（2013 年）55 頁以下参照。

64)　吉原治幸「『老朽家屋等の適正管理に関する条例』の仕組みと実務」北村喜宣（監修）『空き家等の適正管理条例』（地域科学研究会，2012 年）55 頁以下参照。

65)　進藤久「『空き家等の適正管理に関する条例』の取組み──制定，運用（行政代執行等），成果と課題」北村（監修）・前註 64）書 69 頁以下参照。

至っていない。足立区条例は，あえてこの方式を採用せず，解体・除却までしてもらいたいと考える建物に関しては，緊急安全措置を用いるような危険切迫事案でなければ，勧告にとどめている。しかし，勧告に従って対応すれば，一軒当たり50万円までを助成をするとしている。これも交渉である。

　かりに「措置命令→行政代執行」を規定して実施した場合，義務者は要する費用の全額を負担することになる。しかし，勧告に応じて自主解体をすれば半額の助成が得られ，その後の土地活用の展望も開けるというのである。足立区は，年間数十軒分の助成予算を確保している。「私人の同意は不確実」とみるかどうかが，法政策選択の分かれ目である [66]。

6　法律および条例の実施と住民自治

(1)「どの程度」の自治的判断

　今後の自治体にとって重要になるのは，法律および条例の実施を積極的に評価して，地域特性にみあった内容にすることである。行政リソースに制約があることに鑑みれば，完全執行を期待するのは非現実的であり，また，合理的でもない。「どの程度実施すればよいのか」を，住民が主体的に判断する時代になっている。住民自治のひとつの側面である。

　行政が職権で要件認定をして権限を的確に行使するというのが，伝統的な行政法モデルである。こうしたモデルの基本的妥当性は疑いないが，住民自治を踏まえれば，主権者たる住民の側に法律実施のイニシアティブを委ねる法政策も検討されるべきである。分権時代ならではの政策手法である。いくつかの具

---

66)　同意調達方式は，法律実施条例としての空き家条例においても採用されている。2015年に全部改正される前の「市川市空き家等の適正な管理に関する条例」は，既存不適格の老朽空き家に対して建築基準法10条3項命令を適用するにあたっての必要事項を規定していた。同条例17条2項は，「市長は，所有者等から命令に係る措置を履行することができない旨の申出があったときは，当該所有者等の同意を得て，当該措置を講ずることができる。」としていた。命令代行措置と称される。命令が履行できないなら行政代執行であるし，命令違反には刑罰が科されるのであるが，あくまで除却が目的であることから，交渉によって命令内容を実現するというのである。刑罰執行を妨害することにならないか，若干の懸念があった。

体例をみておこう[67]。

(2) 自治会に委ねる制度適用の決定権

　2012 年に制定された「小野市空き家等の適正管理に関する条例」は，行政権限行使の契機を住民に置いている点で特徴的である（同条例は，2016 年に全部改正され，名称も「小野市空家等の適正管理に関する条例」となった）。独立条例における措置である。市長は，独自に調査をして廃屋認定をするが，所有者に対して指導をする際には，「自治会からの要請」にもとづくとしていた（旧 9 条）。行政の独自判断による指導が否定されているとは考えにくいが，地方自治法 260 条の 2 にいう地縁団体などの自治会を明示的に規定することによって，さしあたりは空き家の適正管理に関して，地元住民の認識を高めることが期待されているようにみえる。また，たんなる指導ではなく，ご近所の要請を受けた指導ということで，指導の効果を高めようという思いもあるのだろう。指導が従われなければ勧告になり，勧告が従われなければ命令になる。自治会要請にもとづく指導が出発点となっている。

　なお，現行条例は，それに加えて，市長が特に必要と認めた場合に空家法 14 条の権限行使を義務的としている（8 条）。

(3) 調査・検討請求

　2006 年に制定された「神奈川県廃棄物の不適正処理の防止等に関する条例」13 条は，「県民は，県の区域内において不適正処理が行われ，又は行われるおそれがあると思料するときは，知事に対し，当該不適正処理に関する調査及び検討を求めることができる。」（1 項），「知事は，前項の規定による求めがあったときは，速やかに，その内容について必要な調査及び検討をしなければならない。」（2 項）と規定する。法律実施条例である。

　廃棄物処理法のもとでの監督権限は知事にあり，独自の判断によってそれは的確に行使できるというのが同法の前提である。しかし，広い県内を考えると，不適正処理および不法投棄を発見するのは，現実には至難の業である。「県民

---

　67)　北村・前註 45) 論文 180 頁参照。法律・条例実施と住民自治については，一般に，渡井理　　佳子「法律・条例等の執行管理と住民参加」高橋（編集代表）・前註 51) 書 279 頁以下参照。

の眼」を制度化することにより，情報収集を効率的にしようという発想が，制度の背景にある。不法投棄の早期段階での情報提供により，生活環境被害の拡大が未然に防止された例もある。検討結果を情報提供者に個別に通知するとともに公表するようになれば，県民の関心も高まり，一層効果的な運用ができるようになるだろう。

（4）是正措置制度

　以上は，個別法・個別条例のなかの制度であったが，一般的な制度として設計されたものとして，2009年制定の多治見市是正請求手続条例がある。同条例は，「何人も，市の機関の行為等が適正でないと考えるときは，当該行為等の是正を請求することができる。」（3条）と規定する。「行為」とは，「処分，行政指導その他の意思決定及び活動」（2条4号）であり，法律にもとづくものもあれば条例にもとづくものもある。

　一般的な「苦情申立制度」としては，市民オンブズマン制度があるが（例：川崎市市民オンブズマン条例），それよりは小回りの利く制度である。「是正請求の認容に当たり，一定の行為が必要となるときは，当該行為を所管する市の機関は，決定の趣旨に従い，当該行為をしなければならない。」（29条）とされる。行政不服申立て制度との関係でいうと，申立人適格，対象行為，申立期間に制約を設けていない点に特徴がある。

7　自治体法政策の将来

　法律や条例の目的とするところを「どの程度」実現すればよいかは，自治体政策法務論においても，あまり意識されないできた論点である。法律についていえば，そこに規定される制度や基準は所与とされていた。目的を自治体現場で実現するには，規定されている基準では緩すぎる場合もあるし，規定されている手段では実効性に欠ける場合もあるが，それは，自治体にとっては，「仕方がない」ことであった。何とか対応したいと考える自治体は，独立条例を制定したのである。

　法律実施条例は，個別法を自治体ニーズに適合的にするための手段である。確立した方法論はなく，すべてが試行錯誤状態にある。伝統的な条例制定権の限界論からすれば，「ありえない」と考えられる対応もされている。第 1 次分権改革の際には，自治体事務を規定する法律は，大綱法化・枠組法化すべきであると主張されていた[68]。ところが，現実には，霞が関官庁は，そうした方向には動くはずもなく，最近では，そうした議論すらされなくなってきた[69]。現行法構造を所与として，国が選んだ部分について国が定めた範囲のなかでなされる条例決定が，「独自の自己決定」であるとしてもてはやされている始末である。

　しかし，憲法 92 条が自治体に保障した権能に照らせば，現実に展開されている作業の範囲は，あまりにも狭い。自治的法解釈を踏まえた自治体の自立的な政策法務対応は，地方自治の本旨の内容を，ひとつひとつ確認することにつながるのである。

　地域特性を踏まえた法政策展開は，たしかに時代が求めるものではある。しかし，全国一律・横並びに対する要求も，住民および行政に根深くあることを忘れてはならない[70]。熟議は，この時代にこそ求められる。

---

68)　斎藤誠「新たな地方分権・自治の法」『現代地方自治の法的基層』（有斐閣，2012 年）74 頁以下・95 頁（初出は 1997 年），塩野宏「地方分権推進に関する諸問題について」同・前註 47）書 382 頁以下・387 頁，同「国と地方公共団体との関係のあり方」ジュリスト 1074 号（1995 年）28 頁以下・33 頁，西尾勝「地方分権推進の潮流・体制・手法」同『未完の分権改革』（岩波書店，1999 年）1 頁以下・35 頁参照。

69)　礒崎・前註 6）書 185 頁の指摘が，新鮮に感じられるほどである。

70)　田口一博「自治体間の横の連携」森田朗＝田口一博＝金井利之（編）『分権改革の動態』（東京大学出版会，2008 年）139 頁以下・143 頁参照。

Ⅵ　自治体政策法務の今日的意義

> 　とりわけ分権改革後に自治体政策法務が強調されるのは，総合的な行政主体として，自治体が条例を用いて地域の行政を進める可能性が拡大したことに関係する。地域レベルにおける法治主義の実現は，自治体の大きな責任である。法律運用，条例制定，争訟という3つの場面において，自治体政策を実施するための法解釈が必要となる。下級審裁判例においても，法律の仕組みを自治体に適合させる条例を適法とする判断がされつつある。中央政府は，個別法の改正により条例制定を可能とするアプローチをとっているが，現実には，自治体自身が法律を選択して，地域特性を踏まえた内容を追加する条例が制定されている。自治体政策法務には，そうした動きをサポートする機能が求められる。

1　法律を通した自治体政策の実現

(1) 法定事務が「国の事務」であった時代

　第1次分権改革以前においても，自治体は，福祉，環境，まちづくりなどの分野で，独自の政策を，条例，要綱，補助金などを通して立案・実施し，住民福祉の向上に大きく寄与してきた[1]。中央政府の政策を先導するような先駆的政策が，自治体現場で誕生した例は少なくない。

　一方，自治体は，法律にもとづく事務も担当してきたが，独自政策を法律の実施を通して実現することは，一般には難しかった。機関委任事務に典型的な

---

1)　原田尚彦『〔新版〕地方自治の法としくみ〔改訂版〕』（学陽書房，2005年）12頁参照。

ように，その事務はそもそも「国の事務」であり，中央政府の解釈の範囲内で
しか行動できなかったのである。地方自治法 2 条 16 項は，「地方公共団体は，
法令に違反してその事務を処理してはならない。」と規定するが，「何が可能
か」は，基本的に中央政府が決定していた。自治体の事務であるはずの団体委
任事務に関しても，法律にもとづくという点で，自治体行政現場においては，
機関委任事務の場合とほとんど同様に理解されていた。

(2) 法定自治体事務の誕生

　とりわけ機関委任事務を法定自治体事務（法定受託事務＋法定自治事務）に変
えた第 1 次分権改革は，こうした法制度状況を根本的に変革した[2]。法律によ
って実施が義務づけられる法定自治体事務に関して，現在，中央政府と対等関
係にある自治体は，自主的な法解釈にもとづいて，当該事務を規定する法律を
運用できる[3]。「自治体の事務」となっている以上，自治体は，中央政府を経
由せず，直接に国会制定法に対して解釈的アクセスができる。最終的適法性判
断権は，裁判所に留保されているものの，法制度的には，法律を通して自治体
政策を実現することが可能になったのである。

　自治体の法解釈は，中央政府のそれと同じこともあろうし，そうでないこと
もあろう。いずれにせよ，重要なのは，「住民福祉の最大限の向上を実現する
適法な法解釈」をすることである。自治体政策法務は，それを可能にする発想
であり戦略である。

　その理解は，必ずしも統一されてはいないが，筆者は，さしあたり，「地方
自治の本旨の実現のために，住民の福祉増進の観点から必要と考えられる政策
を，憲法をはじめとする関係法体系のもとで，自主的な法解釈を踏まえて，い
かに適法・合理的に制度化・条例化するか，適法・効果的に運用するかに関す
る思考と実践」と認識している[4]。本論文では，現在の法環境のもとで，自治

---

2)　第 1 次地方分権改革については，たとえば，西尾勝『地方分権改革』（東京大学出版会，
　　2007 年），松本英昭『要説地方自治法——新地方自治制度の全容〔第 5 次改訂版〕』（ぎょうせ
　　い，2007 年）参照。

3)　西尾・前註 2）書 67 頁は，条例制定の余地の拡大と比較しつつ，「より重要なのはむしろ
　　……法令解釈の余地の拡大の方である」と指摘する。筆者も同感である。西尾勝『自治・分権
　　再考——地方自治を志す人たちへ』（ぎょうせい，2013 年）75 頁も参照。

体政策法務に何が期待され，どのような可能性があるのかについて素描する[5]。

2 「政策」と「法務」

(1) 政策の法律による実現

　「政策」も「法務」も，行政の専売特許ではない。民間企業にも「営業政策」や「販売促進政策」はあるし，組織決定の適法性をチェックする「契約法務」や訴訟対応をする「訴訟法務」がある。しかし，おそらく民間企業には，「政策」と「法務」が合体した「政策法務」という概念はない。

　政策法務の特徴は，法を通して政策を実現することにある。民間企業の場合には，契約を通じた活動が基本になる。これは，相手のあることであり，当然に両当事者の意思の合致が必要である。これに対して，自治体行政の場合，法律の実施や条例の制定・実施を通して，一般的あるいは個別的に権力的法関係を形成することができる点に違いがある。もちろん，行政も，契約を通じた活動をするし，また，現在では，規制対象者や市民とのコミュニケーションを通じて規制内容を確定するようになってきているが，基幹的活動形式は権力的作用である。

(2)「法にすること」の重要性

　自治体政策法務においては，「法にすること」の重要性が認識されなければならない。法律の実施の場合，すでに法令は存在しているけれども，自治体行政庁は，行政手続法にもとづく審査基準（5条）や処分基準（12条）を適切に策定する必要がある。ここに，自治体政策を実現すべく自治的法解釈がされる

---

4)　北村喜宣「自治体の法環境と政策法務」同『分権政策法務と環境・景観行政』（日本評論社，2008年）2頁以下・2頁参照。

5)　現在，自治体政策法務については，かなりの文献が存在するに至っている。本論文は，北村・前註4）書を踏まえたものであるが，そのほかには，同書で引用した文献，および，「〔特集〕自治体政策法務の展開」ジュリスト1338号（2007年）94〜95頁，神崎一郎「『政策法務』試論（1）（2・完）──自治体と国のパララックス」自治研究85巻2号97頁以下，同3号89頁以下（2009年）参照。

余地がある。審査基準や処分基準に従った処分であるがゆえに適法であるとは必ずしもいえないが，法解釈を基準の形で事前に明確にすることは，自治体政策の推進の観点からは重要である[6]。地域レベルにおける法治主義の実現は，自治体の重要な責任である。

　かつて「政策法務の具体的実践」と評されていた要綱を，現在においても運用している自治体は少なくない。要綱行政が盛んであったひとつの理由は，条例制定ができない機関委任事務の存在であったが，その前提が失われた現在においては，それを審査基準や処分基準にすることや，法律実施条例にすることの可能性が追究されなければならない。

　法科大学院制度の発足により，法曹になるかならないかは別にして，修了生の社会進出を通じて世間の行政法リテラシーは確実に向上する。従来は，事業者や市民が行政法に詳しくなかったがゆえに，要綱にもとづく行政指導がそれなりに機能していた面がある。法的義務づけを伴うものであってもそうでなくても，事業者は，「行政の言うこと」として，特段区別することなく十把一絡げに理解していた。行政も，そのように思わせていた。行政の行政法リテラシーの方が，相対的に高かったのである。

　しかし，今後は，自治体政策として実現する必要のある内容であれば，法にすべきである。もちろん，自治体が法令改正をすることができるわけではないが，自らの事務となったことにより，自治的法解釈を通じて，法律の範囲内で政策を具体化するのは可能になっているという事実を十分に認識すべきであ

---

6)　審査基準や処分基準の具体的内容がどのようなものかについての全国的調査はないようであるが，筆者のかぎられた調査経験によれば，法律の根拠規定をそのまま横滑りさせた内容となっていることが少なくない。とりわけ審査基準については，これでは違法状態である。政策法務に先駆的に取り組んでいる自治体であっても事情は変わらず，「法にする」ことの重要性が理解されていないのは残念である。筆者の主唱する「行政ドック」に担当課を順次入れてこの点を確認し，問題があれば改善する必要がある。北村喜宣「早期発見，早期治療！──『行政ドック』のススメ」同『自治力の爽風』（慈学社出版，2012 年）6 頁以下参照。なお，この発想を参考にした静岡市の具体的対応については，木下正之「分権社会・法化社会時代の政策法務の在り方」法律のひろば 62 巻 4 号（2007 年）45 頁以下，平松以津子「予防法務のしくみの構築を目指して──静岡市の行政リーガルドック事業の試行的取組」北村喜宣＝山口道昭＝出石稔＝礒崎初仁（編）『自治体政策法務──地域特性に適合した法環境の創造』（有斐閣，2011 年）614 頁以下参照。

る[7]。手足を動かせる範囲は，以前よりもはるかに大きくなっている。「法」を意識することなく漫然と前例踏襲行政をしていた結果，敗訴して高額の国家賠償金の支払いをするとなると，住民に対する関係で「背任罪」といわれても仕方ない。

　自治体行政現場には，事務処理にあたって「なるべく法令を動員したくない」という職員意識があることに留意すべきである[8]。独自の理屈で法治主義をねじまげる状況は，「職員自治」と揶揄されている[9]。

　自治体政策法務は，こうした法令回避型職員意識にもアプローチする。

3　解釈論としての自治体政策法務

(1) 政策法務の3つの場面

　法律との関係では，自治体政策法務は，基本的に解釈論である。それは，①法律運用，②条例制定（立案・審査），③争訟という3つの場面において関係してくる。前述のように，「法にすること」が重要になっている現在，これら3つの場面において，自治体政策を実現すべく，いかなる法解釈をするのかが問われているのである。

---

7)　筆者は，自治体職員研修の際に，いささか脅かし気味に，大要次のような話をよくする。「前例や要綱にもとづいて，事業者に対して行政指導をすることがあるでしょう。指導には通常従ってもらえるから，それでいいと考えますよね。でも，チョット待ってください。それが何らかの『法』を背景にしたものであるかどうかの違いは，決定的に重要です。相手方に対する何の法的義務づけも前提としない『裸の行政指導』はアブナイです。行政手続条例にもとづいて事業者が文書交付請求をしてくれば，これに応じなければなりません。その文書には，あなた自身の氏名を記すことになります。あなたは，自分の名前で仕事をすることがありますか。通常は，市長，部長，課長の名前ではありませんか。交付請求をした人が，『訴訟も視野に入れていますが，そのときには，いただいた文書を証拠として裁判所に提出します。場合によっては，あなたにも証人として出廷してもらいます。』といえばどうでしょうか。それでも，指導を続けますか。行政指導は，あなたをまもってはくれません。自分をまもるには，そして，自治体をまもるには，『法』にするしかないのです。」

8)　田口一博「自治体間の横の連携」森田朗＝田口一博＝金井利之（編）『分権改革の動態』（東京大学出版会，2008年）139頁以下・145〜146頁参照。

9)　山口道昭（編著）『入門地方自治』（学陽書房，2009年）60頁参照。

　たしかに，②や③の場面は重要であるが，行政実務全体からみれば，まだま
だ例外的現象といえる。日常的に重要なのは，①の場面である。法律運用をし
ない職員はいない。政策法務というと，「派手さ」もあって，条例論がもては
やされる傾向があるが，それは，具体的事案から独立した「真空状態」で議論
されるものではない。法律の運用などの結果，それが自治体政策実現には不十
分であることが認識され，条例制定へと発展するのである。法律運用の場面は，
自治体にとって，政策法務のシーズが存在する場所であり，立法事実が形成さ
れる重要な時空間である。

　組織マネジメント・システムとして，PDCA サイクルが語られたりする。
それを引き合いに出せば，自治体政策法務は，「D」からスタートするといえ
る。まず法律を実施してみて，不都合をチェックし，それに対応して法に発展
させることになる。

（2）法解釈の基本指針と現行法の受け止め方

　法解釈にあたっては，地方分権一括法の制定によって新設された地方自治法
2 条 12 項第 1 文，13 項，および，その前提となっている 1 条の 2 第 1 項，2
項の趣旨を十分に踏まえることが必要である。合計 600 字ほどの条文には，地
方分権改革という日本のメガ・トレンドが凝縮的に表現されているといっても
過言ではない。自治体政策法務論の基礎をなす規定である。

　これらの解釈関係規定を整理・要約すれば，以下のようになる。法律のなか
で国と自治体に対してそれぞれの役割分担を踏まえて事務配分をする場合，住
民に身近な決定はなるべく自治体に委ねるべきであり，それにあたっては，自
治体の自立性と自主性が十分発揮されるようにするべきである。法定事務であ
っても地域特性に応じた対応が可能になるような措置を講ずることが義務づけ
られるし，現行法がそのような状態にない場合には，そうした方向で解釈する
ことが求められる。その措置が市民や事業者の権利を制約し義務を課す場合に
は，条例によることが必要であり，現行法に条例規定がなくても解釈上制定は
可能である（憲法 94 条，地方自治法 14 条 1 項）。

　ただ，解釈原則を規定する前述の地方自治法条文には，おそらくは多くの事
柄がいささか濃密に凝縮されていて，必ずしも分かりやすくなっていないのも

事実である。将来，地方自治法の改正があるならば，法令の地方分権適合性審査にあたってのわかりやすい基準となりうるよう，より具体性を高めることが求められよう。

4　分権型法解釈の基本的考え方

（1）立法原則に不適合な現行法

　地方分権時代の法令のあり方に関しては，前述の解釈原則と同内容の立法原則を地方自治法2条11項が規定している。本来であれば，それを新設する同法改正を実現した地方分権一括法のなかで，立法原則に即して従前の法令改正をするべきであった。しかし，時間的制約のゆえに，それは先送りされている。

　そうしたことから，自治体は，立法原則を反映していない現行法を解釈しなければならない。その解釈作業は，個別の処分においてのほか，条例の形で表現されることもある。これは，法律と一体となって効果をあらわす法律実施条例である。

　ところで，機関委任事務時代に制定された法律には，条例規定がないことが多い。それは，国の事務の実施にあたって，地域特性に応じた対応をする必要がないと立法者が考えたことの反映と理解される。必要があると判断した場合には，当該法律により事務を命じている自治体行政庁が属する自治体に対して，団体委任事務条例の制定を推奨する規定を個別に設けたのである。水質汚濁防止法3条3項や大気汚染防止法4条1項がその例である。そして，当該条例のなかで自治体が自己決定した内容（たとえば，上乗せ基準値）を機関委任事務における法定基準をして取り扱うと明定することによってはじめて，法律実施条例としての団体委任事務条例は機関委任事務と融合した。前述の水質汚濁防止法の例でいえば，「都道府県は，……条例で，……排水基準にかえて適用すべき……きびしい……排水基準を定めることができる。」と規定されたのである。ここで，「かえて適用」という文言の意味は，決定的に重要である。法律と条例をリンクするための規定は，創設規定なのであった。

(2) 憲法 94 条を踏まえた条例制定

　機関委任事務なき現在ではどうであろうか。創設規定との対比でいえば，右のような規定は，確認規定というべきである。すなわち，規制基準のように地域特性の反映がとりわけ求められるようなものについては，規制事務が自治体の事務である以上，本来的に，自治体がその政策を実現するために自己決定できるはずであり，そのことを入念的に規定したにすぎないとみるべきなのである。したがって，前述のように，かつての団体委任事務条例の制定を規定するような条文がなくても，それが自治体の事務であるかぎり，憲法 94 条を踏まえて条例制定は可能である。

　もちろん，自治体の事務であり地域特性に応じた対応をすべきようにみえる事項についても，何からの理由により国がそれを否定したいと考えることがあるかもしれない。そうした措置の憲法 92 条適合性は別にすれば，その場合には明文規定を設けて規定すればよい。自治体政策法務の観点からは，現在，個別法の明文規定なくしてできないことは，「条例の制定」ではなく「条例の否定」と考えるべきなのである。

(3) 法律条文には「著作権」が？

　内閣提出法案として多くの法律を起案してきた中央政府職員のなかには，「自分たちが認めていない（＝明文規定がない）のに自治体が勝手に条例を制定することはできない」という認識があるように感じられる。「法律には我々の『著作権』がある」という言葉も聞いたことがある。条例が可能かどうかを判断するのは中央政府なのであり，規定の欠缺は条例の否定しか意味しえないというのであろう。研究者のなかにも，こうした発想をする人が少なくない。

　なるほど，それはひとつの興味深い考え方である。しかし，第 1 次地方分権改革がされた現在においては，憲法適合的ではない見解といわざるをえないだろう。法律を制定するのは国権の最高機関である国会なのであり，その法律の解釈は合憲的にされなければならないのである。

5　いくつかの実例

(1) 条　例

　地域特性に応じた対応をするための条例には，法律実施条例のほかにも，いわゆる独立条例がある。自主条例とも呼ばれる。法律実施条例の場合には，法律と一体となってその効果が発揮されることになるが，独立条例の場合は，法律と連動するものではない[10]。このため，法律との牴触性は，より問題になりにくい。しかし，地方分権時代には，法律を用いて自治体政策の実現を図ることに重点が置かれるべきである。以下では，法律実施条例と整理できる具体例については，本書Ⅴ論文を参照されたい（100 頁以下）。

(2) 裁 判 例

　地方自治法 2 条 12 項・13 項が規定する解釈原則は，裁判所をも名宛人としている。そこで，2000 年 4 月以降は，地方分権改革の趣旨を踏まえた判断がされてもよいのであるが，行政事件訴訟法 2004 年改正による原告適格の拡大的解釈原則（9 条 2 項）と比較すれば，裁判例からその影響を読み取ることは難しいのが実情である。

　そうしたなかでも，分権改革を踏まえた判断をしているようにみえる行政訴訟の裁判例がないではない。被告としての自治体がどれほどの政策法務的思考をしたのかや，裁判所がどれほどその点に自覚的であったのかは必ずしも明確ではないが，法律実施条例として機能する条例についての評価として，2 つの裁判例を紹介する[11]。

---

10)　条例の整理については，北村喜宣『自治体環境行政法〔第 7 版〕』（第一法規，2015 年）34 頁以下参照。

11)　原告が自主的法解釈を主張し，被告行政の反論を排して裁判所がこれを認めた事例もある。大阪地判平成 18 年 3 月 30 日判タ 1230 号 115 頁参照。自主的法解釈の主体は行政や議会だけではないことを示す一例である。そのほか，「北海道砂利採取計画の認可に関する条例」をめぐる公害等調整委員会の裁決については，北村喜宣「法律実施条例の法律抵触性判断基準・試論」本書Ⅳ論文 70 頁以下参照。

(a) 名古屋高判平成 15 年 4 月 16 日（裁判所ウェブサイト下級審判例集）

三重県は，「三重県生活環境の保全に関する条例」を制定し，そのなかで，廃棄物処理法に基づく産業廃棄物処理施設許可事務について，「知事は，産業廃棄物を処理する施設の設置について，その計画段階から地域住民との合意を図ることに努めながら進めることを基本として，必要な事項を別に定めるものとする。」と規定していた（94条）。「別の定め」とは，三重県産業廃棄物指導要綱であるが，そこでは，周辺住民の同意取得などが規定され，法律申請に先立ってこれをすることが求められていた。ある処理業者が，指導要綱の手続を行わないままの申請をしたところ，知事は，「行政手続法第 7 条の規定に基づき」申請を却下したため，取消訴訟を提起した。

この条例は，周辺住民の同意書を廃棄物処理法に基づく許可申請の添付書類としたものと解される。鳥取県条例のように同法の解釈としてそのようにしたのか，横須賀市条例のように横出しリンク型と考えたのかは不明であるが，裁判所は，次のように述べて，その適法性を肯定した[12]。

「〔法は，〕国が廃棄物についてのあらゆる事項についてすべてを規制する趣旨で制定されたものではないし，同法 15 条の 2 第 1 項も，都道府県知事は，前条第 1 項許可申請が次の各号のいずれにも適合していると認めるときでなければ，同項の許可をあたえてはならないと規定しているに止まるのであるから，地方公共団体が特殊な地方的事情を必要に応じて条例等で特別の規制を加えることを容認していると解することができる。」

本判決は，基本的に，原審判決（津地判平成 14 年 10 月 31 日裁判所ウェブサイト下級審判例集）に依拠しているが，同判決は，徳島市公安条例事件最高裁判決（最大判昭和 50 年 9 月 10 日刑集 29 巻 8 号 489 頁）にもとづいた判断をしている。したがって，高裁判決の前提にも，同最高裁判決があるとみてよい。おそらくは，条例による別異の対応を法律が許容する趣旨であるかどうかという基準をあてはめたのであろう。産業廃棄物処理施設許可事務は法定受託事務であるが，自治体の事務である以上，自治体の法政策裁量を尊重するように解釈すべきだと考えたように思われる。説示は簡単であるが，高裁レベルの判断として注目

---

12) 北村喜宣「判批」同（編著）『産廃判例が解る』（環境新聞社，2010 年）112 頁以下，横内恵「判批」阪大法学 58 巻 1 号（2008 年）197 頁以下参照。

される。

(b)　大阪地判平成 20 年 1 月 24 日（判タ 1266 号 151 頁）

廃棄物処理法のもとで，八尾市は，一般廃棄物処理業許可事務を担当しているが，「八尾市廃棄物の減量及び適正処理に関する条例」は，法定権限行使に関しても規定を設けている。そのひとつは許可取消であるが，条例 38 条は，「市長は，許可業者が次の各号のいずれかに該当するときは，その許可を取り消し，又は期間を定めてその事業の全部若しくは一部の停止を命ずることができる。」と規定している。ここで「許可業者」「許可」というのは，廃棄物処理法のもとでの一般廃棄物処理に関するそれである。不利益処分要件を規定する号のひとつは，「法，条例又は規則で定める事項に違反したとき。」(1 号)（傍点筆者）と規定する。不利益処分要件の横出しであり，前述の神戸市条例と同様の発想である。

本件は，廃棄物処理法にもとづく欠格要件に該当したために許可を取り消された処理業者がその取消しを求めた事案である。条例による追加要件は処分理由になっていないのであるが，許可取消処分を適法とする判示のなかで，裁判所は，条例の適法性について，次のように述べた [13]。

「条例 38 条は，許可業者が条例又は規則で定める事項に違反したときや市民に著しく迷惑をかけたときなど，廃棄物処理法の取消事由以外の事由も取り込んでその要件を規定していること，八尾市が，廃棄物処理法の上記各規定に積極的に反する内容を条例で規定したと解する合理的理由はないこと」。

本条例 38 条は，一般廃棄物処理業不利益処分に関して，廃棄物処理法の法律実施条例となっている。本判決は，条例条文を検討したうえで，（理由は提示されていないものの，）積極的に反しないという実質評価をして条例を適法としている。徳島市公安条例事件最高裁判決は引用されていないが，法律実施条例の場合には，「同一対象・同一目的」が前提になるから，先にあげた名古屋高判と同じく，最高裁判決を踏まえつつ，廃棄物処理法は全国一律対応を求めるものではないという理解が根底にあるものと推測される。

---

13)　北村喜宣「縦横無尽？──八尾市廃棄物減量適正処理条例」同『自治力の爽風』（慈学社出版，2012 年）89 頁以下参照。

6　地方分権改革推進委員会の立法準備作業

　解釈論としては種々の整理や主張が可能であるものの，自治体行政担当者としては，法律によって「自分たちができること」の内容が明確に規定されているのが望ましいと考えるのかもしれない。また，法律で明確に規定されていることは，予測可能性を高めるし法治主義の観点からも望ましいともいえる。地方分権改革推進委員会が，法律による枠付け・義務付けの緩和・撤廃，そして，条例による上書きを認めるという立法改正作業をしていたことに対しては，自治体側にも，それなりの期待があったように思われた[14]。

　たしかに，解釈論は，「道なき道を切り拓く」作業をすることになる。自治体職員には，荷が重いと感じられるだろう。しかし，自治体政策法務の立場からは，委員会の作業に過度の期待をすべきではなかったように思う。2つ指摘しておこう。

　第1は，作業の結果が自治体の満足するようになるかどうかが不明確なことである。なるほど，委員会は，実現可能性を重視した作業をすることを求められていたわけではない。しかし，その作業結果を実現する「地方分権改革推進一括法」は内閣提出法案なのであるから，計画内容が十分に反映されるかどうかは，政治過程の問題となる。強力な政治的リーダーシップがなければ中央省庁をコントロールするのが困難であることは自明であった。

　第2は，委員会の作業は，法定自治体事務となっているにもかかわらず自治体の自由度を認める規定がない条文を対象に行われた。したがって，それなりに対応している条文については，手付かずに終わっている。何らかの規定があることは「ヨリマシ」ではあるが，地域特性を踏まえた対応をするにあたってそれを十分と考える保障はない。

　それゆえに，作業が終了しても，真に地方分権推進的な法環境の実現を，自治体が政策法務的対応を進めることによって探究する必要性はなくならない。懸念されるのは，地方分権改革推進一括法の内容でもって「立法者は分権改革

---

14)　これまでの作業経過に関しては，金澤和夫「第2次地方分権の動きと今後の展開」法律のひろば62巻4号（2009年）2頁以下参照。

はこの程度でよいと考えた」と理解されることである。そうなのではない。あるべき分権改革への道はまだまだ継続するのであって，歩を確実に進めるため，自治体政策法務の重要性は，これまで以上に高まると考えるべきなのである。

7　自治体政策法務論の今後

それなりの認知を得つつある自治体政策法務であるが，その内実はとなると，まだまだ確立しているとはいえない。自治体政策法務論は，地方分権時代における「新たな実質的法治主義」を志向している。決して地方分権的とはいえない現行法状態に対して解釈によりアプローチし，自治体が操作可能な「法」を通じて，それを地方分権的に変容・運用するのである。それは，憲法のもとで，「応答的」な法秩序を希求するものでもある [15]。

もっとも，たしかにそれは，伝統的意味での法治主義に反するように見えるかもしれない。しかし，分権改革の憲法的意義を踏まえて，より広い枠組みで問題を認識することが必要である。

---

15)　阿部昌樹「日本における応答的司法への期待と司法制度改革」棚瀬孝雄（編）『司法の国民的基盤──日米の司法政治と司法理論』（日本評論社，2009 年）229 頁以下参照。

第2部
枠付け緩和方策の評価

Ⅶ 「義務付け・枠付けの見直し」は自治を進めたか

第1次一括法・第2次一括法を通じて中央政府が進める枠付け緩和方策は，3種基準を示して条例による決定を義務づけるものであった。この強制措置によって，自治体は，制定が求められる条例をとにかく制定した。その内実は，およそ自己決定とは言いがたい。「やらされ感」ばかりではあろう。しかし，条例による決定を経験した。今後，自治体は，個別法の個別規定ではなく，憲法94条を踏まえた自己決定を考えるべきである。それは，「対象についての自己決定」「内容についての自己決定」「程度についての自己決定」「手続についての自己決定」である。国が示す道を歩くだけではなく，住民福祉向上のために，自ら道を切り拓き，法律と条例にもとづく行政を進めるべきである。

1 2つの一括法による「義務付け・枠付けの見直し」

2000年の第1次分権改革の際には，機関委任事務制度の廃止との関係で，「条例制定権の拡大」に大きな期待が寄せられた。そのときの人々の想いは様々であっただろうが，2001年の地方分権推進委員会の最終報告『分権型社会の創造——その道筋』が，「国の法令等（法律・政令・省令・告示）による事務の義務付け，事務事業の執行方法や執行体制に対する枠付けの緩和については，ほとんど全く手付かずに終わっている。地方公共団体の事務を文字通りそれらしいものに変えていくためには，国の個別法令による事務の義務付け，事務事業の執行方法や執行体制に対する枠付け等を緩和する必要がある」と述べていたことから，自分の事務に関する決定権が大胆に自治体に移譲されるとい

う方向性は，共通して見いだしていた。

　それをどのように具体化するのか。2011年4月および8月に制定された「地域の自主性及び自立性を高めるための改革の推進を図るための関係法律の整備に関する法律」，いわゆる第1次一括法・第2次一括法は，2つの異なる政権の合同作業の成果を国民に提示した。その内容は多様であるが，以下では，「枠付けの緩和」について検討する。

2　「条例制定権の拡大」の実体

(1)　期待された「上書き」

　2つの一括法に至る議論の過程では，「上書き」という対応方法が議論されていた。通常の用語法であれば，文書作成ソフトの「insert（上書きモード）」という機能にあるように，あらかじめ規定されている事項に関して新たな書き込みをすることによりそれに代替することを意味するのであろう。国による決定を第1次的なものとみて，それに関する自治体の第2次決定により，法規制が確定するのである。第2次決定を自治体がしないならば，その判断をもって第1次決定が最終的なものとなる。自治体が必要と感じれば，省令が規定する排水基準を適用せずに独自の厳しい上乗せ排水基準を適用するとする水質汚濁防止法3条3項が，ひとつのイメージであるだろう。

(2)　実現した「上書き」

　ところが，「条例制定権の拡大」として実現したのは，これとは基本的発想を異にするものであった。たとえていえば，規律密度の高い現行法の一部を国が消しゴムで消して「真っ白」にした部分について，自治体が条例で埋めるのである。もっとも，「ご自由にどうぞ」というわけでもなく，条例制定にあたっては，①従うべき基準，②標準（とすべき基準），③参酌すべき基準という3つの基準のどれかに従って対応することが命じられている。

　さらに重要な違いは，条例の強制である。水質汚濁防止法3条3項は，「都道府県は……条例で，……排水基準を定めることができる」（傍点筆者）という

ように，条例の制定を任意としているが，今回の対応は，それを許さない。
「真っ白」にした部分を条例で埋めないと，事務ができなくなってしまうので
ある。最終的には，2013年3月31日までの猶予期間のうちに，すべての自治
体が，それぞれに関係する事務に関して，「事務停止」というおどしのもとに，
条例制定を強制されることになった。形式的にいえば，人口360万人を超える
横浜市から，人口165人の青ヶ島村に至るまで，である（人口は，いずれも当
時）。

3　自治にそぐわない「全国一律の見直し」

　これを「強制的一律主義」と称するならば，なぜそうした方針が採用された
のだろうか。内閣府の地方分権担当組織は，必ずしも協調的ではない霞が関省
庁を相手に，分権推進という難事に取り組まなければならなかった。内容につ
いては呉越同舟なのかもしれないが，分権改革は，メタレベルでは国家的政策
であり，立ち止まるわけにはいかない。しかし，自治体にイニシアティブをと
らせた条例制定では，「やるところ・やらないところ」が出てくるし，法律の
側（あるいは，法律所管官庁の側）からみると，「やられる部分・やられない部
分」が出てくる。そうなると，「なぜあれが・なぜこれが」となり，収拾がつ
かない。一律主義は，こうした事態を回避するための戦略であったようにも思
える。一律主義であれば，条例に決定させる部分を決めるのは国である。それ
により，中央政府は，自治体への統制権を保持できることになる。
　いずれにせよ，条例で対応できる範囲については，法律のなかにぽっかりと
「穴」が開いた。そこについて，「思いっきりやりなさい。」というのが，2つ
の一括法による条例制定権の拡大である。きわめて限定的な拡大であることは
明らかであろう。内閣府の分権担当者は，「独自に決めることができるように
なったのだから，みんなで議論して頑張って条例をつくってください。」とい
う趣旨の発言をしていた。しかし，あまりにも中央集権的な枠組みについては，
自治の観点からの感覚が麻痺しているように感じる。自治とは「自分で決める
こと」である。今回の措置は，関係省庁に対して「自治体を信用してくださ

い。」としきりに主張しているにもかかわらず，きわめて過保護的といわざる
をえない。

4 「国がイニシアティブ」の背景

　条例対応ができる法律およびそこにおける事項を，自治体ではなく国が選択
するという法政策の理論的背景には，憲法41条があるように思われる。これ
は憲法解釈である。政権のいかんにかかわらず，法案が内閣提出法案である以
上，その解釈は，内閣法制局に従う。

　国会の国権最高機関性を規定する憲法41条と地方自治を保障する憲法92条
の関係について，内閣法制局はどのように考えているのであろうか。それは，
次の答弁に明確である。

　「地方公共団体の行政権能がどのように認められるかということにつきまし
ては，地方自治の本旨を十分考慮しながら，いわゆる立法裁量の問題といたし
まして国，具体的には国会の判断にゆだねられていると，その制定する法律の
定めるところによって定まるというふうに憲法上はなっておる……。」「地方団
体の権能というのは，これは法律でもって地方団体に与えるというのが今の憲
法の考え方であろう……。」（第174回国会参議院総務委員会会議録11号〔2010年4
月13日〕5頁［梶田信一郎内閣法制局長官答弁］）。

　国が自治権を個別法によって自治体に「与える」というのである。決定の
「国独占」に例外をつくる場合には，個別法において，国会が明示的にその旨
を認めていなければならないという整理であろう。この点については，総合特
別区域法案の審議においてではあるが，「各自治体が上書きといいますか修正
できるというのは，我が国の今の憲法体制のもとでは認められないというのが
法制局の見解」（第177回国会衆議院内閣委員会会議録9号〔2011年4月27日〕7頁
［片山善博総務大臣答弁］）ともいわれている。こうした発想に照らせば，今回の
2つの一括法による対応のあり方は，整合的に理解できる。

5　「地域主権改革」と２つの一括法

　２つの一括法に至る流れの源流は，自由民主党政権時代にあった。それが進める分権改革に対して，民主党は不十分と批判していたはずである。しかし，「地域主権改革」なるものを「１丁目１番地」としていた民主党政権が，なぜこうした考え方を容認してしまったのかは，興味ある分析課題である。このような過保護的分権は，少なくともその主張とは相容れないものであるように感じられるのである。

　今回の作業のバトンが前政権に渡されたのは，2009 年 10 月の『第三次勧告』の直前であった。これまでの勧告を白紙に戻して最初からの議論となると，自らの存在意義の根幹である分権改革が遅れるということで，現実的な対応をしたということだろうか。あるいは，憲法と地方自治に関する緻密な法理論的整理が十分にされていないことが露呈したということであろうか。

　２つの一括法は，前政権時代に成立した。関係者は自画自賛であるが，本当に望んでいたものが得られたと考えていたのだろうか。あるいは，「ヨリマシ」であるがとにかく前進したという程度なのだろうか。

6　見えない「義務付け・枠付けの見直し」のゴール

　第１次・第２次一括法が規定する「義務付け・枠付けの緩和・撤廃」措置は，①施設・公物設置管理基準の見直し，②協議，同意，許可・認可・承認の見直し，③計画等の策定およびその手続の見直し，に関するものであった。条例制定権の拡大は，①に関する措置であるが，29 法 100 条項で実現したとされる。

　この対応は，規律密度の緩和とも評されるが，３つの基準を踏まえての条例決定であることに鑑みれば，規律強度の緩和というべきであろう。今後も，同様の方針で進めることが想定されるが，そうだとすれば，次の事実に留意する必要がある。２つの一括法で対象とされた法律と条項の数を数式で示せば，次のようになる。

$$\blacksquare 法\ 律\ \ \frac{29}{a-29} \qquad \blacksquare 条\ 項\ \ \frac{100}{b-100}$$

　a や b には，今回対象とならなかった法定自治事務のほか，そもそも最初から検討対象外とされた法定受託事務が含まれる。29や100という分子はあるものの，分母の大きさに照らせば，現在におけるこの式の答えは，いずれも「0」に近い数字ではないだろうか。これを「1」に近づけるべく，「第n次一括法」によって作業はされるのであろう。果たして「n」は，いくつで終わるのだろうか。

　こうした永久作業のような個別法改正方式が，分権改革を進めるのに合理的であるかどうかは，検証されるべきである。法律改正には時間を要するうえに，国が選んだ事務に関して，すべての関係自治体が独自決定をしたいと考えているわけではないのである。

7 「上書き」と「委任条例」の問題点

(1) 今回の「上書き」とそのほかの「上書き」

　第1次一括法・第2次一括法において枠付け緩和の対象になったのは，施設・公物管理基準という，いわば内部事項である。対象とならなかった外部事項に関する改革には，省庁はこれまで以上に抵抗を示すであろう。中央省庁の背後には，それぞれ業界団体が控えており，比例原則に服するとはいえ，自治体に「フリーハンド」を与えるような改正を認めることは想像しがたい。

　外部事項の規律に関しては，自治体が独自に条例によって政省令を「上書き」するようにするしかないだろう。参酌基準を踏まえて条例を制定することを，中央政府は「上書き」というのであるが，こうした整理は，強い違和感をもって受け止められている。前述のように，「insert」のような方法での条例対応は，中央政府には，「上書き」でなく「落書き」と映るのではないだろうか。もっとも，今回の措置のみが「上書き」であるというわけではない。本来の「上書き」とは，法令則において第1次決定された内容を自治体が独自に第

2次決定によって修正することである。第1次・第2次一括法で示された「上書き」は確定版ではない。まだ登場しない方法についての議論を深めることが，政策法務論の喫緊の課題である。

　その一方で，現実に制定された一括法対応条例の内容を丁寧に分析する作業も必要である。たしかに，標識の寸法のように取るに足らない決定事項の決定を強いられた事実がある反面で，「従うべき基準」であるにもかかわらず，示された基準を「読み込んで」，個別法のもとで，基準には明示されていない「暴力団の参入排除」を実現した条例も存在している。何から何まで中央政府がコントロールできるというわけでもない。

(2)「委任条例」と「分任条例」

　2000年の第1次分権改革で全廃された機関委任事務にあったように，「委任」とは，まことに象徴的な言葉である。もとより，民法の用語法ではなく，「受任の義務づけ」を伴う独特の表現である。なぜかこれが，分権改革後も使用されている。「地域主権改革」を前面に出した民主党政権がこの言葉を用いたことには，強い違和感を覚えずにはいられなかった。

　行政法で「委任」といえば，政省令という「委任立法」が想起される。これは，法律本則を通じて，立法者からの委任を受けて制定されるものである。法律ですべてを規定するのが理想的であるが，それが技術的にも実務的にも不可能・不適切であるので，行政に命じて作業をさせるのである。「委任・受任」には，第1次分権改革で是正したはずの「上下主従関係」が内包されている。

　この用語を使うかぎり，そうした意識が国にも自治体にも「刷り込まれる」可能性がある。それぞれに機関委任事務体質が根深く残る現実を考えると，それを排するためにも，新しい用語を用いるのが適切である。そこで筆者は，「分任条例」という表現を用いるようにしている。「分任」という文言は，地方自治法10条2項にみられる。自治体内部における自治体と住民の関係を表現したものであり，「責任を分けて分担する」というほどの意味であろう。

　こうした整理は，国会においても示されている。自治権は法律によって国が与えるものという，先に引用した内閣法制局長官答弁に対して，総務大臣は，それを修正する答弁をしたのである。すなわち，「法制局長官が与えるという

言葉を使われましたけれども，……分担という方がより正確ではないかと……。」というのである（第174回国会参議院総務委員会会議録11号〔2010年4月13日〕5頁〔原口一博・総務大臣答弁〕）。なぜこうした認識が，用語に反映しなかったのだろうか。

（3）分任条例の位置

　法律は国会が制定し，政省令は内閣・省庁が制定する。いずれも「国のなか」でのことである。法律と政省令は，まさに垂直的関係にある。

　分任条例を委任条例と表現すれば，あるいは同じような位置づけになるのかもしれない。中央省庁のみならず，自治体も研究者も，同様に考えているように感じられる。しかし，果たしてそうであろうか。

　分担するのであれば，イメージとしては，分任条例は法律の「下部」ではなく，法律の「内部」に位置することになるように思われる。国会が直接に決定するのではなく，その決定権を，法律の枠内において，対等・協力関係を保持すべき自治体に移譲したのである。このように考えると，政省令が規定する3つの基準が分任条例に優位するがごとき発想はおかしくなってくる。せいぜい，「おススメ度」の違いであろうか。筆者もまだ検討が不十分なのであるが，分任条例を委任立法とのパラレルで考えることは，憲法92条および地方自治法1条の2，2条11〜13項に照らして不適切であるように感じている。

8 「見直し」と向きあう自治体

（1）とにかく経験した「自己決定」

　かつて松下圭一教授は，「居眠り自治体」という有名な描写をされた。そこでのシナリオは，分権改革が進むと自治体間競争が発生し，他の自治体の対応に気づいた住民が「我が市ではなぜしないのか」と突き上げることにより，行政は眠りから覚めざるをえないというものであった。いわば「下からの覚醒」である。

　第1次・第2次一括法は，それとの対比でいえば，「上からの覚醒」であっ

た。分権関係者のなかには，「せっかくできるようにしたのに自治体は眠ったままであり，改革の成果を活かそうともしない。」という不満といらだちがあったようである。自治体は，「いきなり叩き起こされてプールに放り込まれた」ようなものであった。コンサルタントや都道府県庁のサポートを受けて，溺れそうになりながらも命からがらプールサイドまでたどり着いた自治体もある。この現実の意義を考えてみたい。

　パイロット自治体制度や構造改革特区制度という「手挙げ方式」と比較すれば，自治体の希望にかかわりなく一律強制をしたという点で，第1次一括法・第2次一括法による対応は，きわめて特異かつ前衛的と評することができよう。今まで独自にものごとを決めた経験がない自治体も，少なくとも形式的には，独自に条例を制定したということになっているのである。もちろん，これまでも中央省庁は標準条例を作成しており，自治体はそれに従って条例制定をしていたから（それが，特色ある条例が少ない制度的理由のひとつである），決めたことがないというのは言い過ぎである。「自己決定せよ」と迫られて自己決定したのであるが，自分で決めたという実感は，それよりは持たれているのだろうか。あるいは「やらされ感」が一杯で，とても自己決定をしたという実感はないのだろうか。

（2）自己決定できないなかでの「自己決定」

　たしかに強制ではあったものの，法令内容の条例による決定は，自治体にとっては「いい経験」であったと考えたい。この経験によって「自己決定のおもしろさ」に目覚めた自治体が，ほかの法律・条項について，地域特性を踏まえた対応をしたいと考えた場合，どうなるのだろうか。中央政府は，「独自対応をしたいと考える法律について，所定の改正がされるまでお待ちください。」というのだろうか。2つの一括法による対応の経緯をみていると，どうもそうであるように感じられる。

　それを可能にする「第n次一括法」による措置が，迅速かつ的確にされるのであれば，あるいは待っていてもよいかもしれない。しかし，その保証はない。ウニが欲しいと思って回転寿司のカウンターに座っていても，回ってくるのは巻き物ばかりという状況になるのではないだろうか。握り手は，実質的に

は，中央政府なのである。お客の注文を一応は聞くものの，望んでいる事務については条例対応が認められず，望んでもいない事務については期限付きで条例制定を強制されるというこの状態は，果たして「自治」なのだろうか。

9　さらなる「枠付け緩和」に向けた自治体のあり方

(1) 憲法 41 条と 92 条

　自己決定をする法定事務を自ら選択できないという点について，中央政府はそれほどの不合理を感じていないようにみえる。内閣法制局の見解は，先にみた通りである。

　憲法 41 条にあるように，たしかに国会は，国権の最高機関であり国の唯一の立法機関である。しかし，その立法権限も，憲法に違反することはできない。国会の立法権限は，万能でないこともたしかである。前述のように，内閣法制局の見解は，両者の間に，不合理なまでの「落差」を設けているといわざるをえない。あるいは，憲法 41 条と 92 条が混線していないだろうか。

　より具体的にいえば，憲法 92 条に反する立法は，違憲無効である。国会の立法裁量権限も，その制約を受けるのである。この点，内閣法制局の見解は，地方自治の内容は，それを制度化する法律があってはじめて実現すると考えているかのようである。基本的人権の文脈でいえば，プログラム規定である。しかし，そのように解する憲法学説は，少なくとも現在ではないのではないか。

(2) 統制された分権推進の弊害

　法定自治体事務であるかぎりは，国による第 1 次決定は，基本的には，「仮のもの」であり，自治体による第 2 次決定が当然に予定されていると解すべきである。第 2 次決定をしないことで，結果的に国の第 1 次決定が適用されることになる。この第 2 次決定が，「上書き」と称されるべきものである。第 1 次決定で満足する自治体は，特段の措置を講ずる必要はない。

　このようにいうと，法律改正により条例余地を創出するという作業手順を無視したような条例対応は，訴訟を誘発し，社会的コストがかかって不合理であ

るという反論が聞こえてきそうである。しかし，第 1 次分権改革の際には，分権改革による条例制定権の拡大によって，訴訟が増大することは，当然に予定されていた。第 2 次分権改革のもとで制定されているのは，法律と一体として運用される法律実施条例であるが，この法律牴触性判断基準は，学説上も判例上も明確には示されていないのである。むしろ，それが最高裁判例として出されてこそ「法的安定」がもたらされるのであるから，統制された分権推進は，その機会を奪う結果になることに思いを致す必要がある。

(3) 通則法説，一括法説，そして，憲法直接適用説

　一括法対応された法律・条項に関してのみ条例対応ができると考えるのではなく，それ以外の法律・条項についても，独自の条例対応をしたいと考える自治体は，どのような理論にもとづいて制度設計をすればよいのだろうか。立法論としては，条例制定が可能である旨を，地方自治法改正あるいは独立法制定により「通則法」として規定するという考え方がある。また，関係する個別法のそれぞれに，条例制定が可能である旨の規定を「一括法」により挿入するという考え方がある。

　しかしこれらは，基本的に，立法論である。それが期待できない現実を前提にした場合には，議論を解釈論として展開しなければならない。筆者は，憲法 94 条直接適用説を主張している。「法律の範囲内において，条例を制定することができる。」として自治体に条例制定権能を認める同条にもとづいて，法定自治体事務であるかぎりにおいて，国の役割に関する部分以外については，第 2 次決定を条例ですることが可能と考えるのである。第一次決定にあたっては，国はそれなりの根拠を示しているだろうから，意欲ある自治体は，地域におけるその不適合および独自対応の必要性などの立法事実を，根拠をもって論証すればよい。自らが選択した規制であるから，根拠づくりにも気合いが入ることだろう。

　法定自治体事務に関して，地域特性に適合した法環境をつくるためには，自治体が，立法事実を踏まえて，法律実施条例を制定するしかない。「対象についての自己決定」「内容についての自己決定」「程度についての自己決定」「手続についての自己決定」である。2 つの一括法対応の経験を活かし，住民福祉

の向上のために，自治体がより前向きに取り組むことを期待するばかりである。

Ⅷ　2つの一括法による作業の意義と今後の方向性
──「条例制定権の拡大」の観点から

> 　機関委任事務を規定していた法律にある条例条項は，特定の事項について特定の自治体が条例を制定した場合に，それを法律の一部として取り込む機能を有する創設的なものであった。分権改革後の現在，そうした規定は，憲法94条が保障する条例制定権を確認したものと解される。法定事務に関する条例は，法令の未決定部分（隙間）を補完するものではない。決定がされていても，条例が可能と解される事項であれば，地域特性適合的に法令内容を修正できる。一括法による個別法の個別規定改正を通じて条例余地を拡大する方針である中央政府の立場は，これとは反対のようであるが，自治体は，個別法改正に対応しながらも，必要があれば，それ以外の法令規定内容の修正を模索すべきである。

1　第2次分権改革と枠付けの緩和

　「地域の自主性及び自立性を高めるための改革の推進を図るための関係法律の整備に関する法律」という同名の法律が，2011年4月および同年8月に制定された。いわゆる第1次一括法・第2次一括法である[1]。その中心的内容の

---

1)　多くの文献がある。政府関係者のものとして，井上貴至「第2次義務付け・枠付け見直し一括法について」自治体法務研究28号（2012年）50頁以下，上坊勝則「第二次義務付け・枠付け見直し一括法について」地方自治769号（2011年）33頁以下，大村慎一「条例制定が地域を変える──『義務付け・枠付けの見直し』と『条例制定権の拡大』」市政61巻7号（2012年）25頁以下，新田一郎＝上坊勝則＝森川世紀「『地域主権改革』関連三法について──地方分権改革から『地域主権改革』へ」地方自治764号（2011年）55頁以下参照。研究者のもの

ひとつは，これまで政省令でされてきた基準値等の決定を，いくつかの法律について，条例の制定を通じた自治体決定に変更したことである。これは，「枠付けの緩和」と称される措置であり，第2次分権改革のなかでは，「玄人受けするテーマ」[2] であった。地方自治法のもとで整理するならば，自治体に配分された事務でありながらも政省令を通じてなされている国の関与を縮小するためのものである[3]。

　枠付け緩和作業の必要性は，すでに第1次分権改革において指摘されていた。地方分権推進委員会は，2001年に出したその最終報告『分権型社会の創造──その道筋』のなかで，「国の法令等（法律・政令・省令・告示）による事務の義務付け，事務事業の執行方法や執行体制に対する枠付けの緩和については，ほとんど全く手付かずに終わっている。地方公共団体の事務を文字どおりそれらしいものに変えていくためには，国の個別法令による事務の義務付け，事務事業の執行方法や執行体制に対する枠付け等を大幅に緩和する必要がある。」と述べている。廃止された機関委任事務を規定していた法令はもとより，団体委任事務を規定していた法令についてもそうしたことが求められるという認識であろう[4]。

　条例による決定を2つの一括法は求め，関係自治体は，その作業を2013年3月31日までに完了させた。自治の拡充は，自己決定権とその行使・不行使に伴う自己責任の拡充を意味するはずであるが，第2次分権改革と整理される

として，岩﨑忠『「地域主権」改革──第3次一括法までの全容と自治体の対応』（学陽書房，2012年），川﨑政司（編著）『「地域主権改革」関連法──自治体への影響とその対応に向けて』（第一法規，2012年），小泉祐一郎『地域主権改革一括法の解説──自治体は条例をどう整備すべきか』（ぎょうせい，2011年），出石稔「義務付け・枠付けの見直しに伴う自主立法の可能性──条例制定権拡大をどう生かすか」自治体法務研究24号（2011年）11頁以下参照。

　周知の通り，第1次一括法案は，「地域主権改革の推進を図るための関係法律の整備に関する法律案」として，2010年の第174回国会に上程された。その際，「地域主権」の用語をめぐって審議が紛糾し，結局，第177回国会において，衆議院で題名を修正されたうえで可決され，さらに修正案が参議院に送られて可決・成立した。

2)　大森彌『変化に挑戦する自治体──希望の自治体行政学』（第一法規，2008年）401頁。

3)　松本英昭『新版逐条地方自治法〔第8次改訂版〕』（学陽書房，2015年）16〜19頁参照。

4)　機関委任事務制度全廃の経緯については，西尾勝『未完の分権改革』（岩波書店，1999年）79頁参照。旧団体委任事務についてはあまり議論がないが，自治体行政職員の意識の実情に鑑みれば，旧機関委任事務以上に枠付け緩和が必要と考えるのが適切である。

この数年の動きのなかでの今回の一括法対応は，地方分権の推進との関係で，どのように評価できるのだろうか。この後もこうした方式が，いわば「第 n 次一括法」として，維持・反復されるべきなのだろうか[5]。本章では，「条例制定権の拡大」と整理されている内容を[6]，第 1 次一括法・第 2 次一括法を踏まえて，ややマクロ的観点から論じる[7]。

2　現行法における条例規定の意味

(1) 作業対象である法令世界

「国の事務」である機関委任事務の全国平等な実施を自治体行政庁に命ずるにあたり，中央政府は，事務内容を，法律本則のほか，政省令および通達によって，詳細に規定していた。自治体の長を国の事務の世界に「拉致」「強制連行」して全国平等に事務をさせるのであるから，詳細な指示は当然のことであった。自治体の長は，それを踏まえて，補助機関たる職員を使い，行政サービスを，「たまたまその自治体に居住する日本国民」に対して行っていたのである。

　そうした法令が，その外形をそのままにして，自治体の事務を規定するようになった。「個別法自体の規律密度を見直す余裕はなかった」[8] のである。①全国画一的，②詳細規定的，③決定独占的という規定状態の不適切さは，冒頭に引用した地方分権推進委員会最終報告の認識にある通りである。「未完の分権改革」は，「未完の法令改革」でもある[9]。その実現は，喫緊の国家的課題で

5)　2012 年末の衆議院解散により廃案となったが，「第 3 次一括法」は予定されていた。なお，政権交代により，民主党政権時代の内閣府地域主権戦略室が中心となって進められていた義務付け・枠付け改革は，名称新たになった地方分権改革推進室のもとで引き続き進められた。

6)　大村・前註1) 解説，同「地域主権改革関連条例の制定状況について──条例制定権の拡大と議会の役割」議員 NAVI 33 号（2012 年）48 頁参照。

7)　北村喜宣「基準の条例化と条例による追加・加重，上書き権」本書Ⅱ論文も参照。

8)　大森・前註2) 書 385 頁。そのほかにも，西尾勝『これからの行政活動と財政──第 2 次分権改革の焦点』（公人の友社，2002 年）35 頁，松本英昭『要説地方自治法──新地方自治制度の全容〔第 9 次改訂版〕』（ぎょうせい，2015 年）76 頁参照。

9)　北村喜宣「法律改革と自治体」本書Ⅰ論文 2 頁以下参照。

ある。

（2）機関委任事務・団体委任事務と条例

　憲法94条が自治体に保障する条例制定権は，法定事務に関していえば，かつての機関委任事務には及ばず，団体委任事務については及んでいた。それらを規定する法律のなかに，条例に関する規定が設けられる場合がある。

　団体委任事務は条例制定権の対象となるから，そうした規定は，確認的性格を持つものである。たとえば，「廃棄物の処理及び清掃に関する法律」のもとでの一般廃棄物の処理は，市町村の団体委任事務であったところ，同法は，2000年以前から，「廃棄物減量等推進審議会の組織及び運営に関して必要な事項は，条例で定める。」（5条の7第2項）と規定していた。これは確認規定である。「風俗営業等の規制及び業務の適正化等に関する法律」のもとでの風俗営業許可は，都道府県の団体委任事務であったところ，同法も，2000年以前から，風俗営業の営業時間規制について，「風俗営業者は，午前零時（都道府県が習俗的行事その他の特別な事情のある日として条例で定める日にあつては当該事情のある地域として当該条例で定める地域内は午前零時以後において当該条例で定める時，当該条例で定める日以外の日にあつては午前一時まで風俗営業を営むことが許容される特別な事情のある地域として政令で定める基準に従い都道府県の条例で定める地域内に限り午前一時）から日出時までの時間においては，その営業を営んではならない。」（旧13条1項）と規定していた。団体委任事務であるがゆえに政令基準による縛りが強いが，これも確認規定である。

　一方，機関委任事務については，長による規則の制定は可能であるものの（地方自治法15条1項），条例は制定できない。しかし，国の事務といえども，地域特性に応じた対応をすることが必要な場合がある。そこで，法律のなかには，特定事項についての条例制定を特定の自治体に認め，制定された条例の内容を法律の一部とすることを規定するものがある。上乗せ条例に関する水質汚濁防止法3条3項がその例である。同項は，「都道府県は，当該都道府県の区域に属する公共用水域のうちに，その自然的，社会的条件から判断して，第1項の排水基準によつては人の健康を保護し，又は生活環境を保全することが十分でないと認められる区域があるときは，その区域に排出される排出水の汚染

状態について，政令で定める基準に従い，条例で，同項の排水基準にかえて適用すべき同項の排水基準で定める許容限度よりきびしい許容限度を定める排水基準を定めることができる。」（下線筆者）と規定する。下線部の規定があってはじめて，当該条例は法律と融合的に適用されるのである。これは，創設規定である[10]。たとえていうならば，機関委任事務を規定する法律の側からアームが伸びてきて，自治体の事務として制定された条例をつかみ，そこでの決定事項を法律の世界に取り込んだようなものである。

(3) 機関委任事務制度の廃止と自治体の事務化

　分権改革により，団体委任事務は法定自治事務となり，機関委任事務は法定自治事務と法定受託事務とに振り分けられた。これらはいずれも自治体の事務であり，それゆえに，憲法94条にもとづき，当該事務の実施権限を与えられた自治体の条例制定権の対象となる。「法律の範囲内」という制約はあるものの，「そもそもできない」という法環境ではなくなった[11]。

　自治体の事務化により，自主的法解釈が可能になるといわれることがある[12]。この点については，とりわけ旧機関委任事務に関してどのような条例が可能になるのかを意識した解釈論が重要である。

　分権改革によっても，法令は基本的に改正されていない。先にみた水質汚濁防止法 3 条 3 項のような規定は残っている。これは，省令で規定される排水基準の厳格化をする条例に関するものであるが，同法においても，それ以外の規定に関して，条例を制定して法律と一体的に運用することを予定する条文はない[13]。自治体の事務を規定しているにもかかわらず，条例に関する規定を一

10）　北村喜宣『自治体環境行政法〔第 7 版〕』（第一法規，2015 年）26～27 頁参照。

11）　西尾・前註 4）書 157～158 頁参照。団体委任事務は自治体の事務であるから条例制定は可能であるが，自治体行政現場では，機関委任事務も団体委任事務も，法定事務であるがゆえにそれほどの違いをもって受け止められておらず，当該事務の根拠法律に条例規定がなければ条例は制定できないと考えられていたように思われる。礒崎初仁『自治体政策法務講義』（第一法規，2012 年）23～24 頁，成田頼明「機関委任事務制度の廃止と新たな事務区分」同『地方自治の保障《著作集》』（第一法規，2011 年）283 頁以下・302 頁も参照。

12）　松本英昭「自治体政策法務をサポートする自治法制のあり方」北村喜宣＝山口道昭＝出石稔＝礒崎初仁（編）『自治体政策法務』（有斐閣，2011 年）80 頁以下・82～83 頁参照。

13）　水質汚濁防止法 29 条はあるが，これは，主語が「地方公共団体」となっているように，都

切持たない法律は多くある。

3　現行法規定と条例制定の「余地」「根拠」

(1)「隙間可能説」と「原則修正可能説」

　分権改革以前の外観で維持されている現行法を，条例制定権の拡大の観点か
らどのようにとらえるか。この点は，枠付け緩和作業を進めるにあたっての原
理的な認識を形成する。この点については，大きく分けて2つの立場が考えら
れる。前提となるのは，法律実施条例である。

　第1は，いわば「隙間可能性説」（隙間説）ともいうべきものである。典型的
には，「国の法令等（法律，政令，省令，告示）の規定が詳細をきわめ，政策・
制度の細部にわたって規律してしまっているために，国の法令等によって先占
されていない白地領域はきわめて狭く，条例制定の余地はあまり残されていな
い」[14]という認識である[15]。このような認識に立てば，枠付け緩和のために
なされるべき作業は，創設的に「余地をつくる」ことになる。まさにゼロサム
ゲームであり，戦線の防御・侵攻をめぐって，熱い戦いが展開される。

　第2は，いわば「原則修正可能説」（原則可能説）ともいうべきものである。
典型的には，「全国統一的に対応する必要性がきわめて強い場合であれば，そ

　　道府県でも市町村でも構わない。法律と一体的に運用される法律実施条例ではなく，独立条例
　　たる並行条例となる。構造はフル装備条例である。北村・前註10）書26〜27頁参照。

14)　西尾勝『地方分権改革』（東京大学出版会，2007年）67頁。

15)　隙間説のような認識を持つと思われるものとして，木佐茂男「新地方自治法の課題——法
　　制度設計とその前提条件」山口二郎（編）『自治と政策』（北海道大学図書刊行会，2000年）
　　57頁以下・104頁，久保茂樹「分権時代の法環境——都市計画・まちづくり分野から見て」日
　　本地方自治学会（編）『どこまできたか地方自治改革』（敬文堂，2002年）31頁以下・33頁，
　　礒崎初仁「法令の過剰過密と立法分権の可能性」北村喜宣＝山口道昭＝礒崎初仁＝出石稔＝田
　　中孝男（編）『自治体政策法務の理論と課題別実践』〔鈴木庸夫先生古稀記念〕（第一法規，
　　2017年）189頁以下・195頁参照。「〔法令の〕空白の充填は原則として許容され〔る〕」とす
　　る，阿部泰隆『行政の法システム（下）〔新版〕』（有斐閣，1997年）733頁も同旨だろうか。
　　自治体行政の立場から，「空白域」が少ないと指摘する，広域的な連携を活用した地域づくり
　　促進検討会（北海道庁自治体法務ワーキンググループ）『検討結果報告書』（2011年）も，隙
　　間説の枠組みで考えているようである。

れを修正することは違法である。しかし，そうではないと考えられる場合には，その程度に応じて，基準や手続の強化・追加を条例ですることも許される」[16]という認識である。このような認識に立てば，もともと「余地はすでにある」のであり，枠付け緩和のためになされるべき作業は，条例が制定できない事項を明示することになる[17]。明示の内容としては，①本来的条例不可能事項の確認的明確化，②政策的不可能事項の創設的明確化が考えられる。とりわけ，②に意味がある。それ以外の現行法規定については，条例制定に関して特段の措置は不要であり，基本的に標準的事項を規定したものとみるのである。

　隙間説にもとづく作業がポジティブ・リストの創設であるとすれば，原則可能説にもとづく作業は，ネガティブ・リストの創設になる[18]。憲法 92 条や地方自治法 1 条の 2，2 条 11 項・13 項に照らしてその正当性・適法性を論証するのはそれなりに大変であるが，「国と自治体の適切な役割分担」のためには，必要な作業である。

(2)「不要説」と「必要説」

　法律実施条例について，別の角度から整理してみよう。条例制定と法律の根拠の関係については，大きく分けて 2 つの立場が考えられる。この点に関しては，学説においても十分な検討がされていないため，モデル的に提示する。

　第 1 は，「個別法明文規定不要説」である。憲法 94 条によって自治体事務に条例制定権が保障されているから，それ以上の措置は必要がないと考える。もちろん，地方自治の本旨の実現を阻害しないかぎりにおいて，個別法に条例規定が設けられることは否定しない。不要説であっても，当然に合憲でなければならないし，法の一般原則の制約は受ける。また，何よりも「法律の範囲内」

---

16)　北村喜宣「景観法と政策法務」同『分権政策法務と環境・景観行政』（日本評論社，2008年）190 頁以下・192〜193 頁。

17)　松本・前註 12）論文，同「地方分権改革委員会の『第一次勧告』と政府の『地方分権改革推進要綱（第一次）』を読んで」自治研究 84 巻 9 号（2008 年）3 頁以下，阿部泰隆『政策法学と自治条例』（信山社出版，1999 年）123 頁の基本的認識も，同様かと思われる。

18)　観点は異なるが，こうした作業の必要性は，成田頼明「法律と条例」同・前註 11）書 169頁以下が早くから指摘していた。礒崎・前註 15）論文 202 頁も，ネガティブ・リスト方式を支持する。

である必要がある。

　第2は，「個別法明文規定必要説」である。法定外自治体事務であれば別であるが，法定自治体事務に関する条例制定の根拠としては，憲法94条だけでは不十分であり，立法者の明示的な意思表示である個別法の明文規定が必要と考える。それがないにもかかわらず，法律実施条例を制定するのは，憲法41条に照らして問題があると考えるのである。

(3) 自治体職員の意識と議論の方向性

　自治体職員には，「政策の推進に『条例』を活用することを嫌う傾向がある。」[19] と指摘されることがある。「まだ『法律に規定がないことはできない』という旧意識から脱却できないでいる。」[20] ともいわれる。「隙間説」「必要説」は，そうした職員心理に親和的な整理である。

　本章の議論は，条例制定の強制を主張するものではないが，憲法のもとで，自治体政策の推進に関して自治体の自主的・自立的対応を促す分権推進的法治主義の実現のためには，条例が不可欠であるという観点から，「原則可能説」「不要説」の立場に立つ[21]。第1次分権改革以前の時代に，「国と地方公共団体との適切な役割分担」を考えずに制定された多くの現行法規定は，改革の制度趣旨に照らせばきわめて不十分な状態にあるという認識が，その立場の前提にある。佐賀県は，当時の知事のリーダーシップのもとで，庁内向けに「佐賀県庁における仕事の進め方」（2008年10月20日）という文書を出したが，筆者と基本的に同方向の発想と思われる[22]。以下，検討を続けたい。

---

19)　出石稔「組織論──分権改革に対する自治体の組織対応」北村喜宣（編著）『ポスト分権改革の条例法務──自治体現場は変わったか』（ぎょうせい，2003年）67頁以下・73頁。こうした心情は，要綱への逃避傾向という形で現れることがある。北村・前註10）書48～51頁，山口道昭（編著）＝出石稔（著）『明快！地方自治のすがた──自治制度から公務員・財政制度まで』（学陽書房，2015年）63～64頁［山口執筆］参照。

20)　大森・前註2）書385頁。

21)　兼子仁『変革期の地方自治法』（岩波書店，2012年）29頁，出石稔「地域主権時代の自治立法のあり方」都市とガバナンス14号（2010年）45頁以下・47頁もそうだろうか。

22)　そこでは，「条例は，個別法の特段の委任がなくとも，『法律の範囲内』で制定できることから，今後，地域における諸課題の解決に際して，個別法〔ママ〕おいて委任されていない事項であっても，条例制定の可能性について検討を行う。」とする。北村喜宣「明文規定がなくて

4　地方分権改革推進委員会と第1次一括法・第2次一括法の考え方

(1)『基本的な考え方』

　冒頭で引用した地方分権推進委員会の「遺言」を実現する実質的役割を任された のは，地方分権改革推進法にもとづき内閣府に設置された地方分権改革推進委員会であった。同委員会は，2007年4月の発足後すぐの5月13日に，『地方分権改革推進にあたっての基本的な考え方』を内閣総理大臣に提出した。

　枠付けに関しては，①「事務事業の執行方法・執行体制に関する枠付けについて，条例等によるよう見直し」，②「地方自治体が処理する事務について，企画立案から管理執行に至るまで地方自治体が責任を持つことができるように見直し」，③「条例による法令の上書き権を含めた条例制定権の拡大」が明記された。①を「枠付け決定の条例移譲の原則」，②を「法定自治体事務に関する完結的責任の原則」，③を「法律上書き権の原則」ということにしよう。

(2) 2つの一括法までの道のり

(a)　『中間的なとりまとめ』

　この『基本的考え方』を踏まえて，地方分権改革推進委員会は，枠付け緩和の作業を進める。それは，以下のように展開していった[23]。

　『基本的考え方』の次に出されたのが，2007年11月16日の『中間的なとりまとめ』である。そこでは，枠付けに関して，「明快な基準にもとづき徹底的に見直すことで廃止するとともに，条例により法令の規定を『上書き』する範囲の拡大を含めた条例制定権の拡大をはかっていく」とされ，それが「自治立法権を確立していくことにつながる」とされたのである。「枠付け決定の条例移譲の原則」および「法律上書き権の原則」が堅持されており，「上書き」は，まさに目玉商品のような位置づけを与えられた。廃止あるいは縮減される枠付

　　もできるッ！──佐賀県条例の将来」同『自治力の躍動──自治体政策法務が拓く自治・分
　　権』（公職研，2015年）38頁以下参照。佐賀県の一括法対応については，日野稔邦「佐賀県に
　　おける一括法対応とそこから見えたもの」自治総研415号（2013年）28頁以下参照。
　23)　北村喜宣「基準の条例化と条例による追加・加重，上書き権」本書II論文25頁以下参照。

けに代わっては，「全部・一部の条例委任」とするとされた。そして，「上書き」については，「条例による補正の許容」と整理された。

　「補正」とは何だろうか。行政法用語としては，行政手続法7条や行政不服審査法23条などに用いられている。用語の意味は，それを用いる者が定義をすればよいともいえるが，このような公的文書の場合には，一般の法律用語と同じような意味合いで用いるのが常識的であろう。特段の断りがされていない場合には，なおさらそうである。それを前提にすれば，「とりあえずは確定した判断がされているが，権限ある者が別の観点からそれでは不適切だと考えた場合に職権でそれを修正する」というほどの意味であろう。議論の文脈でいえば，「とりあえず法令で決定されている内容を，事務処理権限を有する自治体が地域特性に適合させるべく，条例で修正する」ことを意味すると考えるべきである[24]。重要なのは，充分な内容になっていると判断されれば対応は不要であり，必ず補正をしなければならないわけではないことである。

(b)　『第1次勧告』から『第3次勧告』へ

　地方分権改革推進委員会は，その後も鋭意作業を継続する。そして，2008年5月28日に，『第1次勧告——生活者の視点に立つ「地方政府」の確立』[25]を，2008年12月8日に，『第2次勧告——「地方政府」の確立に向けた地方の役割と自主性の拡大』を提出した。さらに，2009年6月5日提出の『義務付け・枠付けの見直しに係る第3次勧告に向けた中間報告』を経て，政権交代後の2009年10月7日に，『第3次勧告——自治立法権の拡大による「地方政府」の実現へ』[26]を提出したのである[27]。

---

24)　金子宏＝新堂幸司＝平井宜雄（編集代表）『法律学小辞典〔第5版〕』（有斐閣，2016年）1232頁，法令用語研究会（編）『有斐閣法律用語事典〔第4版〕』（有斐閣，2012年）1071頁も参照。

25)　第1次勧告に関しては，松本・前註17）論文参照。

26)　第2次勧告および第3次勧告に関しては，出石稔「義務付け・枠付けの見直しと条例による上書き権——自治体の条例制定権への影響」都市問題研究62巻1号（2010年）63頁以下，上林陽治「義務付け・枠付けの見直しとは何か——見直し条項数の量的分析」自治総研375号（2010年）70頁以下，田中聖也「義務付け・枠付けの見直しの到達点（上）（下）——地方分権改革推進委員会第2次・第3次勧告」地方自治765号34頁以下・同767号33頁以下（2011年）参照。

　これら勧告では，総論的には，地方政府を完全自治体とするために，一貫して自治立法権・条例制定権の拡充の必要性が強調されていた。そのなかで，「権」という強い表現はされなくなったものの，「上書き」は，シンボリックな意味で注目された。

　『第１次勧告』は，「地域のことはその地域に暮らす住民自らが判断し，実施に移すことができる行政体制を整え，個性豊かで活力に満ちた多様な地域社会……を再構築していくことが肝要」とし，『第２次勧告』は，「法制的な観点からも地方自治体の自主性を強化し，政策や制度の問題も含めて自由度を拡大するとともに，自らの責任において条例を制定し行政を実施する仕組みを構築することが必要」とした。『第３次勧告』は，「国が全国一律に決定し，地方自治体に義務付けていた基準，施策等を，地方自治体自らが決定し，実施するように求める改革」とした。

（3）３種類の基準

（a）　条例対応の指針

　勧告の作成作業と並行して，地方分権改革推進委員会は，関係省庁と折衝を重ね，枠付けの存置・廃止，そして条例委任と仕分けていった。その結果，検討対象とした 482 法律 10,057 条項のうち，義務付け・枠付けを存置する必要がないものとして，4,076 条項を抽出したのである [28]。

---

27)　この流れについては，大森・前註 2）書参照。条例の観点から整理するものとして，田村達久「地方分権改革と条例論の新構築——法律と条例の新たな関係の一考察」『地方分権改革の法学分析』（敬文堂，2007 年）205 頁以下参照。

28)　膨大な法律およびそこに規定される事務を前にして，どこから枠付け緩和作業に手を付ければよいかについては，様々な選択肢があるだろう。この点について，地方分権改革推進委員会は，『中間的な取りまとめ』において，次のように宣明した。「自治事務を対象として，そのうち，法令による義務付け・枠付けをし，条例で自主的に定める余地を認めていないものを対象とする。」そのうえで，枠付け存置もありうるとの前提で，7 つのメルクマールを提示し，これに該当しないものは廃止をすると宣言したのである。本稿の論点ではないが，筆者は，方針を誤ったと思う。やるなら「元機関委任事務であった法定自治事務で条例規定があるもの」について，「よりよい条例規定」をつくるべきであった。その作業を通して，条例規定はあるが不十分にしか決定を認めていないものをより決定権拡大的に改正することで，あるべき状態の「相場」が見えてくるはずと考えるからである。

　条例対応との関係では，「法令で規定されている施設・公物設置管理の基準」が問題となる。これについては，廃止が基本とされつつも，それが困難である場合には，基準の条例への委任が検討されるべきとされた。法律から政省令にではなく条例への直接の委任といわれるものである[29]。そして，その際には，条例制定にあたって自治体に課すことが許容される制約の程度が課題となるとされた[30]。

　結局，この方式が一般的となる。『第3次勧告』は，「条例への委任は，条例制定の余地が実質的に確保される方法で行われるべき」として，委任にあたっての条例制定基準を提示した。周知の通り，①従うべき基準，②標準，③参酌すべき基準である。同勧告は，次のように説明する。

---

①従うべき基準　条例の内容を直接的に拘束する，必ず適合しなければならない基準であり，当該基準に従う範囲内で地域の実情に応じた内容を定める条例は許容されるものの，異なる内容を定めることは許されないものである。

②標準　法令の標準を通常よるべき基準としつつ，合理的な理由がある範囲内で，地域の実情に応じた標準と異なる内容を定めることは許容されるものである。

③参酌すべき基準　条例の内容を直接的に拘束するものではなく，十分参照した結果としてであれば，地域の実情に応じて，異なる内容を定めることは許容されているものである。

　これらの基準の定義は2つの一括法に規定されているわけではなく，法的拘束力を持つものではない。自治体に対するガイドラインのようなものである。それゆえ，決定についての説明責任は，すべて自治体が負うことになる。中央政府は，拘束力が強いと考える「従うべき基準」についても，その根拠を提示していないといわれる。「必ず適合しなければならない」というにしては，あまりにも不適切な対応である。ガイドラインにすぎないからと強弁するとすれば，自己矛盾もいいところである[31]。その内容が，地域特性を配慮した対応

---

29)　法律から政省令と条例への「同時委任」という議論もされていた。第177回国会衆議院総務委員会議録11号（2011年4月19日）21頁［西博義委員質問と片山善博総務大臣答弁］参照。

30)　この点で，今回の改革は，「規律密度」ではなく「規律強度」の改革とも評されるのである。小泉・前註1)書12頁参照。

31)　それぞれの基準について，どの程度の根拠が中央政府から示されたのかは，別途，実証的

の制約となる程度に限定的であるとすれば，当該政省令は，地方自治法２条13項に反して違法となる[32]。

　また，３基準を上記のように位置づけたため，当該事務を処理する自治体は，すべてが条例制定を強制される結果になった。立法形式の不合理な強制であり過度の介入である[33]。「条例規定主義」に立脚する地方分権推進委員会が最終報告を出した時点では，想像もされなかった事態であろう。

(b) 「上書き」

　なお，『第３次勧告』は，注目すべき整理をしている。すなわち，参酌すべき基準を踏まえて自治体が条例で異なる内容を定めることは，「条例による国の法令の基準の『上書き』を許容するもの」というのである。

　参酌基準とは，何ら確定的な性格を持つものではない。それを参考に条例決定することを「上書き」というのは，きわめて奇妙な用語法である。参酌基準を踏まえた独自基準決定という方法以外にも，「上書き」の方法はあるというのであるが[34]，少なくとも『第３次勧告』のコメントに関するかぎりでは，「牽強付会」というしかない[35]。勘違い的期待といわれるのかもしれないが[36]，

に確かめられるべきことがらである。筆者は，「従うべき」と法律に規定すれば，根拠が不十分であるにもかかわらず問答無用で拘束力が生まれるがごとき理解は，憲法92条に反していると考える。北村喜宣「つき出し条例？──『従うべき基準』の拘束力」同・前註22）書35頁以下参照。出石稔「自治体と議会は地域主権改革にどう対応すべきか」廣瀬克哉＝自治体議会改革フォーラム（編）『議会改革白書2012年版』（生活社，2012年）101頁以下・103頁は，「自治体議会に対する……立法統制を国の行政機関がなすことにならないか」と指摘する。

32）　人見剛「分権改革後の条例制定権──横須賀市調査を踏まえて」同『分権改革と自治体法理』（敬文堂，2005年）172頁以下・178〜179頁も参照。地方自治法２条13項は，立法指針にとどまるという解釈もある。塩野宏「条例の範囲と可能性」自治フォーラム522号（2003年）２頁以下・２頁参照。

33）　岡田博史「自治体から見た地方分権改革──自治立法権に焦点を当てて」ジュリスト1413号（2010年）22頁以下・24頁参照。小泉祐一郎「第二期分権改革の一括法における条例と規則の役割分担」自治実務セミナー50巻8号（2011年）58頁以下・59頁は，「義務付け・枠付けの見直しをしながら，新たな義務付け・枠付けをしていることがわかっていない」と酷評する。

34）　斎藤誠「義務付け・枠付け見直しの展望と課題」同『現代地方自治の法的基層』（有斐閣，2012年）351頁以下・363頁参照。もっとも，それが具体的にどのようなものかは，明らかにはなっていない。

肩すかしを食らったと感じた人は，少なくないはずである[37]。シンボリックであった言葉の「なれの果て」という気がする。

　地方分権改革推進委員会は，後に整理する個別法改正方式により枠付け緩和を進めるという戦術をとった。同委員会も，上記の整理がベストとは考えていないようであるが，こうするのが「一番現実的なやり方だと判断したというようにみんなが理解すべき」[38]と納得したのである。「定義などは，われわれがこうだといえばこうなるのだ」という権威主義的開き直りにもみえ，何とも苦しい整理である。

(4) 29 法律 100 条項

　『第 3 次勧告』を踏まえ，それを部分的に実現するべく，政権交代後の当時の民主党政権のもとで，2009 年 12 月 15 日に，『地方分権改革推進計画』が閣議決定された。その内容が，完全にではないが，42 法律を一括改正する第 1 次一括法（2011 年 5 月 2 日公布）に反映されている。さらに，同政権のもとで設置された地域主権戦略会議は，これまでの勧告を踏まえて検討を重ね，その結果を『地域主権戦略大綱』として，2010 年 6 月 22 日に閣議決定した。その内容は，完全にではないが，188 法律を一括改正する第 2 次一括法（2011 年 8 月 30 日公布）に反映されている[39]。

　2 つの一括法には，①施設・公物管理の基準の見直し，②協議，同意，許

---

35)　北村喜宣「牽強付会？——地方分権改革推進委員会のいう『上書き』」同『自治力の爽風』（慈学社出版，2012 年）23 頁以下参照。岡田・前註 33）論文 23 頁註 4，鈴木庸夫「地域主権時代の条例論」ジュリスト 1413 号（2010 年）15 頁以下・19 頁も参照。

36)　筆者などは，勘違いをした 1 人であった。北村喜宣「『上書き権を含めた』の意味——条例制定権拡充の方向性」同『自治力の達人』（慈学社出版，2008 年）20 頁以下参照。

37)　出石・前註 21）論文 72 頁，出石・前註 31）論文 101 頁，岩﨑・前註 1）書 46 頁，川﨑（編著）・前註 1）書 113 頁［岡田慎一・執筆］，礒崎・前註 11）書 226 頁，礒崎初仁「法律の規律密度と自治立法権——地方分権改革推進委員会の検討を踏まえて」北村ほか（編）・前註 12）書 368 頁以下・378〜379 頁参照。

38)　第 85 回地方分権改革推進委員会（2009 年 5 月 28 日）議事録 14 頁［西尾勝委員長代理発言］。

39)　法案審議に関しては，岩﨑・前註 1）書 35 頁以下，川﨑（編著）・前註 1）書 105 頁以下［岡田慎一執筆］，下山憲治「公法解釈における立法者意思とその探究序説——地方自治関連立法動向研究の意義と手法」自治総研 410 号（2012 年）1 頁以下参照。

可・認可・承認（国等の関与）の見直し，③計画等の策定およびその手続の見直し，が含まれている。本論文の検討の対象となる，基準決定の条例移譲に関しては，29 法律 100 条項で措置されたといわれている [40]。条例対応が義務づけられるのは，都道府県については 26 法律 83 条項，指定都市・児童相談所設置市については 26 法律 83 条項，一般市町村については 18 法律 44 条項であり，どの市町村でも該当するのは 8 法律 22 条項といわれる。これをどのように整理して条例化するかは自治体の選択であるが，対応に要する条例数は，都道府県で 20〜30 本，市町村で 10〜20 本であろうといわれていた。

（5）基本的発想の泉源

（a）明示的統制主義

　作業を進めた地方分権改革推進委員会も，勧告のなかでは，「上下主従から対応協力へ」という第 1 次分権改革のキャッチフレーズを十分に認識した表現をしている。しかし，具体的作業の結果をみていると，「上下主従」意識が払拭されていないのではないだろうか。総論部分の認識と具体的成果とのギャップが，かなりあるように感じられるのである。

　自公政権が存在した 2009 年 8 月までは，そうした意識であってもあるいは仕方なかったかもしれない。しかし，「地域主権改革」を「1 丁目 1 番地」と位置づけた民主党政権のもとでも，その意識に変化がみられなかったのは，いささか奇異に映る。ほぼできあがっていた作業を，『第 3 次勧告』の段階でひっくり返すことは，政治的には不可能だったのだろうか [41]。

---

40)　大村・前註 6) 解説 49 頁参照。これは，2 つの一括法による対応の数であるが，そのほかにも，介護保険法のように個別法改正によるもの，および，政令等の改正で可能と明確にされたものがある。

41)　些末なことであるが，「地域主権」という言葉にあれほど拘った民主党政権が，「委任条例」という言葉を無邪気に使用したことには，強い違和感を覚えずにはいられなかった。地方自治法 10 条 2 項の用語法にならって，「分任条例」と表現すべきであった。かつての機関委任事務は，現在では，適切な役割分担関係を踏まえて，国と自治体が分任しているのである。国と自治体は，権限の相互分担関係にある。北村喜宣「分任条例の法理論」本書Ⅲ論文参照。「分担」は，少なくとも民主党政権の認識であったはずである。第 174 回国会参議院総務委員会会議録 11 号（2010 年 4 月 13 日）5 頁［原口一博総務大臣答弁］参照。松本・前註 3) 書 108 頁によれば，分任とは，「分けて負担に応ずる意」である。「委任」という表現を不適切とするものと

　自公政権と民主党政権の結果的合作ともいえる第1次一括法・第2次一括法の条例対応措置のやり方については，疑問が多い。各勧告が，総論としては，自治体による自己決定を重視していながら，なぜ，それをすべき対象法律，対象条項，許容範囲と程度に関する決定を完全に国に委ねてしまったのか。なぜ，そんなことは自己決定したくないと考える自治体に対しても，基準を示して決定を強制してしまったのか[42]。委員会は，条例制定に関して，おそらくは「隙間説」「必要説」に立っていると思われるが，なぜ，法定自治体事務である今回の措置対象外の事務について，合理的な立法事実がある場合であっても，「法令の条例による補正」を認めないのだろうか。

　政権交代があっても考え方が変わらないとすれば，それを支持する「変わらぬ組織」が原因ではないかとも勘ぐりたくなる。それは，内閣法制局である。中央政府が今一歩踏み出せないように思われる背景には，自治体がイニシアティブをとる法令の修正に対して，中央省庁はもちろんのこと[43]，内閣法制局が否定的な立場をとっていることがあるように思われる[44]。憲法41条論がそ

して，小泉・前註1）書64～65頁，松本・前註12）論文93頁，山口（編著）＝出石（著）・前註19）書31頁［山口執筆］，斎藤誠「法律規定条例の可能性と限界」同・前註34）書299頁以下・302頁，松本英昭『自治制度の証言――こうして改革は行われた』（ぎょうせい，2011年）109～110頁も参照。適切な用語が見当たらないから「委任条例」を用いたといわれるが（小早川光郎「義務付け・枠付けの見直し――その意義と展望」市政61号（2012年）22頁以下・23頁），「必要説」を自治体に刷り込むためにあえて用いているのではないかといううがった見方もできないではない。後註60）も参照。

42）　批判の多い点である。たとえば，前註33）の岡田論文，小泉論文のほか，礒崎・前註11）書184頁参照。

43）　阿部・前註15）書733頁参照。

44）　もちろん，内閣法制局がそうした見解を公表するわけではないが，どうもそうした思考構造になっているように推察する。なお，内閣府に設置された地方分権改革推進委員会の委員を務めた小早川光郎は，「法律を含めた上書論ということになると，いまの内閣法制局の考える常識からするとどうであろうかということのようです。」とコメントしている。小幡純子＝曽和俊文「〔討論〕討議のまとめ」ジュリスト1413号（2010年）31頁以下・37頁［小早川発言］参照。義務付け・枠付けの見直し作業に関して，地方分権改革推進委員会は，「行政法学者の小早川委員にほとんど全権を委任したに近かった」と評されている。大森彌『政権交代と自治の潮流――続・希望の自治体行政学』（第一法規，2011年）65頁参照。それを前提にすると，委員会の作業枠組みを知るにあたって，前出の小早川コメントは重要である。

　2012年度日本自治学会分科会B「義務付け・枠付けの見直し」の討論において，大村慎

の根底にあるのだろう。先にみた『第 3 次勧告』にも，そうした認識が現れていたように感じられる。41 条が重要なことは論を俟たないが，憲法解釈としては，92 条を踏まえつつ 41 条を考えるべきなのであるが[45]，後ろの方にある第 8 章などは，それほど重く扱われていないのかもしれない[46]。第 1 次分権改革後も，事務の基準などを法律の本則に詳細に規定することを求める内閣法制局の審査姿勢が指摘されている[47]。かつて内閣法制局長官は，地方自治について，「法律でもって地方団体に与えるというのが今の憲法の考え方」（傍点筆者）と答弁した[48]。条例による補正を認めるにしても，国が第 1 次決定をしている以上，すべて個別法に明文規定を有さなければならないということであろうか。法令伝来説と称しうる認識である。なるほどそうした憲法解釈もあるのかと思うが，自治権が憲法 92 条で保障されている現在では，実定法的根拠を欠く見解である[49]。

　　一・内閣官房副長官補室（内閣参事官）は，内閣法制局の認識として，「基本的に 41 条との関係で，国会が唯一の立法機関であるということで，その委任に基づいた範囲でどう書けるかということである……。それについては自主的に国会の立法権を没却するような形で抽象的・包括的な委任は許されないという形で考えている……。」と述べている（以下「大村・セッション発言」として引用）。一方，「明文規定でなければ条例に何も書けないのかということを言っているわけではないと思っています。」とも述べる。これは，筆者のモデルである「ベクトル説」（北村喜宣「法律実施条例の法律抵触性判断基準・試論」本書IV論文 72 頁【図表 4.2】）でいえば，③のオープンスペース部分についてのことだろうか。本書 162 頁の【図表 8.1】でいえば，②❶⓫(イ)の横出し条例である。しかし，いわゆるメルクマールにもとづく義務付け・枠付け存置許容調査（2007 年 12 月 19 日付け）に対して，ほぼすべて「見直す必要なし」というゼロ回答をした中央省庁がそうした大らかな認識を持っているとはとても信じられない。

45)　鈴木・前註 35) 論文 17〜18 頁，同「条例論の新展開──原理とルール・立法事実の合理性」自治研究 86 巻 1 号（2010 年）58 頁以下・62〜64 頁の整理を参照。

46)　北村喜宣「沈黙の解釈──憲法 41 条と 92 条」同・前註 22) 書 11 頁以下参照。

47)　大森・前註 2) 書 378 頁参照。鈴木・前註 35) 論文 19 頁は，「規制的な制度は法令によらなければならず，条例によって規制的な制度を創設することは例外的であるとする，伝統的な法令優先ないし法令中心主義の考え方」があると指摘する。同感である。

48)　第 174 回国会参議院総務委員会会議録 11 号（2010 年 4 月 13 日）5 頁 [梶田信一郎・内閣法制局長官答弁] 参照。北村喜宣「『与える』か『分担する』か？──内閣法制局長官 vs. 総務大臣」同・前註 35) 書 19 頁以下も参照。

49)　兼子仁「自治体の行政権力」同『行政法と特殊法の理論』（有斐閣，1989 年）140 頁以下・145〜146 頁も参照。鈴木・前註 35) 論文 16 頁は，「憲法構造（中央地方政府間関係）からの考察が希薄」である点を指摘する。岡田・前註 33) 論文 26〜27 頁も参照。

　個別法による明示的統制が必要という発想に立てば，たしかに2つの一括法の対応の方法は，うまく整理できる。しかし，それは，結果的に，機関委任事務制度の廃止という第1次分権改革の最大の成果の影響を「極小化」することにつながるのであって，分権時代の憲法解釈としては，あまりに狭い枠組みといわざるをえない。「地方自治の本旨」を，憲法事項ではなく法律事項と考える結果になっており適切ではない[50]。自治体としては，内閣法制局は，所詮は中央政府のひとつの行政機関にすぎないことを十分に認識しておく必要がある。

(b)　強制的一律主義

　従来，法律に規定される条例に関する方針には，大きく分けて2つがある。

　第1は，任意主義である。たとえば，水質汚濁防止法3条3項や都市計画法33条3項は，法令内容と異なる内容を決定したいと自治体が思えば，条例によって，随時それを実現する方式を規定する。

　第2は，強制的一律主義である。たとえば，食品衛生法51条は，飲食店営業許可基準を条例で定めるべきことを規定する。法令には基準はなく，条例が制定されないかぎりは事務が実施できない。

　2つの一括法がとった方式は，第2の強制的一律主義であった。しかも，従来からある政省令基準を前出の3つの基準にしたうえで，である。白地に絵を描くのであれば，あるいはそうした方式も考えられたであろう。しかし，中央政府が決定した法令基準であっても何ら不都合を感じないような自治体に対しても，条例決定を義務づけるのである。「大きなお世話」と感じた自治体は多かっただろう。条例制定および施行に関して，いわゆる猶予期間を2013年3月31日としたのも，強制的一律主義のあらわれである。国民との関係における平等原則が根底にあるようにも思われる。

　ところで，条例の制定を強制された自治体は，どのようにしてそれを実現したのだろうか。法律を所管する原課が，地域的な立法事実を踏まえて地域に最適な内容を決定したことが多いのだろうが，筆者の調査によれば，コンサルタ

---

50)　松下圭一『市民自治の憲法理論』（岩波書店，1975年）113頁は，早くからこの論点を指摘していた。

ントに委託した自治体も少なくない。それをしなかった自治体においても，原課が対応できないために，法制担当が見るに見かねて政令で示された基準を，とりあえずそのまま（従前と内容の変更はなく）条例に移植するような決定をして，何とか取り繕ったところもある。都道府県が示す内容にただ従ったところもある。形式的に自己決定はしたものの，真の意味での自己決定にはほど遠い状況である。こうした対応が全国のどれくらいでなされているのかは不明である。もっとも，条例制定状況に関する統計調査に熱心な内閣府地域主権戦略室であったから，おそらく全体像を調査していることだろう。その後継の地方分権改革推進室は，結果を是非とも公表してほしいものである[51]。民主党政権時代の地方行政経験が豊かな分権改革担当幹部は，「自分の地域の社会資本の整備などを自分たちの地域に合った形に決められるわけですから，やりがいもあるはずです」[52]というけれども，前提となる枠組みの不合理さについてあまりに無自覚かつ大らかな認識であり，とまどってしまう[53]。

　霞が関の関係省庁に条例による決定を認めさせるには，「自治体によってやるところもあればやらないところもある」「やるかやらないかは自治体が決める」という方針では，現実の交渉ができなかったのかもしれない。オールオアナッシング的対応に合理性はないが，自治体不信が強い省庁を相手にした交渉戦術としては，合理性はあるのかもしれない。「やるかやらないかは霞が関が決める」のである。しかし，筆者は，枠組みを緩めて，任意主義を採用すべきであったと考える。29法律100条項に関する条例決定を，どれほどの自治体が望んだのだろうか。少なくとも，約1,800の大多数が望んだという証拠はど

51）　2012年12月の政権交代の結果，「地域主権戦略室」は「地方分権改革推進室」となった。経済政策を優先させる政治的判断ゆえに，内閣府ウェブサイトのトップページから「地方分権」のバナーが消えたままになっている新政権の分権改革戦略がどのようなものかは定かではないが，旧政権時代に進めた「条例制定権の拡大」の実態については，是非とも検証してもらいたい。また，研究者においても，対応状況の実態調査は，今後の改革の進展を考えるうえでも不可欠の作業である。出石・前註21）論文は，こうした対応を「愚行」と表現する。たしかにそのようにも思われるが，決定すべき内容の質および決定の強制措置に鑑みれば，少々厳しい評価であろう。

52）　逢坂誠二『自治体のカタチはこう変わる』（ぎょうせい，2012年）84～85頁。

53）　地方自治法制度研究者であっても，枠組みそれ自体に対する疑問はそれほど持たれていないようにもみえる。この点について，大森・前註44）書243頁，兼子・前註21）書9頁参照。

こにもない。

5　2つの一括法を受けた枠付け緩和の条例対応

(1) 明文規定ある法律実施条例

　条例制定権の拡大にもとづく自己決定は，当時の中央政府が進める枠付け緩和施策のキャッチフレーズであった[54]。制定が予定された条例（以下「枠付け緩和対応条例」という）は，どのような性格を持つものであろうか。【図表8.1】を用いて説明しよう[55]。

　まず，枠付け緩和対応条例は，法律からは独立した「①独立条例」ではなく，「②法律実施条例」である。それは当然に，「❶法律と規制対象を同じくする条例」になる。そして，明文主義としてみたように，個別法の根拠を有する「ⓐ法律規定条例（分任条例）」である。その内容は多様でありうるが，今回の条例は，3つの基準により示された内容を自治体において確定する「(ウ)内容確定条例」である。

(2) 2013年3月31日と現在

　まさに「イケイケ，ドンドン」調の内閣府地域主権戦略室（当時）の督促もあり，条例制定を義務づけられた自治体は，前述のように外注をしたところも含めて，2013年3月31日までに，何とか関係条例の制定を完了した。とりわけ，2012年度において，条例制定状況が芳しくないと懸念する内閣府は，ことあるごとにその状況や「先進事例・優秀事例」を公表・紹介し，また，対応状況の数字をあげ，腰が重いようにみえる自治体を叱咤激励していた[56]。雑

---

54)　大村・前註1）解説，同・前註6）解説参照。

55)　分権改革のもとの条例論は，条例を的確に分類したうえで展開されるべきものであるが，そうした作業をしないままに，徳島市公安条例事件最高裁判決（最大判昭和50年9月10日刑集29巻8号489頁）を参照しつつ漫然と論じられていることが多いのは，何とも不可解である。

56)　井上貴至「義務付け・枠付けの見直しに関する条例制定」自治実務セミナー51巻6号（2012年）12頁以下，大村慎一「義務付け・枠付けの見直しに関する条例制定の動向」自治体

【図表 8.1】　法律に対する条例の効果の観点からみた条例の諸類型

条例	①独立条例	❶法律と規制対象を同じくする条例	ⓐ法律前置条例	
			ⓑ法律並行条例	(ア)要件・手続追加（横出し）条例
				(イ)要件・手続加重（上乗せ）条例
		❷法律と規制対象を異にする条例		
		❸法律の未規制領域を規制する条例		
	②法律実施条例	❶法律と規制対象を同じくする条例	ⓐ法律規定条例（分任条例）	(ア)要件・手続追加（横出し）条例
				(イ)要件・手続加重（上乗せ）条例
				(ウ)内容確定条例
			ⓑ法律非規定条例（狭義の法律実施条例）	(ア)要件読込み（具体化・詳細化・顕在化）条例
				(イ)要件・手続追加（横出し）条例
				(ウ)要件・手続加重（上乗せ）条例

出典：筆者作成。

誌等に寄稿される取組状況の報告記事や解説などは，まさに実況中継さながらであった[57]。

　2012 年 11 月の衆議院解散により，さらなる枠付け緩和策が盛り込まれていた第 3 次一括法案は，審議未了で廃案となったが，当初，第 4 次一括法対応分とされていたものも含め，新第 3 次一括法として上程された。枠付け緩和対応

法務研究 31 号（2012 年）6 頁以下参照。

57)　地方財務 697 号（2012 年）は，大村慎一「『義務付け・枠付けの見直し』に伴う地方公共団体の条例制定の取り組み」（2 頁以下）のほか，7 自治体の対応を伝えるが，その典型例である。前註 56）の自治体法務研究 31 号も，大村解説のほか，5 自治体の対応を伝える。近藤貴幸「義務付け・枠付けの見直しに関する地方独自の基準事例について」地方自治 775 号（2012 年）52 頁以下も参照。

事項の整理および対応条例の制定の作業は，暫時休戦となった。筆者は，この機会は，条例の活用による枠付け緩和を考える際の重要な時間をもたらしたと考え，2つの一括法による対応を，より長い時間のなかで位置づけて，今後のあり方を展望することが重要と思っていたが，基本的には，従前の枠組みで作業が再開された。自治体行政関係者や分権研究者の間には，今回のようなやり方は基本的に適切なものであり今後も繰り返されるというような認識が，無意識のうちに一般化しているように思われるが，そのように固定化して考えることは，分権推進にとって決して適切ではない。

6　枠付け緩和のための条例対応の諸方式

(1) 個別法改正方式

　枠付け緩和を実現するための方策としては，いくつかのものが考えられる[58]。これまでみてきたように，第1次一括法・第2次一括法は，関係する法律をすべてひとつの法律にまとめてで改正する「個別法改正方式」であった。おそらくは，今後も「第n次一括法」として，予定されているやり方である。条例でできることを明示するという意味で，ポジティブ・リスト方式といえる。

　しかし，この方法が唯一というわけではない。3つについてみておこう。

(2) 通則法方式

　第1は，通則法方式である。この方式の前提には，個別法改正方式の場合には，反対解釈によって，それがされていない法律については条例決定ができないとされることへの懸念がある。そこで，「個別行政分野の法令の規定について，横断的に，包括的・一般的に，条例による法令の補正等が可能であることの根拠となる通則的な法律の規定を設けて，例外となる法令の規定を特に法令で定める」のである[59]。具体的には，以下のような規定を地方自治法に追加

---

58)　川﨑（編著）・前註1）書111頁［岡田慎一執筆］は，表現は異なるものの，同様の整理をする。

59)　松本・前註12）論文91〜92頁。本論文では，松本説を扱うが，ほかに通則法説をとるも

するべきとされる。

> 　地方公共団体は，当該地方公共団体が特定の施策を実現するために特に必要がある場合においては，日本国憲法第 92 条に規定する地方自治の本旨に則る国と地方公共団体との関係の向上のための特例措置として，法律に特別の定めがある場合を除くほか，条例で，当該地域の自然的，社会的条件その他の事情に応じて，法令の規定の全部又は一部を適用せず，又は法令において定められた制限を強化し，附加し，補完し，若しくは緩和することができる。

　通則法方式によれば，個別法律に条例制定ができない事項が具体的に規定されることになる。ネガティブ・リスト方式である。これは，法定自治体事務については条例が基本的に可能であることを前提としつつ，例外的にそれができない場合を明記するものであり，分権改革の制度趣旨に則した方法である。

　通則法の施行日をいつにするかはさておき，個別法については，それまでの間に，必要であれば，ネガティブ・リストを規定する法改正をしなければならない。それができずに施行日が到来すれば，解釈上条例制定ができないと考えられる事務以外については，条例制定が可能になるのである。ポジティブ・リスト方式との関係では，まさに「攻守逆転」である。

　通則法方式をとる説は，それがなければ条例は制定できないと考えているのかどうかは，必ずしも明らかではない[60]。上記横断条項は憲法のもとで何ら創設的な効果を持つものではなく，憲法 92 条を分権改革の制度趣旨に鑑みて確認したにすぎないと考えているのであれば，そうした規定がなくて条例は可

　のとして，岡田・前註 33) 論文，同「自治通則法（仮称）制定の提案 (1)(2・完)」自治研究 86 巻 4 号 105 頁以下・5 号 124 頁以下（2010 年）参照。岡田説は，松本説よりも条例対応ができる対象がより広い。礒崎・前註 15) 論文 201〜202 頁は，通則法と個別法ネガティブ・リスト方式の組合せを提案している。宮脇淳『創造的政策としての地方分権――第二次分権改革と持続的発展』（岩波書店，2010 年）205〜206 頁も参照。

60)　通則法説をとる松本英昭は，「法律で『条例で定める（定めることができる。）』としている場合でも，その地方公共団体の自治立法権は，憲法 8 章の地方自治に関する規定に根拠を有するものであり，法律の当該規定は，自治立法権の行使が憲法 94 条の「法律の範囲内」であることを示すとともに，当該事項について定める法形式は，地方公共団体の条例とすることを定めているものとみるべき」としている。松本・前註 41) 書 109〜110 頁。これによれば，後にみる憲法 94 条直接適用方式であるようにもみえる。

能ということになる。しかし，何らかの条文がなければ安定性を欠くために，補正の種類を可能なかぎり具体的に表記したのである。

　一方，そうではなくて，横断条項がないかぎり条例制定はできないというように創設的に考えているのであれば，それが実現しないかぎりは，個別法改正方式と同じ結果になる。2つの一括法により，条例対応が可能になっていることとの関係が問題になるが，現に，通則法は制定されていないから，この立場を厳格に考えると，対応されていない自治体事務については，条例は制定できないということになるだろう。

　なお，この通則法方式に対しては，『第3次勧告』が，牽制球的なコメントをしている点が注目される。同勧告は，「個別の法令の内容を問わず，通則規定で条例による国の法令の「上書き」権を保障することをめぐって様々な意見があるが，」としたうえで，次のように述べる。

・法律の制定は，「国権の最高機関」とされている国会によって行われること（憲法第41条）。
・地方自治体の条例制定権は「法律の範囲内」とされていること（憲法第94条）。
・政令は「憲法及び法律の規定を実施するため」に，府令・省令は「法律若しくは政令を施行するため，又は法律若しくは政令の特別の委任に基づいて」制定されるものであり，特に，それらによって罰則を設けたり義務を課したり国民の権利を制限したりするのはすべて法律の委任に基づいて行われるものであること（憲法第73条，内閣法第11条，内閣府設置法第7条，国家行政組織法第12条参照）。
等を踏まえつつ，引き続き，慎重な検討が必要である。

　中央政府の解釈によれば，「通則法レベルで，法律の特定の規定と異なる規定を条例によって設けることを一般的に許容する規定を法律に設けることは許容されないものと考えられる」という趣旨のようである[61]。

　内閣法制局の姿勢については先に指摘したが，それが『第3次勧告』の記述の前提になっていると感じられる。「委任」という文言が特徴的である[62]。論点は，勧告が引用する憲法94条の「法律の範囲内」をどのように考えるかで

---

[61]　田中・前註26）（下）解説47頁。
[62]　小泉・前註33）論文60頁は，「『条例への委任』の観念を委任事務の概念を廃止した地方分権推進委員会自身が持ち続けていたこと」が，こうした認識の遠因となっていると指摘する。

ある。

(3) 一括法方式

　第2は，一括法方式である。個別法に条例を可能とする規定がなければ条例は制定できないという認識を前提にしつつ，「この法律の実施に必要な事項は条例で定めることができる」という規定を個別法に規定するというものである[63]。「この法律」とは，条例が可能な法律であるとすると，当該法律に上記規定を追加する一部改正を一括法という手段により実現するのである。通常，地方自治法の規定など原課は参照しないため，担当する法律に明示規定がある方がメッセージとしての効果が高まるということはいえそうである。

　そうした規定がないかぎりは法定自治体事務であっても条例制定はできないとするのであれば，個別法改正方式と同じである。しかし，違いは，どの事項について条例対応をするかを自治体が自立的に決定できるという点にある。ここでも，通則法方式と同じ議論が妥当する。すなわち，条例規定が創設的意味をもつのであればその欠缺は条例制定の否定を意味するし，確認的意味を持つのであれば，次にみる憲法94条直接適用方式と同じになる。

(4) 憲法94条直接適用方式

　第3は，憲法94条直接適用方式である。反対解釈による条例制定権の不拡大に対する懸念を，通則法方式や一括法方式と共有する。そのうえで，より原理的に考えて，個別法に規定がなくても，憲法94条のみを根拠に，実質的に通則法方式の提案条文が規定するような条例対応を可能とする考え方がある。通則法方式を否定するのではなく，それは憲法94条の確認規定とみるのである。立法論ではなく，解釈論である。自治体職員は，明文規定があると安心できるから，通則法方式や一括法方式はその点で優れているのであるが，そのような法律制定・改正が容易に実現しないことを考えると，自治的解釈により「勝手に」進めるのが現実的である。

---

　63)　大森・前註44) 書394〜398頁，北村喜宣「法令の規律密度をいかにして緩和するか」同・前註16) 書52頁以下・57〜58頁，同「一括挿入！——条例制定権の明確化」同・前註36) 書17頁以下参照。

　周知のように，憲法29条３項に関しては，個別法に損失補償規定がない場合の解釈論として，立法指針説（プログラム規定説），違憲無効説，直接請求権説（適用説）があるところ，最高裁は，直請請求権説に立っている（最大判昭和43年11月27日刑集22巻12号1402頁）。それになぞらえていえば，憲法94条直接適用説である。憲法学において，同条をプログラム規定と解する説はないように思う。直接適用説が，基本とされるべきである[64]。

　もちろん，確認説であっても，当然に憲法94条の「法律の範囲内で」という制約のもとにはある。したがって，条例ではできないことについて規定をすれば，それは違法である。通則法方式が提案するように，それは個別法にネガティブ・リスト方式で明記されることが望ましいだろう。もっとも，直接適用方式は，そうした対応が基本的にされていない現行法状態を前提にするので，異なった整理が必要になる。

　法定自治体事務といっても，すべてが自治体の事務というわけではない。モデル的には，①国の役割として全国一律的に規定する部分，②自治体による地域特性適合的対応が認められる部分，から構成される。①は，条例制定が本来的に否定される部分である。これに対して，②に関しては，法政策的に条例制定を否定することもありうる。したがって，この部分について，ネガティブ・リスト方式が必要になる。逆にいえば，法定自治体事務について，①でないかぎりは，原則として条例は可能である。どの法律のどの事務のどの部分について条例を制定するかは，当該事務の主体である自治体が判断する。この整理にもとづけば，２つの一括法のように，規定がなければ条例ができないのではなく，規定がなければ条例を否定できないことになる。

　２つの一括法制定に至る過程においては，地方分権改革推進委員会が相当に苦労をして，29法律100条項についての条例規定明文化を実現した。直接適用方式のもとでは，先にもみたように，苦労する立場が逆転することになる。すなわち，法律所管省庁が，ネガティブ・リストにアップする内容を選んで，十分な理由とともに，分権改革担当組織と交渉し，そこで「やむなし」と認められて初めて，条例を否定することが可能になる。積極的に動かなければなら

──────────
　64）　岩﨑・前註1）書103頁，小泉祐一郎「自治体の事務の区分と条例」北村ほか（編）・前註
　　　15）書238頁も参照。

ないのは，各省庁の方になる。「立証責任」という文言を用いるのはいささか不適切ではあるが，わかりやすくいえば，立法にあたっての立証責任が転換されることになる。分権の大きな流れのなかで，「条例が制定できない事務と制定できない理由」を，説得力をもって説明するのは，相当の難事だろう。

7　「分権国会」の立法者意思

　第 1 次分権改革において地方分権推進委員会が作業をしていた途中まで，法定受託事務に関して条例は制定できないといわれていた。それが，内閣法制局の見解により「急遽」修正されたとされる。この認識の変更は，当時の委員会関係者にとっても唐突だったようである。

　それを踏まえてなされた第 145 回国会における地方分権一括法案審議の一場面を確認しておこう。同国会における法案審議内容は，最近ではあまり振り返られなくなったが，分権改革の「原点」として，たえず意識しておく必要がある。当時の総務大臣は，次のように答弁していた（下線・付番筆者）。

　そこで，今回の改正案の結果，地方自治法第 14 条第 1 項の規定で，法令に違反しない限りにおいて，自治事務であると法定受託事務であるとを問わず，条例制定権の対象になるということなんですね。この場合，条例制定の制約となるのは，その条例が規定する内容に関係する個別の法律の規定及びその解釈ということによるわけですが，いずれにせよ，したがって，①法定受託事務につきましても，法令の明示的な委任を要さないで条例を制定できるようになったということであります。

　ただ，実際には，法定受託事務については，法律や政令などでその処理の基準が定められている場合が多いわけでありまして，結果的に，②条例を制定しなければならない余地というのは少なくなるであろうということは想像されます。

出典：第 145 回国会衆議院行政改革に関する特別委員会議録 5 号（1999 年 5 月 26 日）10 頁〔野田毅総務大臣答弁〕。

　この答弁は，法定受託事務についてされていることを，まず確認しておこう。2 つの一括法の対象となっている法定自治事務は，法定受託事務よりも自治体決定の自由度が高いと一般にいわれることから，下線部①については，より一

層その趣旨が妥当する。一方，下線部②については，法定受託事務は国として相対的に高い責任と関心を持つものであるため，全国統一性を保持する必要があり，条例対象事項が狭くなるとされている[65]。しかし，基準が制定されていなければ，条例による基準設定は可能ということである。

　この答弁の重さは定かではないが，「国権の最高機関」におけるものであり，分権改革の基本をなす整理である。それを一応前提にして，法定自治事務に対する条例の可能性を論ずれば，おそらく，次のような結論になるだろう。

　すなわち，法定自治事務に関する基準が法令に規定されていた場合，自治体はそれを地域特性に適合するように，条例によって修正することができ，それには個別法の根拠を要しない。法定自治事務についても法令で基準が規定されていることはあるが，そのかぎりにおいて法定受託事務と同様に考えるというのでは，両事務の区別はないことになり不合理である。したがって，法定自治事務に関する法令基準は標準とみることができ，「法律の範囲内」で条例制定が可能である[66]。

　第1次一括法および第2次一括法の作業は，「隙間説」「必要説」で行われている。大臣答弁にあるように，それが法定受託事務ならば，条例対応が可能な範囲は限定的であるかもしれない。しかし，可能な範囲について法律の明示的根拠を要さない点では，法定受託事務も法定自治事務も同じである。「自治」事務より「法定」事務であることが強調されすぎている。法定受託事務に関する処理基準（地方自治法245条の9）にも似た「従うべき基準」を法定自治事務に関して設けたことにも，それを感じる。

---

65)　成田頼明「地方自治法の改正──その意義と課題」同『分権改革の法システム』（第一法規，2001年）124頁以下・130頁参照。

66)　自治省『第145回国会（常会）想定問答集（地方分権総論・地方自治法改正関係）』（1999年4月）には，「新たな事務区分の下では，自治事務であっても法定受託事務であっても『法令に違反しない限りにおいて』条例制定権が認められることとなり，条例制定の制約となるのは，当該条例が規定する内容に関係する個別の法律の規定及びその解釈である。」という記述がある。個別法の解釈問題であるとしている点に注目しておきたい。

8　第１次一括法および第２次一括法を受けてのこれから

（1）盛り上がらないマスコミと学界

　第１次一括法および第２次一括法により枠付け緩和と条例による決定が実現されたことに対しては，マスコミも学界も，ほとんど関心がないといってよい状況である。マスコミはともかく，憲法解釈や行政法のあり方について重大な影響を与えうるこの論点について，学界が的確な問題意識を持っていないことについては，素朴な驚きを禁じえない。法環境が根本的に変わったにもかかわらず，機関委任事務時代の認識のままであるかのようである。「現実は変われど行政法は存続する」[67] という事態になっていないだろうか。

　２つの一括法がなした作業，および，おそらくはその延長線上で展開される今後の作業は，それが無自覚に繰り返されるとすれば，憲法92条が保障する地方自治にとって重大な問題がある。その作業を中央政府が担当する以上，中央集権的分権改革になるのは当然の結論というべきかもしれないが，自治体の側がその問題点にあまりに無自覚であるのは，国と自治体の適切な役割分担の観点からは，豊かな地方自治の発展をもたらさないのではないかと危惧される。より大きな枠組みで現象をとらえるべきである。以下，いくつかの点についてコメントをする。

（2）議論の基本的枠組み

　まず，基本的スタンスを明らかにしておきたい。それが自治体の事務であるならば，事務を処理する自治体が条例により，「法律の範囲内」において自己決定できることは，憲法上当然に認められている。前述の通り，①本質的に全国一律的であるべき事項，および，②法政策的にそのようにした方が適切と考えられる事項はあるから，そうしたものについては，条例制定の対象外となる。しかし，基本的に，個別法を改正してそこに規定がなければ条例は制定できないと考えることには，理論的根拠はない。

---

67)　遠藤博也「戦後30年における行政法理論の再検討」同『行政法学の方法と対象』（信山社出版，2011年）45頁以下・67頁。

　また，個別法改正による明文規定必要説のように考えるとすれば，法改正をしない国会の付けが自治体にまわることになる。いかに憲法41条があるとしても，そのような不合理を国会が是認していると考えることはできない。

(3) 分子たる29法律・100条項の分母

　第1次一括法および第2次一括法において，29法律・100条項の事務が，枠付け緩和として実現された。やや大雑把に整理すると，【図表8.2】のようになろう。すなわち，①法定自治体事務のなかで法定自治事務を対象とし，②法律に条例規定がない法定自治事務のうち，③判断基準に従うことを義務づけている法定自治事務のうち，④施設・公物設置管理に関する基準のうち，⑤地方要望があったもの（これは，第1次一括法の前提となった『地方分権改革推進計画』のみ），である[68]。

【図表8.2】　第1次一括法・第2次一括法の枠付け緩和対応事務の絞り込まれ方

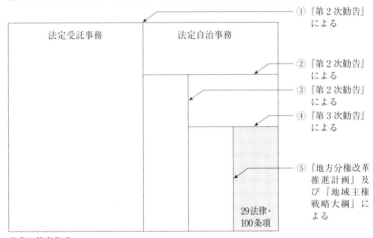

出典：筆者作成。

　このようにして絞られた29法律・100条項は，法定受託事務もあわせた法定自治体事務全体からみれば，どれほどのものなのだろうか。それらを分子と

---

68)　この点に関して，斎藤・前註34）書351頁以下・353頁以下参照。

すれば，分母は何法律であり何条項なのだろうか。簡単な式で表せば，本書Ⅶ論文（135頁）で示したようになる。

　内閣府関係者にヒアリングしたが，対応すべき法律数や条項数がそれぞれいくつになるのかについては，確たる回答はなかった。しかし，「半端な数ではない」ことは確かである。

　2つの一括法で実現した枠付け緩和方式は，今後の政権のもとでも，おそらくは継承されるだろう。それを前提にすると，「第n次一括法」が延々と制定され，それにより，「条例制定権の範囲が拡大」されることになるのだろう。どの事務をどのようなやり方で選ぶのかは定かではないが，事務を処理する自治体が「政省令基準と異なる基準が地域適合的であるから修正したい」と考えても，個別法改正方式はもとより，通則法方式および一括法方式の創設説に立てば，「法律改正がされるまで待ってください。」ということになる。しかも，法律改正により選ばれる事務に関しては，すべての自治体が一致して法令と異なる内容を規定したいと考えているわけではないのである。現在，実施されている提案募集方式のもとでも，この点は，基本的に同じである。

　気が遠くなるような分母の数を思えば，個別法改正方式は，「永久作業」になるのではないだろうか[69]。しかも，場合によっては，「余計なことをしやがって」と迷惑がられ，あるいは，「それではなくこちらを先にすべき」と批判される。それでも，「明文がなければできないところをできるようにしたからヨリマシ」というのであれば，それは分権の名に値しない認識であるといわざるをえない。

9　自治体の「能力」を向上させるための「実験」

(1) 自己決定の強制

　分権改革後も，「居眠り自治体」と揶揄されるように，自分の事務となった

---

[69]　岡田・前註33）論文23頁も，「個別方法を採用していることが地域主権改革を停滞させている大きな原因の1つである」とする。これに対し，斎藤・前註34）論文353頁は，逆の認識を示す。

法環境をまったくいかさずに従来通りの仕事をしているところもあったと思われる。多くの論者の批判的指摘があるように[70]，2つの一括法が関係自治体に行ったのは，条例制定の強制であったが，これは，いわば惰眠をむさぼる自治体を「たたき起こしてプールに放り込んだ」という効果はあった。このショック療法により何とか目が覚めた自治体は，おぼれそうになりながらも死ぬ思いでプールサイドに泳ぎ着いた。すなわち，2013年3月31日までに，何とか条例制定という作業を終了させたのである[71]。

　そうした自治体にとっては，いささか手荒ではあったけれども，どの法律のどの事務を選ぶかという作業対象のすべてを国が決定してくれるという時代がかったやり方は，それなりに意味があったのかもしれない。とにもかくにも「自己決定」ができたのである[72]。

　しかし，分権時代に期待される「自立した自治体」にとっては，条例制定という自己決定ができるのはいいとしても，その範囲はあまりにも狭いというべきである。自治体の事務となったことを重視し，それを地域特性に応じた形で運用しようという意欲のある自治体職員にとっては，内閣府地域主権戦略室関係者が「条例による自己決定権の拡大」を絶賛調で語る様子は，何ともしらけて映るのである。筆者がヒアリングした自治体の法制担当者の多くは，総じてネガティブに評価している。

　決定する法律，そのなかの条項，決定に関する基準のすべてを国が決めたのが，2つの一括法による枠付け緩和である。これをもって「自己決定」と評することができるような人は，それまでの人生において，徹底した管理教育を受け，自由に使うことができるわずかばかりのお小遣いをはじめて与えられて，「ああ，自由になった。」と感じているような人としか思えない。

---

70)　前註42) の諸論文参照。

71)　北村喜宣「不合理の強要？——枠付け緩和作業の意味」同・前註22) 書29頁以下参照。岡田・前註33) 論文28頁は，2010年の時点で，「いきなり野に放たれるようなもので，右往左往する自治体が出かねない」と危惧したが，まさにその通りになった。

72)　北村喜宣「能力無理矢理証明戦略？——条例義務づけの意味」同・前註22) 書32頁以下参照。松下圭一『日本の自治・分権』（岩波書店，1996年）84頁によれば，「居眠り自治体」は，「自治体間競争の過程で，市民の批判によって……目を覚まさざるをえなくなって」いくはずなのであるが，随分と手荒な起こされ方をしたものである。

（2）国の強制的一律主義と自治体の多様性

　２つの一括法による枠付け緩和方策をみていると，その背景には，前述の「強制的一律主義」とも評すべき発想があるようである。すなわち，自治体の自主性に委ねる部分は極小化し，それであっても国が決めた一律的枠組みのなかで一律に義務づけるのである。第１次分権改革後，自分の事務になったにもかかわらず自治体が地域特性を踏まえた条例対応に動かなかったことに対する苛立ちが根底にあるようにも思われる。

　筆者は，こうした一律対応には批判的なのであるが，「居眠り自治体」の視点でみれば，別の風景がみえてくるかもしれない。すなわち，このような強制がなければ，内容は別にして，条例を制定して自己決定をするなど夢にも考えなかった自治体にとっては，貴重な経験であっただろう。限定された範囲での決定であったがゆえに，何とか可能になったのである。目を覚まされたことについては，積極的に評価してよいようにも思う。

　第１次一括法・第２次一括法により，施設・公物設置管理基準について，自治体に「自己決定」をさせたこの一律的取組みは，ひとつの「お試し」であったと整理できないだろうか。自治を進めるためには，自治体のいかんを問わず，とにかく経験させるのが目的であった。従来は「基準は国がつくってそれを適用する」だけであったところ，「基準づくりも適用も自治体でできる」という点に意義を見出し，さらに意欲的に取り組む自治体があるだろう。逆に，「もうこりごり」と感じて，再び長い冬眠に入ってしまう自治体もあるだろう。地方自治の承認は多様性の承認を意味するから，それはそれで自然なことというべきである。かりに今後も強制的一律主義が継続するとすれば，それは合併推進のための新たな戦術ではないかと疑いたくもなる。

10　枠付け緩和のための自治体対応のあり方

（1）「枠付け緩和」はされていないのか？

　これまでの国の作業は，現行法に関して，枠付け緩和はされていないという前提にもとづいている。たしかに，外形的にはその通りである。だからこそ，

「隙間説」「必要説」に立って個別法改正作業をしてきたのである。しかし，理論的には，憲法94条直接適用説に立って，「自治体事務化によって枠付け緩和は基本的にされている」と考えるべきではないだろうか。

　政権交代があっても，強制的一律主義・明文主義にもとづく中央政府の作業方針には，おそらくは変化がない。自治体としては，それに付き合うことになるのだろうが，それ以外の法律に関して何もできないと考える必要はない。あるべき法律像を中央政府に提案するのもよいが[73]，それ以外にも自治体は，立法事実を踏まえ，地域特性に対応できるような内容を法定事務に融合させるべく，法律実施条例を制定すべきである。その基本的適法性は，憲法94条が保障するところである。

　「国と自治体との適切な役割分担」あるいは「法規制の明確性や予測可能性の確保」という観点から求められる法律改正は，第1次一括法および第2次一括法がしたような条例余地を拡大するようなポジティブ・リスト方式の内容ではない。法定自治体事務ではあるが，原理的あるいは政策的に全国一律的に対応されるべきであるがゆえに条例制定の対象にはできない事項を限定列挙するネガティブ・リスト方式の内容である。

　法定自治体事務である以上，条例制定が原則的に可能なことは，憲法94条により明白である。それを破る立証責任を負うのは，「できない」と主張する側にある。

(2) 求められる自立的対応

　「分権時代にふさわしい法律」という観点から中央政府のこれまでの作業をみた場合，日本法の将来について，いささかの不安を抱かざるをえない。いうまでもなく，現行法のほとんどは，第1次分権改革の前に，機関委任事務に典型的な「上下主従の国・地方関係」を前提として制度設計されたものである。その結果，国の仕切り部分が強すぎ，国の決定部分が多すぎ，地域特性への配慮部分が少なすぎる。このような特徴を持つ法律を，ややズームアウトしてみた場合，2つの一括法による枠付け緩和作業は，（表現にいささか品格が欠ける

---

73)　西尾・前註14）書219頁は，提案方式を推奨しているようである。

が，）何ともチマチマしたことをしているように映る。しかし，より大胆な決定権移譲をするような気配は，一向にみられない[74]。悲観論にすぎるかもしれないが，種々の政治的・行政的調整が不可避の中央政府の内発的改革では，今後も，この程度がせいぜいなのだろう。閣議決定された『地域主権推進大綱』（2012年11月30日）をみるかぎり，今後も，「第 n 次一括法」として継続されそうである。2017年現在，「第7次」となっている。

　本章で論じたように，憲法92条が保障する地方自治を実現するためには，法定自治体事務に関して地域特性に適合的な法環境を創出すべく，それを必要とする自治体が，立法事実を踏まえて法律実施条例を制定するしかない。これからの自治体にとって必要なのは，今後も制定されるであろう一括法によって国が選んでくれた事務について，国が選んでくれた基準に則して条例を制定するという「待ちの姿勢」ではない。法令による第1次決定に対して，具体的な立法事実があるのであれば，条例による第2次決定をすることである[75]。住民福祉を向上させるための自主的な試行錯誤は，憲法92条の保障するところである[76]。

（3）訴訟の懸念？

　このようにいうと，「訴訟が増えることが懸念される」という消極的反応がされる場合がある。しかし，行政を被告とする訴訟など，現実には，そう簡単に提起されるものではない。また，されたとしても，それは，徳島市公安条例事件最高裁大法廷判決の射程の及ばない法律実施条例に関する法律牴触性判断基準の創出につながるのである。大きなコストかもしれないが[77]，それは自

74）　具体的方向性として，礒崎・前註11）書184〜185頁参照。

75）　北村喜宣「法律改革と自治体」本書I論文5頁，同・前註10）書37〜38頁参照。

76）　小泉・前註1）書5頁参照。

77）　大村・前註44）セッション発言は，「解釈で，条例をつくって国がつくっている法律と違うことを，違法かどうかすれすれの部分を条例に書いて大丈夫かということについて，予め予見可能性を持って議論するということはかなり難しいと思います。……司法判断がいっぱい出てきて，判例が蓄積されていけばたしかに予見可能性を持って条例がつくれるかもしれませんが，しかしそのコストはおそらく我々が政府のなかでちまちまと第2次勧告まで作業をしながら分権委員会のなかでやっていくよりも大きなコストなのではないか」という。

治体にとっての民主主義のコストであり分権改革のコストである。分権改革は，「第3の改革」であるという。そうであれば，相当のパラダイム転換がされなければならないはずであり，相当の社会的コストが求められるはずである。むしろ，歓迎されるべきものである。それが国家的に許容できないとするのであれば，その理由は何であろうか。

　分権改革の推進は，法律と条例の牴触問題を不可避的に随伴するものであり，それは，地方分権一括法を成立させた国会が当然に想定していたことである[78]。法律に条例規定を完結的に整備することで訴訟の回避を実現しようという発想には，中央政府のパターナリズムを感じる。紛争を事前に内部的に処理したいという古典的発想ではないだろうか。自治体が真に望む法環境を法律だけで十全に提供できると考えているとすれば，半世紀前ならばともかく，現在においては何ともナイーブといわざるをえない。自治体がその方針に従いつつも地域的需要を実現しようとすれば，要綱行政に走るのは火を見るより明らかである。法治主義の観点から，由々しき事態になることを助長する結果になるのである[79]。

（4）2つの一括法の基本原理の不可解さ

　「地方分権なり地域主権を中央集権的に強権的にやるというやり方ではいけない」「地方分権とか地域主権というのは，やっぱり草の根型，地域自発的型の方が，……迂遠なようでも早い」「半ば強制的に市町村がふうふう言いながらやるという，こういう戯画化的なものも起こっておりまして，そうではなくて，やはり自治体の方で自分たちでそれをやると自主的に判断したものを，それにこたえていくというやり方の方が私はいいんだろうと思っております。」

　これは誰の発言だろうか。本論文における筆者の立場のようでもあるが，そうではない。引用部分最後の「私」は，第177回国会における第1次一括法案の担当大臣であった総務大臣なのである[80]。しかし，こうした認識のもとに，

---

78)　成田頼明「四次にわたる地方分権推進委員会勧告の総括──達成できたこと，できなかったこと」同・前註65）書48頁以下・53頁参照。

79)　塩野宏「自治体と権力」同『法治主義の諸相』（有斐閣，2001年）351頁以下・366〜367頁参照。

なぜそれとはかなり異なるように思われるやり方の法案が提出され，議論され，そして，可決されるのか。何とも不可解である。

　国と自治体の適切な役割分担は，憲法92条にもとづくものである。中央政府は，もちろんそれに従っていると考えているはずである。2000年から数えて15年程度では，この概念の内実は確定しないのだろう。そうであるからこそ，自治体としては，自らの周到な法解釈を踏まえた政策法務の実践を怠ってはならないのである。

---

80)　第177回国会参議院総務委員会会議録10号（2011年4月28日）10頁［片山善博総務大臣答弁］。

IX 『個性を活かし自立した地方をつくる
——地方分権改革の総括と展望』を読む
——枠付け見直しの観点から

> 　地方分権改革有識者会議は，数次の地方分権一括法によりなされた「義務付け・枠付けの見直し」について，「地方の法的自主自立性が高まる」とするが，過大な自己評価である。それを進めるための手段である「提案募集方式」について，提案対象に限定がされていないのは適切であり，修正を必要とする法令制度に対して現場実態を踏まえてなされる自治体の提案に柔軟に対応するのであれば意味がある。自治体には，同会議の期待のように，自主的・自立的な行政運用を通じて把握した支障事例を国に教授する役割がある。さらに，自治体は，それとは別に，独自に条例対応をすることを通じて，修正を必要とする法令制度を地域特性適合的にする取組みを進めればよい。

1 「導きの星」

　第1次分権改革および第2次分権改革においては，それぞれを進めるエンジンのような組織が存在していた。取り組むべき課題の大きさ，および，その当時の政治状況に応じて体制には違いがあるが，前者においては，地方分権推進委員会であったし，後者においては，地方分権改革推進委員会であった。そして，その次は，同じく内閣府に設置された地方分権改革有識者会議（以下「有識者会議」という）が，分権改革の作業を継承した。

　2013年4月に発足した同会議は，組織的には，内閣総理大臣を本部長とす

る地方分権改革推進本部のメンバーの 1 人である内閣府特命担当大臣（地方分権改革）のもとに置かれる。事務局は，内閣府地方分権改革推進室が務めている。同会議のミッションは，「地方分権改革の推進を目的として，地方分権改革の推進に関する施策についての調査及び審議に資する」[1] ことにある。時限立法にもとづく設置であった前記 2 委員会[2] とは異なり，法律上の根拠のない有識者会議は，時限的設置とはなっていない点を確認しておきたい。

　発足以来，有識者会議は，権限移譲に関する議論を進める一方で，「地方分権改革の総括と展望」に関するヒアリングと議論に時間をかけ，2013 年 12 月10 日に，『個性を活かし自立した地方をつくる──地方分権改革の総括と展望（中間取りまとめ）』（以下，『中間取りまとめ』という）を公表した[3]。その後，同会議は，地方六団体からのヒアリングや地方公聴会などを踏まえて議論を深め，2014 年 6 月 24 日に，『個性を活かし自立した地方をつくる──地方分権改革の総括と展望』（以下，『最終取りまとめ』という）を公表した[4]。同文書は，2013 年 4 月以降に開催された 14 回の会議の集大成である。なお，閣議決定はされていない。

　『最終取りまとめ』は，有識者会議の今後の議論の大きな方向性を確定することになる。そこで示された「総括と展望」とは，どのようなものなのだろうか。分権改革の推進にとって的確な認識が示されているのだろうか。本論文では，有識者会議が，異例なまでの力を込めて「地方分権改革の今後の進むべき方向を明らかにするもの」であり，「国，地方，何より改革の主役である住民の導きの星」と自称・自讃する文書について，枠付け見直しの観点から，若干の感想を述べる。

---

1)　内閣府特命担当大臣（地方分権改革）決定「地方分権改革有識者会議の開催について」（平成 25 年 4 月 5 日）参照。

2)　地方分権推進委員会の法的設置根拠は地方分権推進法第 4 章であり，地方分権改革推進委員会のそれは地方分権改革推進法第 4 章である。

3)　『中間取りまとめ』に至る背景および解説としては，谷史郎「『個性を活かし自立した地方をつくる（地方分権改革の総括と展望〔中間取りまとめ〕）』について」地方自治 796 号（2014年）36 頁以下参照。

4)　『最終取りまとめ』は，閣議決定ではなく，総務大臣への報告という形式をとっている。

2 「はじめに」

(1) 概　要
『最終取りまとめ』は，次のように語り始める。

　地方分権改革の起点となった衆議院及び参議院両院の「地方分権改革の推進に関する決議」から20年が経過し，第1次・第2次地方分権改革が進められてきた。その過程を振り返れば，改革は「1日にして成る」ような性格のものではなく，段階を追って積み上げていく，息の長い取組であることが改めて実感される。

　筆者のように，中央政府の作業を外野席からながめているだけの観客であっても，1993年[5]以来の政治的・行政的動きについては，なるほどその通りだと感じる。担当者は異動すれども，一連の作業の事務方となってきた内閣府地方分権改革推進室（民主党政権時代は，地域主権戦略室）の組織としての想いはいかばかりかと推察する。

　これまでの分権改革について，『最終取りまとめ』は，「機関委任事務制度の廃止や義務付け・枠付けの見直しなど数多くの具体の取組を行った結果，地方の法的な自主自立性が高まるなど，地方分権の基盤はおおむね構築された」とする。その一方で，「地域社会における諸課題は複雑化しており，それを画一的な方法で解くことはできず，それぞれの地域の実情に応じた柔軟な対応が求められている」とも認識する。ここでは，『中間取りまとめ』の記述が維持されている。

(2) コメント
(a)　ある違和感
　『最終取りまとめ』によれば，「地方分権の基盤はおおむね構築された」のは，

---

[5]　一般に，1993年6月に行われた衆議院・参議院における地方分権推進の決議をもって転換点とされる。同決議については，西尾勝（編著）『分権型社会を創る——その歴史と理念と制度』（ぎょうせい，2001年）4〜6頁［西尾執筆］，松本英昭『新地方自治制度詳解』（ぎょうせい，2000年）23〜24頁参照。

機関委任事務制度の廃止および義務付け・枠付けの見直しによるところが大きいようである。たしかに，前者についてはそうであろう。この点に関しては，「第一次分権改革という，基本 OS の転換にも喩えられるほどの法制度原理的な変換」と評されているところである[6]。このような評価は，広く一般化していると思われる。機関委任事務制度全廃の法的インパクトは，長期的にみるならば，おそらくは，現在の私たちが認識している以上に大きなものであろう。たしかに，「地方分権の基盤を構築した」と評して過不足がない。『最終取りまとめ』が述べるように，現在は，「基盤となる基本ソフト（OS）の上で，応用ソフト（アプリ）を自在に動かし，改革の実を挙げていく段階」にあるのである。

　一方，これと等置される形で「義務付け・枠付けの見直し」があることには，違和感を禁じえない。これは，「地域の自主性及び自立性を高めるための改革の推進を図るための関係法律の整備に関する法律」という同名の法律（いわゆる，第 1 次一括法，第 2 次一括法，第 3 次一括法，第 4 次一括法）により実施された一連の措置を指しているのだろうが，枠付け緩和に関するかぎりでは，「地方の法的な自主自立性が高まる」というような手放しの過大評価は，少なくとも現在のところ，一般にはされていないように感じる[7]。たしかに，中央政府が政省令によって決定していた事項が条例決定に開放されたため，そのかぎりに

---

6)　磯部力「分権改革と『自治体法文化』」北村喜宣＝山口道昭＝出石稔＝礒崎初仁（編）『自治体政策法務』（有斐閣，2011 年）61 頁以下・65 頁。「OS」という比喩を最初に使ったのは，森田朗教授であったようである。地方自治制度研究会（編）『地方分権 20 年のあゆみ』（ぎょうせい，2015 年）6 頁［磯部力発言］参照。

7)　筆者の認識として，北村喜宣「2 つの一括法による作業の意義と今後の方向性──『条例制定権の拡大』の観点から」本書Ⅷ論文参照。そのほかにも，高橋滋「地方分権はどう進んだのか──『義務付け・枠付け見直し』を中心に」自治体法務研究 24 号（2011 年）6 頁以下，礒崎初仁『自治体政策法務講義』（第一法規，2012 年）180 頁以下，嶋田暁文「『第 2 次分権改革』の総括と自治体に求められる工夫──地域の実情に合った基準の設定および運用を目指して」季刊行政管理研究 142 号（2013 年）15 頁以下，白藤博行『新しい時代の地方自治像の探求』（自治体研究社，2013 年）182 頁以下参照。自治体行政実務家も，それほどの評価はしていない。たとえば，津田啓次「自治体における義務付け・枠付けの見直しへの対応──大阪府松原市の取組から」自治総研 422 号（2013 年）93 頁以下，濱田律子「『義務付け・枠付けの見直し』への対応と今後の課題──兵庫県伊丹市の経験を踏まえて」自治総研 423 号（2014 年）92 頁以下参照。

おいては，自治体の自主自立性は高まったといえる。しかし，それは，きわめて限定された分野に関して形式的にみればそうなるということであって，およそ無条件に評価できるものではない。

(b)　ついてこない意識

『最終取りまとめ』は，基盤はすでに構築されたと認識している。しかし，少なくとも枠付けの見直しに関するかぎり，作業は始まったばかりであるし，その枠組みについても，確定したとはとてもいえない。

先に引用したOSの比喩を受けて，「その転換の真義は法意識のレベルにおいては十分に理解されるところまでには至らず，新OSの性能も実力も十分発揮されるチャンスを与えられぬまま推移している」という現状評価がある[8]。これは，自治体職員の意識を前提にしたものであるが，中央政府においても妥当するように思う。以下，『最終取りまとめ』の記述に即して考えてみよう。

3　「1　今求められる地方分権改革の全体像」

(1)　概　要

(a)　改革推進のための2つの手法

「今求められる地方分権改革の全体像」と題する章で，『最終取りまとめ』は，「これまでの地方分権改革が積み上げてきた成果や残された課題について総括を行った上で，今求められる改革の全体像を明らかに」しようとする。義務付け・枠付け緩和に関しては，次のように述べる。

> ……機関委任事務制度の廃止や国の関与に係る基本ルールの確立が行われるとともに，地方に対する事務・権限の移譲（以下「権限移譲」という。）や地方に対する規制緩和（義務付け・枠付けの見直し及び必置規制の見直しをいい，以下「規制緩

---

8)　磯部・前註6)論文65頁。自治体の対応の不十分さについて，いささかの苛立ちをもって評価するものとして，西尾勝「地方分権改革の流れと路線」同『自治・分権再考──地方自治を志す人たちへ』（ぎょうせい，2013年）59頁以下・75頁参照。

和」という。）を網羅的に推進するなどにより，地方全体に共通する基盤となる制度を確立した。これにより，地方公共団体について，自治の担い手としての基礎固めが行われた。

『最終取りまとめ』は，分権改革が目指すべきミッションについて，「個性を活かし自立した地方をつくる」ことであるとする。義務付け・枠付け見直しは，そのための方策として位置づけられている。ミッションを追求するにあたってのビジョンのひとつとして，「まちの特色・独自性を活かす」ことがあげられている。具体的には，次の通りである。

国による縛りや指図から脱して，自ら考え，地域にある可能性を最大限追い求めることにより，それぞれの地域に応じた最適な政策が繰り広げられる。
・地域の個性や地域資源が最大限活かされる。
・地域課題の解決に向けた独自の対応が可能になる。
・枠にはまらない独自の発想による施策が展開される。
・各地域がそれぞれを意識して競い合うことで，魅力ある施策が展開され，住民の豊かさが向上する。　など

そのうえで，「改革の進め方」が語られる。『中間取りまとめ』は，やや唐突ながら，「提案募集方式」および「手挙げ方式」を挙げていたが，それが継承されている。これらは，「重要な手法」とされ，「政府として，こうした手法が有効に機能するための推進体制を整備する必要がある。」とされている。それぞれはどのようなものであろうか。『最終取りまとめ』も，提案募集方式および手挙げ方式という２つの方式を示している。以下では，枠付け緩和に関係のある提案募集方式を検討する。

(b)　提案募集方式

提案募集方式は，全国的な制度改正の提案を自治体から募るためのものである。提案の内容は，一自治体の事情によるものではなく，全国的に展開しうるものであることが想定される。地方六団体から提案されなければ取りあげないのではなく，それを尊重しつつも，提案主体を「都道府県，市区町村，一部事

務組合，広域連合，……地方公共団体を構成員とする任意組織」としている[9]。
『中間取りまとめ』では，「地方公共団体の職員の任意の組織」が明示されていたが，『最終取りまとめ』からは落とされている。その代わり，提案主体は，「経済団体，各種関係団体，NPO，職員グループなどからの意見も提案に反映するよう努める。」とした。『中間取りまとめ』は，「柔軟な形での提言が出てくるよう」にと提案主体を緩やかに考えていたのであるが，「地方公共団体の職員の任意の組織」からの直接提言ルートは明確に排除され，格下げされた。理由は必ずしも明らかではないが，方針転換がされている[10]。

　対象とされるのは，権限移譲と規制緩和である。規制緩和に包含される枠付け緩和に関する提案もされることになる。導入は，「本年から」（＝2014年から）とされる。

　提案募集方式に関する『最終取りまとめ』の記述は，『中間取りまとめ』よりも詳細になっている。その後の検討を踏まえて，議論が具体化したことをうかがわせる。

　進め方について，『最終取りまとめ』は，次のように説明する。

　提案を受けた政府の対応としては，内閣府が，受け付けた提案について，その実現に向けて関係府省と調整を行う。内閣府は，提案が出そろった段階で全体を整理し，特に重要と考えられる提案については，地方分権改革有識者会議又は専門部会で，集中的に審議を行い，実現に向けた検討を進める。その際，地方六団体からも意見を聴取する。提案に関する対応方式は，年末までに地方分権改革本部決定及び閣議決定を行い，所要の法律案を国会に提出する。

---

9)　「6団体についても，結局現実的には，全国の自治体の総意として意見を取りまとめないと，なかなか国のほうは協議に応じてくれない」という実情があったとすれば（小幡純子＝曽和俊文「〔討論〕討議のまとめ」ジュリスト1413号（2010年）31頁以下・35頁［岡田博史発言］），提案主体の範囲の緩和には意味がある。

10)　第1次一括法案の策定過程において，いわゆる支障事例が地方六団体を通して地方分権改革推進委員会に届けられたが，その際，中央府省は，「どの自治体がそんなことを言ったのか」という「犯人捜し」をしたという。何とも次元が低い話である。提案募集方式においては，提案者は明示されるだろう。関係府省が提案ゆえに不利益的取扱いをすればそれは直ちに内閣府特命担当大臣のもとに連絡され，厳正な措置が講じられるよう期待したい。

　なお，提案募集に関しては，内閣府地方分権改革推進室が，「地方分権改革に関する提案募集の実施方針」（平成 26 年 4 月 30 日地方分権改革推進本部決定）にもとづいて，2014 年 5 月 20 日〜7 月 15 日の期間をかぎり，提案募集を受け付けていた（事前相談受付期間は 5 月 1 日〜7 月 15 日）。提案主体は，『最終取りまとめ』と同じであり，先取りして記述・実施されている。この方式は，2017 年現在も継続している。

(2) コメント

(a)　過大評価？

　『最終取りまとめ』は，第 1 次分権改革によって，「地方全体に共通する基盤となる制度を確立した」という。それを踏まえて考えなければならないのは，確立したとされる制度のもとで，現実の法令状態をいかに地方自治の本旨に適合するように改変していくかである。あるいは，それが変わらなくても，自治体の自己決定によって，いかに地方自治の本旨に適合する状態が実現できるかである。

　ビジョンのひとつとして掲げられる「まちの特色・独自性を活かす」は，そうした問題意識を持っているようにもみえる。ところで，ここでいう「国による縛りや指図から脱して」とは，どのような意味なのだろうか。「縛りや指図」といういささか情緒的な表現からは，義務付け・枠付けが想起される。「脱する」というのは，それらを撤廃・緩和するという趣旨だろうか。そうであるとすれば，このビジョンは，数次の一括法を通じて実施された内容を確認的に表現したようにも思われる。

　しかし，冒頭にも記したように，自治体現場においては，とてもそのように積極的には受け止められていない。もちろん内閣府には，決定権が拡大したというような声は届けられているが [11]，それだけを踏まえての認識であるのならば，いささか過大評価となっているといえる。

---

11)　義務枠見直し条例研究会（編著）『義務付け・枠付け見直し独自基準事例集』（ぎょうせい，2013 年）（以下「事例集」として引用）の 105 頁以下で紹介される事例は，そうした認識に立つものである。

(b) 提案募集方式

㋐ 制度改正につなげる

提案募集方式の活用によって実現が期待されるのは,「全国的な制度改正」である。すなわち,『最終取りまとめ』が「所要の法律案を国会に提出」というように,自治体の側から内閣提出法案のネタを提案するのである。それが中央政府において,府省調整を経て合意が調達できれば,関係個別法の修正となる。その実現は,従来のように,一括法方式になるのかもしれないし,個別法一部改正方式になるのかもしれない[12]。いずれにせよ,国会の法律改正により実現する点では同じである。

上述のように,事前相談を経た提案募集は,2014年前半期に試行的に受け付けられていた。提案された案件は関係府省に転送され,対応が検討された。

㋑ 先例としての特区方式

提案募集方式は,2002年に制定された構造改革特別区域法(構造改革特区法)で導入された方法である[13]。同法は,「地方公共団体は,単独で又は共同して,構造改革特別区域基本方針に即して,当該地方公共団体の区域について,内閣府令で定めるところにより,構造改革特別区域として,教育,物流,研究開発,農業,社会福祉その他の分野における当該区域の活性化を図るための計画(……「構造改革特別区域計画」……)を作成し,内閣総理大臣の認定を申請することができる。」と規定している(4条1項)。申請を受けた内閣総理大臣は,①基本方針への適合,②適切な経済社会的効果の期待,③円滑・確実な実施の観点から審査し,関係行政機関の長の同意を得て,申請を認定する(同条9項)。要は,「申請認定方式」である。

この方式は,その後,2011年に制定された総合特別区域法(総合特区法)で踏襲された[14]。同法は,指定地方公共団体等に対して,「内閣総理大臣に対し

12) 法律の一部改正の場合には,改正を要するような重要事項が必要とされる。それほどの重みはないけれども改正が必要であれば,一括法方式による改正となるのだろう。霞が関では,一括法方式は「船に相乗りさせる」という比喩で認識されている。

13) 恩地紀代子「構造改革特区法とNPM」関西大学大学院法学ジャーナル74号(2003年)141頁以下,高橋幸生「構造改革特区制度の創設」時の法令1693号(2003年)6頁以下参照。

14) 大瀧洋「総合特区制度の創設──先駆的取組を行う実現可能性の高い区域に国と地域の政

て，新たな規制の特例措置その他の特別の措置（……「新たな規制の特例措置等」……）の整備その他の国際戦略総合特別区域における産業の国際競争力の強化の推進に関し政府が講ずべき新たな措置に関する提案……をすることができる。」と規定する（10条1項）。提案を受けた内閣総理大臣は，提案を踏まえた新たな措置を講ずる必要があると認めるときは閣議決定を求めなければならない（同条4項）。

　同年に制定された東日本大震災復興特別区域法（復興特区法）は，より踏み込んでいる[15]。すなわち，認定公共団体等は「内閣総理大臣に対して，新たな規制の特例措置その他の特別の措置（……「新たな規制の特例措置等」という。）の整備その他の申請に係る復興推進計画の区域における復興推進事業の実施等による復興の円滑かつ迅速な推進に関し政府が講ずべき新たな措置に関する提案……をすることができる。」と規定する（11条1項）。提案を受けた内閣総理大臣は，「関係行政機関の長の意見を聴いて，当該提案を踏まえた新たな措置を講ずる必要があると認めるときは，遅滞なく，復興特別区域基本方針の変更の案を作成し，閣議の決定を求めなければならない。」（同条4項）。ここまでは総合特区法と同じであるが，復興特区法は，国会に対する提案を規定する。「認定地方公共団体等は，新たな規制の特例措置等の整備その他の申請に係る復興推進計画の区域における復興推進事業の実施等による復興の円滑かつ迅速な推進に関する措置について，国会に対して意見書（……「復興特別意見書」という。）を提出することができる。」（同条8項）。そして，「国会は，復興特別意見書の提出を受けた場合において，当該復興特別意見書に係る措置の円滑かつ確実な実施のために必要があると認めるときは，所要の法制上の措置を講ずるものとする。」（同条9項）。非常時であるからか，内閣に対する「提案ルート」に加えて，国会に対する「直訴ルート」も開いたのである。

　㈢　特区方式との違い
　『最終取りまとめ』にいう提案募集方式は，平時を前提とするから，全国的

策資源を集中」時の法令1902号（2012年）32頁以下参照。
15)　礒崎初仁「東日本大震災復興特別区域法の意義と課題（上）（下）──円滑・迅速な復興と地方分権」自治総研403号1頁以下・同405号1頁以下（2012年）参照。

な制度改正に関しては，おそらく，総合特区法の規定ぶりのような内容を想定しているのだろう。そうなると，内閣に相当の裁量が留保されることになる。この点，有識者会議が主催した地方懇談会の場では，自治体側から，「実現率が低下していった構造改革特区を例に，国に最終決定権があるなら『望ましい方法になるのか若干心配だ』とし，大きな支障がない限り容認するなどの制度設計を求める意見が出ていた。」という[16]。

　もちろん，自治体が提案すれば何でも認められるわけではない。全国的な制度改正であるから，相互に矛盾する提案がされれば調整は不可避である。2014年末までになされる地方分権改革推進本部決定および閣議決定で，具体的な方針が明示される。今後の改革推進にとって重要な意味を持つ文書であり，広くコメントを募集したうえでの決定とするべきである。

　提案募集方式が特区方式と異なるのは，提案を受けた中央政府が提案をした自治体だけのために何かの決定をするのではなく，提案をしなかった自治体をも含めて全国的な制度改正対応をする点である。全国展開に関心はなく，ただ自分の自治体のみに関する制度の修正的適用を考えるのであれば，構造改革特区なり総合特区なりの制度を用いればよいというのだろうか。提案募集方式は，個別的制度対応ではなく全体的制度改正である。なぜ関係自治体のすべてに適用されなければならないのだろうか。自治体の自主性・自立性を尊重するのであれば，個別の自治体に対して，より大きな自由度を与えればよいのではないか。

4 「2 具体的な改革の目指すべき方向」

(1) 概　要

　「具体的な改革の目指すべき方向」と題する章において，『最終取りまとめ』は，「国と地方の役割分担の見直し（権限移譲等）」「地方に対する規制緩和の推進」「地方税財政の充実強化」「重要な政策分野に関する改革」「改革の成果を

16）「『適切な仕組み』担保 分権会議『提案募集方式』で検討へ」自治日報 2014 年 2 月 28 日 1
面参照。

実感できる情報発信の展開」の5つについて，それぞれ方向性を示している。以下では，本論文の関心から，「地方に対する規制緩和の推進」についてみておこう。『最終取りまとめ』は，次のように述べる。

> 　義務付け・枠付けの見直しについては，メルクマールを設定し，各府省横断的に見直す方式により，相当程度の効果を挙げてきた。これまで見直しにより地方公共団体の独自の取組事例の実績が増えていることを踏まえ，当面の取組として，先進的な取組事例について地方公共団体に広く周知・PRを行うことを通じて，見直しの効果を広く地方公共団体で共有し，他の地方公共団体においても十分検討することにより，住民への制度改革の効果の還元を広げることが望まれる。もちろん，国民への周知・PRが重要であるのは言うまでもない。
>
> 　今後の取組として，各府省横断的に見直す方式での義務付け・枠付けの見直しは一通り検討を終えたことから，「提案募集方式」等を活用し，例えば，課題となっている福祉施設の人員・設備・運営に関する従うべき基準については，その設定の根拠等を検証しつつ，見直しを行うなど，重点分野を明確にしながら，必要に応じて専門部会を活用し，検討を進めるべきである。
>
> 　また，地方分権改革推進委員会第3次勧告で示された義務付け・枠付けに係る「立法の原則」の徹底を図るとともに，各府省が新たな制度を立案する場合，地方への義務付け・枠付けを必要最小限度にするという基本的な方針の下，引き続き関係府省により厳格なチェックを行うべきである。

(2) コメント

(a) 提案の対象

　ここでは，府省横断的な義務付け・枠付け見直しは，「一通り検討を終えた」という認識が示されていることに注目したい。これは，限定した対象について作業を完了したという意味にすぎず，すべてに対応したわけではない。見直しの成果を踏まえて，未対応の分野，および，対応はしたけれどもさらなる対応が必要な分野について，提案募集方式を導入するというのである。要するに，抽象的にいえば，法定自治体事務に関するすべての分野が，提案募集方式の対象になる[17]。

　そうなると，提案対象となる法制度には，特段の限定はなくなる。数次の一

括法で対象となった法律に関しても，なお不十分と自治体が考えれば，さらなる提案がされ，対象とされなかった残余の法制度については，聖域なく対象となる。

『最終取りまとめ』には，「重点分野を明確にしながら」という表現がある。詳細な制度設計はされていないけれども，2段階に分ける対応が想定されているようである。第1段階は，いわば「何でもあり」であって，とくに分野を限定せずに，自治体からの提案を受け付ける。そして，それを整理して，政策的に優先順位が高いと判断される分野を提示し，第2段階において，その分野について提案を受け付けるのだろう。後述のように，そのようした展開がされている。

地方六団体に限定しないというように，提案ルートの拡大がされたのは適切である。ただ，せっかく提案しても十分に対応がされない状況が継続すると，提案もされなくなるだろう。不適切な提案を受け入れないのは当然であるが，内閣府が関係府省の反対を乗り越えられないならば，制度に対する自治体の信頼は低下する。もちろんこれは，相手のある交渉ごとであって，提案通りには実現しないとしても，成果をもって「これで満足せよ」という姿勢が示されるならば，自治体側の熱も冷めてしまう。自治体に対しては，各方面から相当の「提案要請」がされているようである。

(b)　条例と提案募集方式

総合特区法は，条例特例措置を規定する。同法25条によれば，「指定地方公共団体が，第12条第2項第1号に規定する特定国際戦略事業として，地方公共団体事務政令等規制事業（政令又は主務省令により規定された規制……）を定めた国際戦略総合特別区域計画について，内閣総理大臣の認定を申請し，その認定を受けたときは，当該地方公共団体事務政令等規制事業については，政令により規定された規制に係るものにあっては政令で定めるところにより条例で，主務省令により規定された規制に係るものにあっては内閣府令・主務省令で定めるところにより条例で，それぞれ定めるところにより，規制の特例措置

---

17)　対応した部分と残された部分のイメージとしては，北村喜宣「2つの一括法による作業の意義と今後の方向性——『条例制定権の拡大』の観点から」本書Ⅷ論文171頁【図表8.2】参照。

を適用する。」のである。申請認定方式である。同様の仕組みは，同法 54 条，復興特区法 36 条，構造改革特区法 35 条にもある。

『最終取りまとめ』は，条例に関しても，提案募集方式を想定しているようにもみえる。すなわち，手続を規定する一般法を整備し，自治体に，具体的な法律およびそのもとでの条項を提案してもらう。そして，重点分野が確定されれば，さらに提案を求め，それを踏まえて関係府省との折衝を行い，条例による決定を必要とするような個別法改正につなげる。そこにおいては，「従うべき基準」「標準（とすべき基準）」「参酌すべき基準」の３基準方式が維持されるのだろうか。そして，その作業は，「第 n 次一括法」[18) によって繰り返されるのであろうか。『最終取りまとめ』には，明示的記述がないが，それを前提にしているようにもみえる。

（c）　対象事務の決定方式

憲法 94 条にあるように，法律の範囲内で条例を制定できるとすれば，自治体事務を規定する法律のすべてに包括的な条例分任規定を確認的に置いて，条例による機動的な対応を可能にするような措置が考えられないではない。事実，こうした発想は，総合特区法の制度設計の過程で議論されていた。しかし，これは，「行政府である内閣が立法府である国会に対し，国会の立法権を実質的に広範に行政府に授権することを内容とする法律案を内閣提出法案として提出すること」[19) になるために断念された。当時政権党であった民主党は，その実現に相当の力を入れていたのであるが，内閣法制局の支持が得られなかったのである [20)。法律のどの部分についてどのような条例特例措置が可能になるか

---

18)　北村喜宣「２つの一括法による作業の意義と今後の方向性──『条例制定権の拡大』の観点から」本書Ⅷ論文 163 頁参照。

19)　大瀧・前註 14）解説 36 頁。

20)　内閣法制局の認識については，第 179 回国会衆議院東日本大震災復興特別委員会議録 8 号（2011 年 11 月 24 日）11 頁［梶田信一郎・内閣法制局長官答弁］参照。復興特区法案の審議においてであるが，梶田長官は，「憲法 41 条……は，国会は国の唯一の立法機関であるというふうに定めておりまして，従来から，この憲法の趣旨を否定する，いわば国会の立法権を没却するような抽象的，包括的な規定により条例の定めにゆだねるということは問題がある」と解している。こうした認識に対する批判として，嶋田・前註 7）論文 27 頁参照。

は，国会が政省令の委任を通じて具体的に規定していなければならないという認識は，構造改革特区法改正により「条例委任特例」（35条）を規定する際にも示されていた[21]。

提案募集方式についてはどうなのだろうか。特区方式にならえば，まずは枠付け緩和のための一般法が制定され，そのもとで対象分野について提案が募集される。そして，それを踏まえて対象法律・対象条項についての再度の提案募集が行われて「条例制定権の範囲」が確定され，それについて，当該法定自治体事務を義務づけられる自治体が，必要な範囲で条例対応をすることになる。道をつけるのは中央政府であり，道を歩くのが自治体ということになる。

もっとも，『最終取りまとめ』は，そうしたシナリオを明確には示してはいない。対象事務の決定に関して，次のように述べる。

> これまでの地方分権改革推進委員会の勧告事項にとらわれず，可能な限り広く対象とする。また，現行制度の見直しにとどまらず，制度の改廃を含めた抜本的な見直しに係る提案も対象とする。

これは，重大な判断である。第1次・第2次一括法方式においては，どの法令の枠付けを緩和するのかを中央政府が選んでおり，このため，自治的決定からはほど遠いと批判を招いていた[22] ことを踏まえての判断だろうか。自治体の事務となった法定事務に関して，地域の特性を踏まえれば何が不十分なのかの課題を自治体側が発見して具体的提案をすることまでを自治体に期待したのは，団体自治の拡充の観点からは，適切な判断である。法定自治事務以外に，法定受託事務も対象になる[23]。これが可能になり提案が実現すれば，自治体としては，分権改革の実感がそれなりに持てるだろう。

---

21) 北口善教「構造改革特別区域制度の継続について——提案募集及び計画認定申請の期限の延長並びに規制の特例措置の追加等」時の法令1930号（2013年）18頁以下・25〜26頁参照。

22) 北村喜宣「『義務付け・枠付けの見直し』は自治を進めたか」本書Ⅶ論文138〜139頁参照。

23) 岩﨑忠「分権改革『提案募集方式』への移行」地方自治職員研修666号（2014年）21頁以下・23頁参照。

(d)　基準根拠の見直し

　福祉施設の人員・設備・運営に関する従うべき基準については，「例えば」として，特記されている。おそらくは，それ以外の法令についても，同様であろう。「その設定の根拠等を検証しつつ，見直しを行う」というのであるが，自治体としては，「何を今更」という思いがあるのではないだろうか。一括法対応のための条例案作成過程において，自治体側は，中央政府に対して，再三にわたって，提示された３種類の基準の根拠を要求したが，ついに明らかにされなかったのである[24]。この点で，自治体側は，中央政府に対して，相当の不信感を持っていることを忘れてはならない。

　根拠を示せない基準に，正当性はない。そうした基準は，たとえ「従うべき基準」というラベルが貼られていたとしても，「標準」と解するほかはない。３基準は，「入れ物と中身」に分けて理解すべきである。とりわけ「従うべき基準」については，十分な根拠があってはじめてそれとして尊重されると考えるべきである[25]。

(e)　立法の原則

　先に引用した部分に記されている「立法の原則」とは，第３次勧告が述べたものである。それは，基本的には，現在の地方自治法２条13項が規定する。そのひとつの具体的な内容は，2008年12月に出された地方分権改革推進委員会の『第２次勧告――「地方政府」の確立に向けた地方の役割と自主性の拡大』第１章２(2)で述べられた「義務付け・枠付けの見直しの具体的な方針」を意味する。それは，「自治体の自主性を強化し，政策や制度の問題を含めて自由度を拡大」すべきとの観点から，現行法令を見直すことである。また，新規立法にあたって，考慮すべきことである。その順序は，「①廃止（単なる省令にとどめることを含む。）＞②手続，判断基準等の全部を条例に委任または条例による補正（「上書き」）を許容＞③手続，判断基準等の一部を条例に委任または条例による補正（「上書き」）を許容」である[26]。

---

24)　「地方分権改革推進委員会は関係府省に強く要請したが，ついに示されなかった。」というのがより正確である。

25)　北村喜宣「基準の条例化と条例による追加・加重，上書き権」本書Ⅱ論文39〜40頁参照。

　内閣府は，当初からそうであったというのであろうが，「参酌すべき基準」を踏まえた条例の制定をもって「上書き」と整理したことに対しては，自治体や学界から，大きな失望感が示された[27]。3基準方式が今後も維持されるとすれば，なるべく多くの基準を「参酌すべき基準」に振り分ける必要がある。また，「従うべき基準」とされたものについても，対応済みとするのではなく，「立法の原則」に照らして，より分権的なものになるよう，検討対象に含めるべきである。筆者は，基本的には，基準を示すとしてもこれを3分する必要はなく，すべてが「標準」でよいと考えている。

5 「3　改革の推進に当たり今後地方に期待すること」

(1) 概　要

　『最終取りまとめ』は，「改革の推進に当たり今後地方に期待すること」と題する章において，自治体に対して，いくつかのメッセージを発している。本論文との関係で抜き書きしておこう。

①　義務付け・枠付けの見直しが進んでも，自治体が改革前と変わらない行政運営を行っていては，住民にとって成果がみえないので，わかりやすく情報発信をすべきである。

②　住民との対話機会を活用し，住民の意図が政策に反映されるようにすることで参加意識が高まり，将来の課題に対する問題意識が醸成されるという好循環を目指すべきである。

③　義務付け・枠付け見直しを必要とする支障事例を国に示すことで，初めてさらなる分権推進が可能になる。

---

26)　田中聖也「義務付け・枠付けの見直しの到達点（下）──地方分権改革推進委員会第二次・第三次勧告」地方自治767号（2011年）33頁以下・49〜50頁参照。

27)　前註7)参照。

(2) コメント

(a) 政策法務の必要性

　①および②は，なるほどもっともな認識である。③は，提案募集方式を前提にしているのであろう。さらなる分権改革は，法律改正を通じて進めるという方針が確認されている。内閣府としては，当然の方針である。今後は，すべてを国が決めて条例制定を義務づけた一括法対応とは異なるとすれば，自治体は，そのかぎりでは，歓迎するのだろう[28]。「足を踏んでいる側」には「足を踏まれている側」の気持ちはわからないのであり，自治体には国にそれを教授してあげる役割がある。提案募集方式は，国が自治体に教えを乞う仕組みである。

　今後は，①や②を通じて，自治体ニーズを把握し，どのようにすればそれが可能になる法制度改正になるかを，自治体自らが考えなければならない。『最終取りまとめ』は，「各地方公共団体における専門性を有する人材の育成・任用，政策法務面での取組強化が重要になる」とするが，同感である。自治体は，法定自治体事務が自らの事務であることを十分に認識し，条例制定もしくは審査基準および処分基準の策定を通して，これを住民福祉増進のために活用する必要がある。「政策法務」という文言が用いられていることにも注目したい。

(b) 枠付け緩和の２つの方策

　最後に，枠付け緩和のための方策について確認しておこう。有識者会議が進めている作業は，『最終取りまとめ』が「所要の法律案を国会に提出する」というように，立法論である。これまでの数次の一括法のように，法令改正をして条例による自己決定余地を創出するやり方（個別法撃破主義）[29]である。

　しかし，それだけが「枠付け見直し」という山頂に至るルートではない。自治体も，自らの創意工夫によって，その結果を得ることができる。すなわち，法律にそれを認める規定はないけれども，条例による修正が可能と解される現

---

28)　ただ，前註10）のような点に注意が必要である。

29)　小早川光郎＝北村喜宣「〔対談〕自治立法権の確立に向けた地方分権改革」都市問題100巻1号（2009年）27頁以下・34頁〔北村発言〕参照。礒崎初仁「義務付け・枠付け改革と条例制定の課題」都市問題103巻12号（2012年）40頁以下・48頁は，時間はかかっても個別法撃破主義をとらざるをえないとする。

行法令部分について法律実施条例を制定することで，当該自治体に関するかぎりで枠付けの緩和を実現するのである。どのような条例が可能でどのような条例が違法になるかは，憲法 94 条の「法律の範囲内において」の解釈となる[30]。中央政府の作業に期待するだけではなく，自治的解釈を踏まえて条例制定の実践をすることが重要である[31]。「判例の積み重ねに待つ」ではないが，中央政府には，「条例の積み重ねに待つ」という姿勢があってもよいのではないか。あるいは作業を通して，法律に根拠がないことの限界を自治体が実感したならば，それが新たな提案にあたっての説得力ある論拠を提供するだろう。

　有識者会議は，枠付け緩和を進める組織のひとつである。しかし，そのすべてではない。もうひとつの柱は，自治的法解釈にもとづく自治体の実践である。提案募集方式にもとづいて提案をしても，それが確実に実現できるとはかぎらない。自治体としては，それと並行して，リンク型の法律実施条例を制定することにより，法定自治体事務を地域特性適合的に実施するための措置を講ずるべきであろう。こうした対応について，総務省自治行政局は理解を示すものと推測されるが，おそらく内閣法制局は，憲法 41 条に反して違法と考えているのではないだろうか[32]。しかし，それは，行政機関としての見解にすぎないのである。

　自治体現場においては，これまでの一括法のように，明文で条例を認める規定がなければ条例は制定できないとする解釈が根強いようにみえる。『最終取

---

30)　個別法に明文の根拠なき法律実施条例の例としては，北村喜宣『自治力の達人』（慈学社出版，2008 年）38 頁以下 [横須賀市宅地造成に関する工事の許可の基準及び手続きに関する条例]，41 頁以下 [東京都動物の愛護及び管理に関する条例]，44 頁以下 [神戸市廃棄物の適正処理，再利用及び環境美化に関する条例]，同『自治力の爽風』（慈学社出版，2012 年）96 頁以下 [鳥取県廃棄物処理施設の設置に係る手続の適正化及び紛争の予防，調整等に関する条例]，99 頁以下 [浜松市廃棄物処理施設の設置等に係る紛争の予防と調整に関する条例]，114 頁 [安曇野市景観条例] 参照。福岡市屋台基本条例にも，法律実施条例と評しうる部分がある。北村喜宣「明文規定なき横出しリンク条例──福岡市屋台基本条例の発想」同『自治力の躍動──自治体政策法務が拓く自治・分権』（公職研，2015 年）51 頁以下参照。この論点に関する整理として，北村喜宣『環境法〔第 4 版〕』（弘文堂，2017 年）89〜97 頁参照。

31)　嶋田・前註 7）論文 29 頁，金井利之「条例による上書き権」ガバナンス 93 号（2009 年）82 頁以下・83 頁参照。

32)　前註 20）参照。

りまとめ』は，この点については論じていない。明文規定に関する法律の沈黙は，必ずしも条例の否定ではない。法定自治体事務に関する法律実施条例については，憲法 94 条に立ち戻り，解釈により決せられるべきと整理したい[33]。いくつかの自治体が先駆的に対応している実例[34] は，広く認識されてよい。

6　今後の展開

　これまで中央政府が選択した対象に関する条例制定を求められていた自治体には，相当の「やらされ感」が鬱積している。提案募集方式においては，提案事項に制約は課されていないことから，この数年の不満が爆発して，あるいは，提案主体の多様化によって，多くの具体的提案が，相互の調整なく内閣府に寄せられるかもしれない。先に引用した『最終的取りまとめ』にあるように，作業は，地方分権改革推進本部，より具体的には，有識者会議およびそのもとに設置される専門部会が担当する。「個々の制度改正事項の優先度や制度間・政策分野間の整合性等について十分な調査審議を行う」「特に重要と考えられる提案については……集中的に調査・審議を行い実現に向けた検討を進める」のであるが，府省調整や政治的調整にかなりのエネルギーを必要とするのではないだろうか[35]。初回は，事前相談を通じて，953 件の提案がされた。有識者会議に設置された提案募集専門部会においては，「土地利用に関連する提案」「地方の創生と人口減少の克服に関連する提案」が重点項目として例示されている。

　分権改革に対する社会全体の関心が低くなり，「追い風」を期待できない「凪状態」の現在において，上記諸組織がどのような戦略で「成果」を実現するのか。これまでの一括法で行ったような「個別法撃破主義」のみによるとすれば，団体自治を踏まえた自己決定の実現は相当に多難であることは論を俟た

---

33)　「解釈による上書きの余地というのも，私はこの作業〔引用者註：個別法撃破主義による個
　　別法改正作業〕と並行して，実は存続すると考えています」という小幡＝曽和・前註 9) 討論
　　34 頁〔斎藤誠発言〕は同旨であろう。

34)　前註 30) 参照。

35)　検討体制のあり方に関しては，嶋田・前註 7) 論文 24 頁参照。

ない。

　新しい制度のもとでは，地域特性への対応を可能にする法改革提案が続々と
されることが，新たな追い風を起こすきっかけとなると期待されているのだろ
う。『最終取りまとめ』は，「地方の提案や発意を恒常的に受け止め，スピード
感をもってその実現に向けて取り組む」という。ただ，自治体現場でできるか
ぎりの法実践をしたけれども限界があると感じられてなされた提案に対して芳
しい成果が出せなければ，自治体側は中央政府に対する不信を一層募らせるだ
けである[36]。意識されているかどうかはわからないが，有識者会議は，この
文書によって，退路を断っての取組みを宣言したようにみえる。

　『最終取りまとめ』が自称する「導きの星」の評価は，遠いところからでも
見失うことのないように鮮明に輝いているかどうか，その光が自治体に勇気と
希望を与えるかどうかによって決せられるものである。かつて地方分権推進委
員会は，『地方分権推進委員会最終報告 分権型社会の創造──その道筋』
(2001 年) において，第 1 次分権改革の成果を，「ベース・キャンプを設営した
段階」と総括し，「改革の前途の道筋は遼遠」と展望した。「導きの星」は，そ
の道筋の先に煌々と輝いていなければならない。そして，それを評価するのは，
中央政府ではなく自治体である。2014 年 6 月に公表された『最終取りまとめ』
が，「多くの課題を将来の改革に託した未完の改革」[37] を少しでも完成に近づ
けるにあたって，どの程度の照度（ルクス）を備えているのか。正しい方向を示している
のか。筆者は，『最終取りまとめ』が明言するほどの確信を持てないでいるが，
あるべき方向について，これからも考えていきたい。

---

36)　第 1 次一括法・第 2 次一括法を踏まえての自治体の条例制定に関して，中央政府関係者は，
「まず自治体自らが地域の実情にあった基準を条例化することが期待される。もしそうでなけ
れば，今後の地方分権改革において，地方の声は真摯なものとして受け止められない可能性さ
えある」と指摘していた。大村慎一「義務付け・枠付けの見直しと条例制定権の拡大」『事例
集』・前註 11) 書 31 頁以下・39 頁。この表現を借りるなら，「まず中央政府自らが地域の実情
を踏まえた自治体からの提案に適切に対応して法制化することが期待される。もしそうでなけ
れば，今後の地方分権改革において，中央政府の姿勢は真摯なものとして受け止められない可
能性さえある」といえるだろう。

37)　西尾勝『未完の分権改革』(岩波書店，1999 年) ⅴ頁。

X 枠付け見直しの動きと条例による決定

> 　機関委任事務が全廃されたにもかかわらず，これを規定していた法令が改正されないままでいるため，多くの自治体は，分権の成果を実感できずにいる。中央政府の姿勢は，個別法改正方式で固まっている。条例により個別法を修正するような立法は，内閣提出法案にできないというのであろう。第3次以降の一括法により実現した「条例制定権拡大」の成果は，きわめて貧弱である。国会の法律制定権にも限界がある。中央政府の「岩盤解釈」は，容易に変わらない。国家的観点からは，司法判断を通じた変更を期待し，個別法に根拠規定を持たない法律実施条例を自治体が積極的に制定するのが現実的である。中央政府がそれを違法と考えるなら，そうした条例を禁止する条項を個別法に規定すればよい。

1 地方分権推進委員会の「遺言」の憲法的意味

　1999年に制定された「地方分権の推進を図るための関係法律の整備等に関する法律」（地方分権一括法）に結実した第1次分権改革の最大の成果は，「機関委任事務を，整理合理化でも原則廃止でもなく，全面廃止したこと」とされる[1]。そして，その結果，「条例制定の余地の拡大による自治立法権の拡大と，権力的な事前関与の廃止・縮減と通達通知の「技術的な助言」化による法令等の自治解釈権の拡大」が実現したとされる[2]。

　しかし，その意義は，自治体によって十分に受け止められているとはいえな

1）　西尾勝『地方分権改革』（東京大学出版会，2007年）57頁。
2）　同上221頁。

い。法制度的にみれば，最大の理由は，全廃された機関委任事務を規定していた個別法律の構造や規定事項がそのままに存置されたことである[3]。長年にわたって仕事の根拠となってきた法令の文言に何の変化もない以上，たとえ機関委任事務という「魂」がそこから抜き取られたとしても（通達が技術的助言になったといわれたとしても），行政現場においては，いわば「慣性の法則」が作用するため，自治体職員にとって分権改革の成果が感じられないというのは，無理からぬ話であろう。2000 年前後に社会に充満していた分権改革の熱気は，この国の体内温度に吸収される前にすっかり冷めてしまったようにみえる[4]。

　かつて，地方分権推進委員会は，2001 年に提出した最終報告『分権型社会の創造──その道筋』において，法令により重厚になされている義務付け・枠付けに関して，「……国の個別法令による事務の義務付け，事務事業の執行方法や執行体制に対する枠付け等を大幅に緩和する必要がある。」という認識を示した。その後に内閣府のなかに組織される地方分権推進委員会の後継機関は，そのそれぞれが，同委員会の「遺志」を踏まえた活動をしている。その成果は，1946 年の憲法制定直後からその趣旨に反する法令の蓄積によって封印されてきた憲法 92 条の意義を新世紀において確認し，本来あるべき法環境を実現するものでなければならない。

　本論文では，「義務付け・枠付けの見直し」として実施されている中央政府の動きを振り返る。そして，条例制定権の拡大なり自治解釈権の拡大と評されている内容が，分権改革が目指す方向への着実な歩みと評価できるものなのか，どのように進むべきなのかを論ずる[5]。

---

3)　自治体の対応が低調である点に関する行政学的観点からの整理として，嶋田暁文「『第 2 次分権改革』の総括と自治体に求められる工夫──地域の実情に合った基準の設定および運用を目指して」季刊行政管理研究 142 号（2013 年）15 頁以下・30〜32 頁参照。

4)　2015 年 5 月に逝去された松下圭一教授は，かつて，「〔機関委任事務制度廃止〕を祝う大々的な提灯行列を全国で挙行するように政府になぜ要請しなかったのか。これをしないと，この改革の持つ重大な意義が一般国民や肝心の自治体関係者にすら十分に浸透しない」と後進を叱ったという。田嶋義介「松下圭一先生をおくる会　機関委任事務廃止を全国で祝う提灯行列を要請　葬儀のかたちを生前に打ち合わせ 2015.8.29 於：武蔵野市（東京都）」地方自治職員研修 680 号（2015 年）38 頁参照。興味深いエピソードである。

5)　本論文と同様の観点から検討をしたものとして，北村喜宣「2 つの一括法による作業の意義と今後の方向性──『条例制定権の拡大』の観点から」本書Ⅷ論文参照。

2　実現のための3つの方策

　法令における詳細な枠付けを緩和して条例による決定に任せることは，市民・事業者の権利利益に法的に影響を与える結果となる。そのための方策としては，次の3つが考えられる。

　第1は，個別法改正方式である。これは，枠付けが施されている個別法の個別規定を改正して枠付けを緩和するやり方である。枠付け内容の決定は，法令を通じて国により独占的になされているところ，そこに，いわば特別法的に「空白部分」を創出して，当該事務を担当する自治体にその部分を埋める決定を任せるというものである。縛りを緩めて対応の余地をつくるという方法もある。この場合，そうした措置が講じられた法律にかぎって，条例制定権の拡大が実現される結果となる。

　関係する個別法に，「この法律の実施に必要な事項は条例で定めることができる」という趣旨の規定を一括法により追加する改正をすることで，自治体により自由度を認める緩和方策も考えられる[6]。明文の根拠を持つリンク型の法律実施条例である[7]。

　第2は，通則法方式である。通則法としては，地方自治法が想定されている。「個別行政分野の法令の規定について，横断的に，包括的・一般的に，条例による法令の補正等が可能であることの根拠となる通則的な法律の規定を設けて，例外となる法令の規定を特に法令で定める」というのが代表的主張である[8]。おそらくは，地方自治法2条11項・13項に示された立法原則を踏まえて，自

---

[6]　大森彌『政権交代と自治の潮流──続・希望の自治体行政学』（第一法規，2011年）394〜398頁，北村喜宣「法令の規律密度をいかにして緩和するか」同『分権政策法務と環境・景観行政』（日本評論社，2008年）52頁以下・57〜58頁参照。

[7]　おそらくは，同じ内容の条例を，斎藤誠「条例制定権の限界」『現代地方自治の法的基層』（有斐閣，2012年）286頁以下・301頁は，「法律規定条例」と称する。

[8]　松本英昭「自治体政策法務をサポートする自治法制のあり方」北村喜宣＝山口道昭＝出石稔＝礒崎初仁（編）『自治体政策法務』（有斐閣，2011年）80頁以下・91〜92頁。そのほかに，通則法方式の提案としては，岡田博史「自治通則法（仮称）制定の提案（1・2・完）」自治研究86巻4号105頁以下・5号124頁以下（2010年），喜多見富太郎「上書き権改革『残置』の論理と地域主権の法理」自治研究86巻6号（2010年）121頁以下も参照。

治体の法定事務については，原則として条例による法令内容の修正が可能としつつ，例外的場合をネガティブリストとして法定するという発想である。この場合においても，法律実施条例の制定にあたって，通則法という法律の根拠が必要という点では，第1の方式と同様である。

　第3は，憲法94条直接適用方式である。この考え方によれば，新たな法律の制定・改正は必要ではない。自治体の事務であるかぎり，憲法94条にもとづき，地域特性に応じて，現行法の規律密度の高い内容を条例で修正できるとするものである[9]。個別法の規定がなくても条例制定は可能という点で通則法方式と認識を共通にしつつ，立法論ではなく解釈論により条例制定を可能とするという点で認識を異にする。制定されるのは，明文の根拠なきリンク型の法律実施条例である[10]。

3　中央政府の基本姿勢

(1) 個別法改正方式

　内閣府の基本的姿勢は，個別法改正方式である[11]。実際，「地域の自主性及び自立性を高めるための改革の推進を図るための関係法律の整備に関する法律」という数次にわたる一括法によりなされているのは，個別法の一部改正である。緩和すべき法律およびそのなかで緩和すべき内容（項目・範囲）を中央政府が一方的に選択して実現した第1次一括法・第2次一括法・第3次一括法においても，全国的な制度改正に関する提案募集方式を経て実現した第5次一

9)　北村・前註5）論文，同「法律改革と自治体」本書Ⅰ論文参照。

10)　条例の分類論については，北村喜宣『自治体環境行政法〔第7版〕』（第一法規，2015年）34〜35頁参照。

11)　内閣府は，「個別条例委任方式」と称するようである。近藤貴幸「地域の自主性及び自立性を高めるための改革の推進を図るための関係法律の整備に関する法律　解説」小早川光郎（監修）『義務付け・枠付け見直し独自基準事例集』（ぎょうせい，2013年）（以下『事例集』として引用。）53頁以下・80頁参照。分権時代に「委任」という文言を何の留保もつけずに使用する点に，中央政府の発想の限界が垣間見える。「委任」に関しては，北村喜宣「分任条例の法理論」本書Ⅲ論文，松本英昭「義務付け・枠付けの緩和に関する取組み状況について」自治総研414号（2013年）1頁以下・5〜6頁参照。

括法においても，その基本的方針に変化はない。「条例の定めるところ」「条例の定めるもの」「条例の定める条件」「条例の定める場合」という文言があるかぎりにおいて，自治体の自己決定が可能になる。

この方式を基本とする姿勢は，地方分権改革推進委員会が2009年10月に提出した『第3次勧告——自治立法権の拡大による「地方政府」の実現へ』からもうかがいしることができる[12]。そこでは，有力説として唱えられた通則法方式を意識しつつ，大要次のように述べられている。

法律の制定は「国権の最高機関」である国会により行われるものであり（憲法41条），条例の制定は「法律の範囲内」によりなされる（同94条）。国民の権利利益の法定制約は，政省令でする場合でも法律の委任を要する（同73条，内閣法11条，内閣府設置法7条，国家行政組織法12条等）。

（2）内閣法制局の解釈

要するに，現行法を所与としつつ，その内容を地域特性に応じて修正するのであれば，過去において当該個別法を制定した国会がその明示的決定によりそれを改正することを通じてしか，条例制定権の拡大は認められないというのであろう。それは，内閣法制局の解釈を前提にしていると思われる[13]。なお，『第3次勧告』の上記部分については，「何を言っているのかよく分からない。」というコメントがあるが[14]，同感である。

---

12)　解説として，田中聖也「義務付け・枠付けの見直しの到達点（上）（下）——地方分権改革推進委員会第2次勧告・第3次勧告（上）（下）」地方自治765号34頁以下・同767号33頁以下（2011年）参照。

13)　大村慎一「義務付け・枠付けの見直しと条例制定権の拡大」事例集・前註11）書32頁以下・41〜48頁参照，地方自治制度研究会（編）『地方分権 20年のあゆみ』（ぎょうせい，2015年）（以下『20年のあゆみ』として引用）239頁［山崎重孝発言］参照。松本英昭「〔講演〕地方分権推進法の20年と地方分権の今後の展望（上）」自治実務セミナー2016年5月号26頁以下・30頁は，通則法方式に関して，「何よりも内閣法制局が駄目と言っています。」という。

14)　松本・前註11）論文11頁。同『自治制度の証言——こうして改革は行われた』（ぎょうせい，2011年）は，条例制定権の拡大論に関して，「国の見解が示されるとしたら，地方分権や地方自治の充実強化の方向を踏まえたものになるとは思えない。」（34頁），義務付け・枠付けの見直しに関して，「国の多くの組織にはそれに取り組むモチベーションに欠け，むしろ組織防衛のためには逆の気持ちが働くこともある」（35頁）と断言する。

　中央政府の認識は，2011 年に制定された総合特別区域法の国会審議過程における内閣法制局答弁に現れている。すなわち，「……憲法第 41 条との関係で，……その委任についてはやはり実質的に国会の立法権を没却するというような形で抽象的，包括的な委任は許されないと従来から解しておりま〔す〕」というのである [15]。同法との関係では，同法にもとづく政省令により指定された事務事業に関して，内閣総理大臣の認定を受けたときには，条例で規制の特例措置が設けられる（54 条）。同様の仕組みは，東日本大震災復興特別区域法にもある（36 条）。この法案審議過程でも，「憲法 41 条……の趣旨を否定する，いわば国会の立法権を没却するような抽象的，包括的な規定により条例の定めにゆだねるということは問題がある」とされる [16]。これら特区法のなかで，政省令で指定した個別法に関しては，国会が，自治体が条例を制定して個別法の規定内容を修正できる（それでも，個別の認定は必要）と決定してはじめて，条例制定が可能になるという解釈である。

　なお，法案審議過程では，条例による一般的な上書き権が議論されていた。この点に関して，国務大臣が，「……政府として法律の上書きというものを閣法の中で入れるということについてはなかなか難しいなということを感じておりまして，このことについては，可能であれば国会の方で，立法府で議論をいただければありがたい」という答弁をしているのが興味深い [17]。実現するには議員立法によるしかないというのである。

4　数次の一括法により実現した「条例による自己決定」

(1) 第 1 次一括法・第 2 次一括法

　内閣法制局の憲法解釈の権威は，最近では，大きく揺らいでいる。しかし，

---

15)　第 177 回国会参議院内閣委員会会議録 10 号（2011 年 6 月 21 日）7 頁［近藤正春内閣法制局第 2 部長答弁］。

16)　第 179 回国会衆議院東日本大震災復興特別委員会会議録 8 号（2011 年 11 月 24 日）11 頁［梶田信一郎内閣法制局長官答弁］。

17)　第 178 回国会衆議院東日本大震災復興特別委員会会議録 3 号（2011 年 10 月 5 日）27 頁［平野達男国務大臣（東日本大震災復興対策担当）（防災担当）発言］。

少なくとも中央政府においては，憲法 9 条に関するそれを含めて絶対である。憲法 92 条との関係で 41 条が語られないのは奇異に感じられるが，あるいは，92 条は，立法権の制約法理としては機能しないという暗黙の前提があるのかもしれない。

　それはさておき，内閣法制局の上記の基本方針を踏まえ，第 1 次一括法ないし第 2 次一括法において，「条例制定権の拡大」と称される措置が講じられた。具体的には，中央政府が選択した 29 法律 100 条項について，それまでは政省令で国が独占的に決定していた内容を，「個々の○条○項等の規定を前提として，それをどう改正するかというミクロな作業」[18] をしたうえで，「政令で定める基準に従い，条例で定める」「政令で定める基準を標準として，条例で定める」「政令で定める基準を参酌して，条例で定める」といった規定を挿入することであった[19]。条例制定状況については，内閣府地方分権改革推進室が整理をしている[20]。

　「独自の基準」策定の成果を，中央政府はしきりに強調する。しかし，掛け値なしでそのようにいえるのかについては，個々の事例を検証する必要がある。筆者の断片的な調査によれば，形式的には独自であるとしても，かねてより事実上そうなっていた基準を，条例で確認しただけのものが少なからず存在している[21]。県が提示した基準に従っただけという場合も多い[22]。行政現場からは，「独自基準の実質的影響の薄さ」が指摘されている[23]。枠付けの緩和措置

---

18)　礒崎初仁「義務付け・枠付け改革と条例制定の課題」都市問題 103 巻 12 号（2012 年）40 頁以下・42 頁。

19)　その詳細については，事例集・前註 11）書，条例策定研究会（編著）『地域主権改革対応条例のチェックポイント』（ぎょうせい，2013 年）参照。

20)　第 1 次一括法および第 2 次一括法への対応については，内閣府地方分権改革推進室「義務付け・枠付けの見直しに係る条例制定状況調査の概要（第 5 回）」（2013 年 7 月）参照。

21)　伊丹市の実情として，濱田律子「『義務付け・枠付けの見直し』への対応と今後の課題——兵庫県伊丹市の経験を踏まえて」自治総研 423 号（2014 年）92 頁以下・116 頁参照。

22)　北村喜宣「決めることには決めたけど……——市町村における条例対応の実情」『自治力の躍動』（公職研，2015 年）26 頁以下参照。嶋田・前註 3）論文 32 頁は，8 つの自治体関係者へのヒアリングを通じて，「『従前の国の基準通り』の内容を定めた条例やあまり実質的な意味のない「独自」基準を定めた条例が大多数だったと推察される」という。一方，独自の取組状況については，同論文 32〜33 頁参照。

23)　濱田・前註 21）論文 116 頁。

がなければできなかったものばかりでないのは確かである。「自治体現場では否定的もしくは消極的な評価が支配的」という総括もある[24]。研究者についても，そうした状況にある[25]。

(2) 第3次一括法

第3次一括法における条例対応は，その数を相当に減らした。具体的には，消防組織法，民生委員法，介護保険法の3法である。第1次一括法・第2次一括法に対しては，法定自治事務であるにもかかわらず，「従うべき」という類型を設けたことに対して強い批判があったが，第3次一括法においても，その方式は維持されている[26]。

(3) 第5次一括法

第5次一括法における条例対応は，自治体から第1球目を投げる形のいわゆる提案募集方式を踏まえたものとなっている[27]。それまでになされた条例措置については，自治体関係者から，「これまで現場で問題にされてこなかったものがほとんど」というコメントがしばしばされたというのであるから[28]，このミスマッチを継続することは，さすがにできなかった。

具体的に改正されたのは，「精神保健及び精神障害者福祉に関する法律」（精神保健福祉法）および建築基準法の2法のみである。精神保健福祉法の対応を

---

24)　嶋田・前註3) 論文15頁。

25)　嶋田・前註3) 論文21〜27頁が，議論の全体を要領よくまとめる。

26)　第3次一括法については，内閣府地方分権改革推進室「義務付け・枠付けの見直しに係る条例制定状況調査の概要（第6回）」（2015年3月）参照。その後，進捗状況の取りまとめはされていない。その検討として，上林陽治「地域の自主性及び自立性を高めるための改革の推進を図るための関係法律の整備に関する法律——第3次一括（平成25年6月14日法律44号）」自治総研437号（2015年）89頁以下参照。

27)　第4次一括法には，条例関係の措置はなかった。第5次一括法の検討として，上林陽治「地域の自主性及び自立性を高めるための改革の推進を図るための関係法律の整備に関する法律——第5次一括（平成27年6月26日法律50号）」自治総研444号（2015年）45頁以下参照。解説として，大田圭＝田林信哉「地域の自主性及び自立性を高めるための改革の推進を図るための関係法律の整備に関する法律（第5次地方分権一括法）について」地方自治813号（2015年）17頁以下参照。

28)　嶋田・前註3) 論文24頁。

みてみよう。

	旧	新
精神保健福祉法13条2項	委員の任期は，2年とする。	委員の任期は，2年（委員の任期を2年を超え3年以下の期間で都道府県が条例で定める場合にあつては，当該条例で定める期間）とする。

　これが，「拡大」の成果である。2年という期間は不変期間であるという前提があるのだろうか。こうしたものは標準であり，条例による修正に開放されていると解せばよいだけである。立法の濫用である。なお，第190回国会に提出された第6次一括法には，枠付け緩和をするための個別法の一部改正は含まれていない。

(4) 対応の変容

　第5次一括法による個別法改正方式を第1次～第3次一括法の場合と比較すると，枠付け緩和の方針に変化がある。現行法の一部改正による個別法改正方式は，維持されている。しかし，改正対象となる法律および条項について，有識者会議による提案募集方式を通じた自治体の具体的提案を踏まえて選択している点で異なっている[29]。また，自治体の意向にかかわらず条例による決定を一方的に強制したとして批判を浴びたそれまでの一括法[30]とは異なり，（精神保健福祉法のように，「3年以下の期間」と上限を付するのは過剰な枠付けであるが）第5次一括法では，「何もしない自由」を自治体に認めるような事例が出たことに注目したい。

　第3次一括法までは，対象とする個別法を中央政府が選定していたから，そ

---

[29]　提案募集方式については，岩﨑忠「地方分権改革と提案募集方式──地方分権改革有識者会議での審議過程を中心にして」北村喜宣（編著）『第2次分権改革の検証』（敬文堂，2016年）324頁以下参照。

[30]　筆者は，自治体は「いきなり叩き起こされてプールに放り込まれたようなもの」と評していた。北村喜宣「『義務付け・枠付けの見直し』は自治を進めたか」本書Ⅶ論文138頁。

のなかで条例による地域的決定を認めるとしても，どの範囲・どの程度で認めるかは，実質的には，中央政府の側で決定できた。中央政府としては，これまでまったく自主的決定を許していなかったのであるから，この程度の内容でも，「条例制定権の拡大」とみえるのである。しかし，自治体からみれば，「なぞり書きの強要」[31] にすぎない。

　これに対して，提案募集方式を基本とする第5次一括法の場合，要求するのは自治体であるから，条例による決定範囲を制約しようと考えるはずはない。このため，それまでの一括法にみられた「従うべき」「標準（とすべき）」「参酌すべき」の3基準は，わずか2法律ではあるけれども，規定されなかったのである。枠付け緩和措置を通じた「条例制定権の拡大」が，今後も提案募集方式により推進されるとすれば，今後も，そのような方向で展開するのだろうか。

5　「条例制定権の拡大」の方法

(1) 笛吹けど踊らず？

　第1次～第3次の一括法における枠付け緩和措置を考える母集団となったのは，地方分権改革推進委員会『第2次勧告——「地方政府」の確立に向けた地方の役割と自主性の拡大』（2008年12月8日）が整理するように，①法定自治事務であり，②事務処理またはその方法（手続，判断基準等）が法令で義務づけられているもののうち，③義務づけの補正（補充・調整・差し替え）を条例で認める規定がないものである。さらに，範囲は，施設・公物設置管理基準に絞られた[32]。具体的に措置がされたのは，全体からみればごくわずかの条項であった。また，①および②であり，それに加えて条例規定があっても，その内容がきわめて制約的であるものについても，「条例規定があるのはヨリマシ」ということで，対象からは外された[33]。法定受託事務は，そもそも対象にはな

---

31)　濱田・前註21）論文120頁。
32)　北村・前註7）論文171頁【図表8.2】参照。施設・公物設置管理基準を対象にしたことを財政的文脈から読み解くものとして，白藤・前註7）書184頁参照。なお，20年のあゆみ・前註13）書226～227頁［小早川光郎発言］は，財政的文脈を明確に否定する。

っていない。

　中央政府が主導権をもって対象を選択する方式は，現在では，とられていない。ところが，2014 年度の第 1 回提案募集方式を通じて実現した枠付けの緩和は，前述の通り「2 件」であり，2015 年度の第 2 回提案募集方式に至っては，「0 件」であった。対象について合意のあった勧告方式とは異なり，対象に聖域を設けなかった提案募集方式であるから，それが許認可等の基準のようなものになると，対応する中央省庁の側の抵抗も強かったものと推測される[34]。それにしても，低調な結果であった。

(2) 個別法改正方式の限界

　枠付けの緩和を通じて「条例制定権の拡大」を実現しようとする中央政府の方法は，いささか迷走気味にみえる。たしかに，従来からの内閣法制局の解釈を前提にすれば，個別法改正方式によらざるをえない。改正する法律を中央政府が選択して，条例制定の範囲と条例内容の程度を中央政府が決定して期限内の条例制定を強制する方法は，自治体に対しては「やればできた」，関係省庁に対しては「やらせればできた」という認識を持たせたという意味はあった[35]。しかし，これは，およそサステナブルな方法ではない。国が選択する方法から自治体からの提案募集方式に移行したのは，賢明な対応である。

　ところが，そのようにすると，提案が出されないかぎりは前に進むことができないというジレンマに陥る。また，内閣府が「自治体の代表」として関係省

---

33)　斎藤誠「自治体立法の将来——義務付け見直しの内外・国際条約と条例」同・前註 7）書 328 頁以下・334 頁参照。

34)　小泉祐一郎『地域主権改革一括法の解説——自治体は条例をどう整備すべきか』（ぎょうせい，2011 年）70 頁は，第 1 次〜第 3 次一括法における条例措置に関して，旧団体委任事務が対象の焦点であり，それは自治体が事業の主体となっているため，「民間への影響，業界団体・族議員との調整を最小限にする」という効果を持ったとする。高橋滋「地方分権はどう進んだのか——『義務付け・枠付け見直し』を中心に」自治体法務研究 24 号（2011 年）6 頁以下・10 頁は，内閣府において作業をしての観察として，「各府省が抵抗する背景には，義務付け・枠付けによって自らの利益を保護されていると考える利害関係者等がおり，これらの者の反対は無視できないという事情がある。」とする。

35)　北村喜宣「能力無理矢理証明戦略？——条例義務づけの意味」同・前註 22）書 32 頁以下参照。

庁などと交渉をするとなれば，政治的圧力もそこに集中投下され，せっかくのスジのよい提案内容であっても，一見もっともらしいが実は不合理な理由で拒否されてしまう。最終決定に異議を唱える手続はない。そんなシステムにつきあってくれる自治体は，少なくなるだろう。かくして，「条例制定権の拡大」が進まないという結果になる。自治体は，その責めを負うべきだろうか。

ほかの分野については意味があるとしても[36]，「条例制定権の拡大」について，個別法改正方式を前提とする提案募集方式には限界がある。発想を転換すべきである。

6　狭い法治主義と法の支配

(1) 責任ある自治解釈を踏まえた実践

憲法 92 条の趣旨のひとつが，国会による自治権の侵害の防止であるとすれば，「一つは，憲法に『地方自治の本旨』を具体化した諸条項を設け，この国会制定法は憲法のこれらの諸条項に反しているので無効であると，最高裁が違憲判決を下す余地を拡大することである。もう一つは，国会そのものを地方自治の砦に変えていくことである。」というやり方がある[37]。たしかに，長期的にみれば，こうした方向は正しいのであろう。ただ，地域の特性を反映するように法律を実施することで住民の福祉を向上させる任務を負っている自治体は，判決などを待つまでもなく，法令を自治的に解釈し，条例を制定して事務を進めるしかない。

---

36)　岩﨑・前註29) 論文 340 頁は，自治体からの提案内容の約 60% について実現・対応の方向で決定したことを受けて，「有識者会議の存在がなければ，提案を受け入れるように調査・検討すらしなかったといえよう。各省庁に調査・検討をさせ，問題点を可視化させた点は評価したい。」とする。上林・前註26) 論文 60 頁は，「分権改革のエンジンとしての機能を充分に備えたものとして評価されよう。」とする。中央政府は，「提案の掘り起こし」を行って，「今後も市町村からの提案のさらなる増加に向けて，研修会・説明会の充実・強化等を図る」ようである。関口龍海「地域の自主性及び自立性を高めるための改革の推進を図るための関係法律の整備に関する法律」法令解説資料総覧 430 号（2017 年）14 頁以下・22 頁参照。

37)　西尾・前註1) 書 244 頁。

　先にみた『第 3 次勧告』の通則法方式への牽制球的言説に明らかなように，中央政府は，地方自治法 2 条 11 項の立法原則に不適合な現行法を所与とし，それを個別に改正して「条例制定権の拡大」を実現しようとしている。これに対して，筆者は，国会の立法権は憲法 92 条により制約されており，それに違反するような状態にある法令については，条例の制定を許容する規定が個別法のなかに存在しなくても，憲法 94 条を直接の根拠としてそれをすることが可能であると考える [38]。あくまで法律を重視する国の行政や多くの研究者からすれば，これは「急進的解釈」なのかもしれない [39]。しかし，条例規定がないかぎり憲法 92 条にもとづく法の支配の趣旨が法律実施に反映されないというのでは，まるで明治憲法時代の「法治主義」の発想と同じではないか [40]。「憲法はかわっても行政法はかわらず」という表現になぞらえていえば，「分権はされても行政法はかわらず」なのではないか。これまでの中央政府の対応方式を前提とするかぎり，永久作業になりかねない法令改革の成果を，自治体は座して待てというのだろうか。法律制定権には限界がある。国会の立法権も，憲法 98 条 1 項，92 条の制約を受けるのである。

(2) 法令に規定される自治体の「役割」

　国と自治体との適切な役割分担は，地方自治法 2 条 11 項が確認的に規定する憲法 92 条の法原則である。「役割」という以上，その主体には，自ら考え自ら行動することが期待されている。

　この点で，中央省庁の論調に接して感じるのは，第 1 次分権改革で実現したはずの「国と自治体の対等な役割分担」への抵抗感である。この点に関しては，「霞ヶ関の府省にとっては，自らの存在意義を否定されたかのような，理解し難いものがあるのではなかろうか。」という観察がある [41]。この観察者が指摘

---

38)　小泉祐一郎「自治体の事務の区分と条例」北村喜宣＝山口道昭＝礒崎初仁＝出石稔＝田中孝男（編）『自治体政策法務の理論と課題別実践』〔鈴木庸夫先生古稀記念〕（第一法規，2017年）224 頁以下・238 頁は，同旨である。

39)　鈴木庸夫「条例論の新展開──原理とルール・立法事実の合理性」自治研究 86 巻 1 号（2010 年）58 頁以下・73 頁。

40)　こうした発想については，大浜啓吉『「法の支配」とは何か──行政法入門』（岩波書店，2016 年）参照。

するように，役割分担とは，個別法の枠を超えた議論である[42]。その観点から個別法を把握すべきなのであるが，中央政府は，「国会が制定した個別法」という枠組みに凝り固まってしまっている。憲法92条があるにもかかわらず，憲法41条をまるで無制約であるかのように振りかざしているように感じる。果たしてそれは，分権時代における適切な憲法解釈なのだろうか。

7　覚醒，試行，そして，実践

　個別法改正方式によるかぎりは，「職員が，『変えてよいと法令が言ってくれるもののみ変えることができる』，『地域性に応じて考慮せよと書いてあるもののみ地域性を考える』という誤った認識を持ってしまい，自治体としての自主性・自立性が薄れてしまう恐れがある。」[43]ように思われる。立法論としては，何について条例が可能なのかをパターナリスティックに指示するのではなく，「一般的にそれは可能であり，何が可能かは自分で考える」という通則法方式が適切である。

　内閣法制局の考え方は，不変ではないのかもしれない[44]。しかし，その「岩盤解釈」の変更がにわかには実現しないと思われる状況に鑑みると，さしあたりは，法令の規定内容を修正する必要があると考える自治体が，法改正を待つまでもなく，自治解釈を踏まえ，憲法94条直接適用方式にもとづき，条例実践を積み重ねることが現実的である[45]。政治的反対があったとしても，

---

41)　小泉・前註34）書7頁。

42)　同上8頁参照。

43)　濱田・前註21）論文121頁。

44)　松本・前註13）講演30頁は，「法制局の考え方は変わらないのかというと，必ずしもそうではありません。法制局も説得できれば考え方が変わる可能性はあります。」という。集団的自衛権のように，政治による強力な恫喝があれば変節するかもしれないが，平時においてそれは果たして可能なのだろうか。筆者は，嶋田・前註3）論文27頁と同様に，悲観的である。

45)　自治体の実践例の紹介として，北村・前註10）書38〜41頁，同『環境法〔第4版〕』（弘文堂，2017年）94〜97頁参照。嶋田・前註3）論文29頁は，筆者のアプローチについて，「この方向は改革を断念しているように見えて，実は，実質的改革への近道なのではないか」と肯定的に評する。金井利之「条例による上書き権」ガバナンス93号（2009年）82頁以下・

全国で展開される条例実践に対しては，リソースを分散投与せざるをえず，効果的な対応ができないだろう。先駆的対応をしようとする自治体にとっては，たしかに時間はかかるだろうが[46]，そのようにしてはじめて，政策法務能力が養成されるのである。もちろん，訴訟が提起されれば，当該自治体は，責任ある法解釈を踏まえてこれに対抗することになる[47]。行政の自己変革ではなく，司法が行政を変えると考える方が，まだ現実性がある。訴訟の懸念があるから，条例が可能と個別法で明記するのが適切という立場もあろうが，自治体にとっては，大きなお世話である。判例理論が中央政府の考えを変える方向に作用する効果を期待すべきだろう。

　第 1 次〜第 3 次一括法において，条例制定権の拡大が「覚醒」した。そして，それは，自治体にイニシアティブを与える提案募集方式によって「試行」された。この方式は，2017 年度以降も継続しそうである。これから自治体は，そうした手続とは別に，自らの条例制定を通じて，残された多くの分野について，分権改革の成果を自らのものとすべく「実践」すべきである。それを違法と中央政府が考えるのであれば，個別法を改正して，そうした条例を禁止する規定を設ければよい。

　地域に住む個人が地域の自治のなかで尊重されるような仕組みを地域がつくり，国はそうした法環境を整備するという法の支配の実現が，憲法が目指す方向なのではないか。チマチマした個別法改正をいくら積み重ねてもチマチマの山にしかならない[48]。「地域事情を反映させる必要性が乏しい事項がアリバイづくりのように条例委任された」[49]とも評されている。より抜本的な部分での

---

83 頁も，法実践を重視する。

46)　嶋田・前註 3) 論文は，北村説の「ネック」として，実現までに時間がかかることを指摘するが，タナボタで条例制定権が付与されても，自分の身にならないのは明白である。急がば回れである。自治体は，「分権改革は自治権のための闘争」であると銘記すべきである。

47)　西尾勝『自治・分権再考──地方自治を志す人たちへ』（ぎょうせい，2013 年）75 頁は，「法令の許容範囲内であると判断できるのであれば，ぜひ既存の枠組みを突破していただきたい。……法令解釈に自信があれば，自治体は独自の解釈で進めていけばよい」とする。このかぎりでは，もっともな指摘である。

48)　松本・前註 13) 講演 27 頁参照。

49)　礒崎初仁「法令の過剰過密と立法分権の可能性」北村ほか（編）前註 38) 書。189 頁以下，192 頁。

パラダイム転換が必要である。風雨に晒されても消えずに自治体を照らし続け
る蠟燭の炎のような法理論が求められる[50]。

---

50)　そのようなものこそ，「導きの星」というにふさわしいのではないか。地方分権改革有識者
　　会議は，この文言を用いた文書を作成したが，これに対する筆者のコメントとして，北村喜宣
　　「『個性を活かし自立した地方をつくる──地方分権改革の総括と展望』を読む──枠付け見直
　　しの観点から」本書Ⅸ論文参照。原田尚彦『地方自治の法としくみ〔新版改訂版〕』(学陽書房，
　　2005 年) 13 頁は，「……現行制度自体，あるいはその解釈や運用のなかに，ときに現行憲法の
　　趣旨にそわない，旧制度的な因習や発想が残存している。向後，自治の健全な発展を促すには，
　　憲法の示す理念を正しく評価し，旧制度と日本国憲法の理念の差異を明確に見極め，憲法の趣
　　旨にそわない旧制度の残滓を排除して法理論を構築し，制度づくりや運用の改善に役立ててい
　　くことが肝要である。」と指摘する。憲法学の理論状況については，大津浩『分権国家の憲法
　　理論──フランス憲法の歴史と理論から見た現代日本の地方自治論』(有信堂高文社，2015
　　年) 365 頁以下参照。小泉祐一郎「第 2 次分権改革における法令基準の改革の検証と今後の改
　　革方策」北村（編著）・前註29）書41 頁以下は，新たな枠組みにもとづく法律改正のあり方
　　を論じており，参考になる。

第 3 部
分権改革と地域空間管理

XI　地方分権時代の環境基本条例の意義と機能

　自治体環境行政に指針を与える環境基本条例のほとんどは，分権改革前の機関委任事務時代に制定されている。法環境が一変した現在，環境基本条例には，独立条例による施策のみならず，法定自治体事務に関する法律実施条例の制定に対して指針を与える機能が期待されている。地域における環境公益を記述する環境基本計画などの計画には，法定権限の行使にあたり，その要件への読込みなどを通じて，基準としての役割を与えうる。環境基本条例は，制定が進む自治基本条例の分野別条例として位置づけられるものでもある。分権改革の制度趣旨，および，自治基本条例に規定される自治体の運営方針を踏まえて，環境基本条例および環境基本計画の内容は再検討されてよい。

1　地方分権改革と自治体環境行政

　2000 年以降における条例論は，地方分権改革と不可分である。環境基本条例もその例外ではない。制定がブームとなった 1990 年後半と比較すると，環境基本条例をめぐる議論の前提となる法環境は，この改革によって大きく変わっている[1]。

　地方分権改革前，国法たる環境法の多くには機関委任事務が規定され，法律のもとで権限を有する自治体行政庁は，「国の機関」として「国の事務」を実施していた。事務の対象は，「たまたま自治体行政区域に居住する国民」であ

---

1)　北村喜宣「自治体の法環境と政策法務」同『分権政策法務と環境・景観行政』（日本評論社，2008 年）2 頁以下参照。

218

った。

　言うまでもなく，環境基本条例は，「自治体の事務に関する条例」である。環境基本条例制定ブームの際には必ずしも十分に認識されていなかったのであるが，事務のかなりの部分を占めていた機関委任事務の実施には，環境基本条例は法的には関係を持ちえなかった[2]。その一方で，「環境基本条例は自治体環境行政のあり方を規律する環境憲法」という認識もあった。そのような曖昧性を許容し，またそうであるがゆえに存在する限界も伏在させていたのが，環境基本条例なのである[3]。

　自治体が担当する法定事務のすべてを「法定自治体事務」に振り替えた第1次地方分権改革後，環境基本条例およびそのなかで規定される環境基本計画には，どのような法的性質の変容があったのだろうか。今後，自治体が環境行政を積極的に展開するにあたって，それらはどのような法的意味を持ちうるのだろうか。本論文では，環境基本条例をめぐるいくつかの論点について検討する。

2　環境基本条例の制定状況

　若干の先駆的例外を除けば，前世紀末に制定された環境基本条例は，その契機・内容ともに，1993年の環境基本法制定に大きく影響を受けている。かつて提供されていた環境省の「地域環境行政支援情報システム」の条例データベースで「環境基本」と入力すると，676件の「環境基本条例」がヒットした（2009年11月15日検索）。自治体数は，都道府県47，市町村1,772（当時），そして，東京特別区23であるから，合計1,842となる。やや正確さにかけるところはあるだろうが，単純に割り算をすると，36.7%の自治体において制定されていたことになる。

---

2)　機関委任事務の実施権限は，自治体行政庁に与えられているから，法律実施にあたっての法解釈は当然に必要になる。小林武「自治体の裁量権」公法研究55号（1993年）199頁以下・206頁参照。そこで，権限を与えられている自治体行政庁が制定する規則であれば，法的にはリンクをすることができたが，「環境基本規則」があったとは聞かない。

3)　環境基本条例については，北村喜宣『自治体環境行政法〔第7版〕』（第一法規，2015年）91頁以下参照。

　都道府県，政令指定都市，都道府県庁所在都市についてこれをみれば，【図表11.1】のようになる。都道府県および政令市に関しては，すべてが制定している。行政手続条例や情報公開条例の制定率には遠く及ばないものの，環境行政に関していえば，まさに標準装備になっているといってよい。

【図表 11.1】都道府県・政令指定都市・都道府県県庁所在地の環境基本条例

制定年月	団体名	条例名	制定年月	団体名	条例名
1972年10月	福岡県	福岡県環境保全に関する条例	12月	富山県	富山県環境基本条例
1988年3月	山形市	美しい山形をつくる基本条例		京都府	京都府環境を守り育てる条例
10月	熊本市	熊本市環境基本条例		山口県	山口県環境基本条例
1990年1月	熊本県	熊本県環境基本条例		札幌市	札幌市環境基本条例
1991年12月	川崎市	川崎市環境基本条例	1996年3月	福島県	福島県環境基本条例
1994年3月	大阪府	大阪府環境基本条例		栃木県	栃木県環境基本条例
	神戸市	神戸市民の環境をまもる条例		神奈川県	神奈川県環境基本条例
7月	東京都	東京都環境基本条例		長野県	長野県環境基本条例
12月	埼玉県	埼玉県環境基本条例		静岡県	静岡県環境基本条例
	千葉市	千葉市環境基本条例		滋賀県	滋賀県環境基本条例
1995年3月	宮城県	宮城県環境基本条例		愛媛県	愛媛県環境基本条例
	千葉県	千葉県環境基本条例		高知県	高知県環境基本条例
	愛知県	愛知県環境基本条例		宮崎県	宮崎県環境基本条例
	岐阜県	岐阜県環境基本条例		仙台市	仙台市環境基本条例
	福井県	福井県環境基本条例		名古屋市	名古屋市環境基本条例
	三重県	三重県環境基本条例			
	横浜市	横浜市環境の保全及び創造に関する基本条例		高松市	高松市環境基本条例
			6月	茨城県	茨城県環境基本条例
			7月	新潟市	新潟市環境基本条例
	大阪市	大阪市環境基本条例	9月	福岡市	福岡市環境基本条例
	香川県	香川県環境基本条例	10月	北海道	北海道環境基本条例
	広島県	広島県環境基本条例		群馬県	群馬県環境基本条例
7月	新潟県	新潟県環境基本条例		岡山県	岡山県環境基本条例
	兵庫県	環境の保全と創造に関する条例		鳥取県	鳥取県環境の保全及び創造に関する基本条例
9月	大津市	大津市環境基本条例	12月	青森県	青森県環境の保全お

制定年月	団体名	条例名	制定年月	団体名	条例名
		よび創造に関する基本条例		福井市	福井市環境基本条例
	奈良県	奈良県環境基本条例	9月	奈良市	奈良市環境基本条例
	和歌山市	和歌山市環境基本条例		大分県	大分県環境基本条例
1997年3月	佐賀県	佐賀県環境基本条例	2000年3月	長崎市	長崎市環境基本条例
	京都市	京都市環境基本条例		沖縄県	沖縄県環境基本条例
	長野市	長野市環境基本条例		水戸市	水戸市環境基本条例
	堺市	堺市環境基本条例		前橋市	前橋市環境基本条例
	宮崎市	宮崎市環境基本条例		岡山市	岡山市環境保全条例
4月	高知市	高知市環境基本条例	2000年12月	北九州市	北九州市環境基本条例
9月	金沢市	金沢市環境保全条例	2001年3月	甲府市	甲府市環境基本条例
10月	和歌山県	和歌山県環境基本条例	5月	さいたま市	さいたま市環境基本条例
	島根県	島根県環境基本条例	9月	宇都宮市	宇都宮市環境基本条例
	長崎県	長崎県環境基本条例	2003年3月	徳島市	徳島市環境基本条例
12月	秋田県	秋田県環境基本条例		松山市	松山市環境基本条例
1998年3月	岩手県	岩手県環境の保全及び創造に関する基本条例	2004年3月	山梨県	山梨県環境基本条例
				石川県	ふるさと石川の環境を守り育てる条例
	盛岡市	盛岡市環境基本条例		鹿児島市	鹿児島市環境基本条例
6月	福島市	福島市環境基本条例			
1999年3月	山形県	山形県環境基本条例		那覇市	那覇市環境基本条例
	徳島県	徳島県環境基本条例		静岡市	静岡市環境基本条例
	鹿児島県	鹿児島県環境基本条例	2005年4月	富山市	富山市環境基本条例
	広島市	広島市環境の保全及び創造に関する基本条例	10月	山口市	山口市環境基本条例
				佐賀市	佐賀市環境基本条例
			2006年9月	岐阜市	岐阜市環境基本条例
			12月	大分市	大分市環境基本条例
	秋田市	秋田市環境基本条例	2007年3月	津市	津市環境基本条例

出典：筆者作成。

3　自治体行政における環境基本条例の意義

(1) 明文の環境配慮規定とその射程

　環境基本条例の大きな役割は，自治体決定において，結果的に環境基本計画の実現につながるような環境配慮が確実にされることを教導する点にある[4]。条例のなかには，この趣旨を明示的に規定するものがある。たとえば，川崎市環境基本条例２条３号は，「市の施策は，環境政策を基底として，これを最大限尊重して行うものとする。」と規定する。滋賀県環境基本条例10条１項柱書は，「県は，……環境の保全に関する施策の策定および実施に当たっては，環境優先の理念の下に……行わなければならない。」と規定する。

　第１次分権改革前の環境基本条例は，法律との関係でモデル的に整理すれば，法律の権限行使と別個に作動する独立的な並行条例であった。多くの環境基本条例は，そのなかに権利義務規制システムを内包するものではなかったから，具体的な問題は発生しなかった。

　かりに，機関委任事務の実施にあたって住民から環境基本条例を根拠に環境配慮の不備を指摘されたとすれば，自治体行政はどのように答えただろうか。おそらくは，リンクができないことを理由にその指摘に否定的回答をしたのではないだろうか。あるいは，機関委任事務については環境基本法が適用されるとしつつ，「国は，環境に影響を及ぼすと認められる施策を策定し，及び実施するに当たっては，環境の保全について配慮しなければならない。」と規定されていても（19条），同法は「制度，政策に関する基本方針を明示することにより，基本的政策の方向を示すことを主な内容とする」にすぎないという裁判例（札幌高判平成９年10月７日判時1659号45頁）を引用してリンクを否定するのではなかっただろうか。環境基本法19条について，環境省は，一種のプログラム規定と解しているように思われる[5]。

---

[4]　環境法における環境配慮一般については，北村喜宣「行政の環境配慮義務と要件事実」伊藤
　　滋夫（編）『環境法の要件事実』（日本評論社，2009年）91頁以下参照。

[5]　環境省総合環境政策局総務課（編著）『環境基本法の解説〔改訂版〕』（ぎょうせい，2002
　　年）は，この配慮規定を「未然防止の観点等を政策手段に具現したもの」（209頁），「個別法

（2）法定自治体事務と法定外自治体事務のリンク

　ところが，現在では，法環境が激変している。法律に規定される自治体の事務はすべて「自治体の事務」であり，それゆえに環境基本条例とのリンケージが法制度的に可能になっている。制定時には，こうしたことはあるいは想定外であったかもしれないが，法律に規定された事務であろうと独立条例に規定される事務であろうと，環境基本条例はすべての自治体事務について適用されるようになっているのである。

　たとえば，大阪府環境基本条例 7 条は，環境基本法 19 条を参考にして，「府は，環境に影響を及ぼすと認められる施策を策定し，及び実施するに当たっては，豊かな環境の保全及び創造を図る見地から，その影響が低減されるよう環境に十分配慮するものとする。」と規定する。これは，行政に対する環境配慮命令のようにみえるが，どのように解釈されるだろうか。問題は，「義務内容」の具体性である。

（3）環境基本条例に関する司法判断

　環境基本条例の法的拘束力に関する司法判断をみてみよう。わずかながらある裁判例は，一致してその拘束力を否定している。

　相模川水系建設事業費支出差止住民訴訟においては，神奈川県環境基本条例が問題となった。たとえば，同条例 3 条，4 条，9 条につき，裁判所は，それらは「いずれも宣言や指針にとどまり，具体的な請求権を定めたものではないというべき」としている（横浜地判平成 13 年 2 月 28 日判例自治 255 号 54 頁）。

　岡本太郎美術館事件訴訟では，美術館建設事業が川崎市環境基本条例に牴触するかどうかが争点のひとつとなった。同条例の法的性質につき，裁判所は，「努力義務を定めた宣言的な規定と解するべき」「基本条例は，具体的な事業を想定して，執らなければならない手続を定めたものではないし，……個別の市民に環境権を保障したものでもないと解される」としている（横浜地判平成 13 年 6 月 27 日判例自治 254 号 68 頁）。

　なり，個別施策の実施の上で具体化されるべきもの」（211 頁）とする。環境基本法の法的拘束力をめぐる裁判例については，北村喜宣「判例にみる環境基本法」同・前註 1）書 139 頁以下参照。

　会津広域基幹林道事件判決において，裁判所は，「福島県環境基本条例……〔は〕具体的な施策に関するとり決めをしたものではないが，その趣旨は，本県事業にも生かされなければならない」というにとどまる（福島地判平成14年5月14日LEX/DB28072087）。

　問題となった環境基本条例にはそれなりの具体性を持つ条文もあるが，総じて裁判例は，条例全体の性格からその政策指針性を過度に強調し，個別条文の意味には踏み込まないようである。現時点での裁判所の限界であろう[6]。

4　環境価値の横断的考慮

(1) 根拠としての環境基本条例

　しかし，整理としては，環境に影響を与える行為を規律する法律の権限行使にあたって，環境配慮を横断的に義務づける根拠として環境基本条例を位置づける意味はあるように思われる。前掲の川崎市条例，滋賀県条例，大阪府条例のような規定は，少なくとも法定権限を有する行政が環境配慮をしようと考えるならば，その根拠となりうる。政策の総合化は，地方自治法1条の2第1項が求める自治体の役割でもある。

(2) より安定した規定ぶり

　ただ，それだけでは安定性に欠ける。対応の方法はいくつか考えられる。第1は，基本条例の環境配慮規定をより具体的に改正することである。第2は，関係法に関する法律実施条例を制定しそこで当該法律に即した形で環境配慮を具体的に規定する方法である。第3は，関係法が許可制を規定していた場合に行政手続法5条にもとづく審査基準を制定し，そのなかで当該法律の許可基準

---

[6]　公害防止協定・環境保全協定の法的性質について，現在では，協定の個別条文をみてその法的性質を判断するという個別判断説が通説となっている。協定条文のなかには，契約的拘束力を有するものもあり，民事訴訟により執行可能とされている。北村・前註3）書69頁以下参照。環境基本条例の法的拘束力についても，将来はこうした方向に向かうのではないかと思われる。

の解釈として環境配慮を読み込む方法である。

　このうち第2の方法については，環境影響評価条例における環境配慮規定が先例となっている。環境配慮といっても何の資料もなしにはできないから，現実には，評価量の審査を通じて実現されることになるのだろう。たとえば，大阪府環境影響評価条例39条は，「知事は，事業者が対象事業を実施するにつき許認可等を要することとされている場合において，当該許認可等の権限を有するとき又は当該許認可等の権限を有する者に対し意見を述べることができるときは，当該対象事業に係る許認可等を行い，又は意見を述べるに当たり当該対象事業に係る評価書の内容について配慮するものとする。」と規定する。このうち，「当該許認可等の権限を有するとき〔は〕……当該対象事業に係る許認可等を行〔う〕……に当たり当該対象事業に係る評価書の内容について配慮する」という部分は，まさに規範性を持ちうる横断条項となっている。環境影響評価法33条ほどの詳細な規定ぶりではないが，環境法体系の観点からは，法律対象事業以外の事業を環境影響評価条例の横断条項の対象にすることには整合性がある[7]。

5　自治体行政における環境基本計画の意義

（1）目標としての環境公益の確定

　環境基本条例には，環境基本計画という名称の計画が規定されるのが一般的である。自治体環境の未来予想図を描くこの計画は，環境行政のまさに目標となるべきものである。策定過程は自治体により多様であるが，市民にかなりの役割を任せる実例も増えている。

　これは一種の法定計画である。人々の選好が多様な環境状態について，それなりに一貫した絵を描くには，市民の積極的な参画や議論が必要になるのだろう。抽象的にいえば，現在世代の利益だけではなく将来世代の利益や自治体の発展のあり方をも議論の射程に含み，熟議を経て策定された法定計画には，自

---

7)　北村喜宣「成り金条項？──環境影響評価条例と法律のリンク」同『自治力の冒険』（信山社出版，2003年）98頁以下参照。

治体環境行政の目標とされるべき環境公益が体現されているのであり[8]，それなりの法的重みを与えてよい。ここでは，「景観利益の保護とこれに伴う財産権等の規制は，第一次的には，民主的手続により定められた行政法規や当該地域の条例等によってされることが予定されている」と述べた国立市大学通りマンション事件最高裁判決（最 1 小判平成 18 年 3 月 30 日民集 60 巻 3 号 948 頁）が想起されるべきである。環境基本計画には本判決の射程は及ばないと思われるが，その趣旨は計画の扱いにあたって参考にされよう。

（2）法定権限行使にあたっての計画配慮

　法律にせよ条例にせよ，行政の権限行使の要件はそのなかに規定されている。法治主義の当然の帰結である。それに加えて，環境配慮を求める条文が環境基本条例に規定され，同条例にもとづく環境基本計画が策定されていた場合，個別の法律や条例の趣旨目的が環境配慮を排除していないかぎりにおいて，先にあげた環境配慮規定を一歩進めて，環境基本計画との整合の確認を法的に義務づけることが考えられる。

　最近，都市計画法 18 条の 2 が規定するいわゆる市町村都市マスタープランの「実効性」を確保すべく，独立条例であるまちづくり条例のなかで，開発計画のプランへの適合を求める仕組みが模索されている[9]。環境基本条例についてはこうした動きはみられないようであるが，基本的には同様に考えてよいものである。

　規制的効果を持つ仕組みであるから，基準は明確であるべきなのが原則である。しかし，すべてを数値化して表現できるわけではない。そこで，計画を踏まえて，事業者・行政・地元住民の対話を通じて事業の計画適合性を評価するという仕組みが一般化しつつある。問題は，不適合の場合の対応である。

　景観法のもとでは，景観計画区域内の規制対象行為に対して，計画に規定された形態意匠制限に適合しない届出行為に対して設計変更命令が出せる（17

---

8)　北村・前註3）書 137 頁。同『現代環境法の諸相〔改訂版〕』（放送大学教育振興会，2013年）38〜40 頁参照。

9)　様々な取組みについては，内海麻利『まちづくり条例の実態と理論』（第一法規，2010 年）参照。

条）。この場合でも，計画に規定される制限内容にそれなりの具体性がなければ，現実には命令までには至らないだろう。

　環境基本計画についても同様に考えられるが，「基本計画」という性格上，それほどの具体性を出すことはできないかもしれない。そこで，地域別計画など，基本計画をブレークダウンする詳細計画が策定されれば，事業者に対して適合を求め，行政がそれをチェックすることも可能になる。具体例としては，次にみる高知県土地基本条例がある。

(3) 小規模市町村の場合

　小規模市町村の場合，計画の実現に必要な法的権限がないこともある。環境に影響を与える事業がされるときに可能なのは行政指導しかなく，そうであるがゆえにその行政指導はかなり強烈なものにならざるをえず，法治主義の観点からの問題を惹起する。政策法務的には，それを実現するための独立条例を制定するか，地方自治法 252 条の 17 の 2 が規定する事務処理特例条例制度を利用して都道府県から必要な権限移譲を受けることが考えられる。しかし，現実の事務処理能力に鑑みれば，いずれも困難な場合が多いかもしれない。

　そうであるとすれば，市町村の環境計画を都道府県の権限行使のなかで考慮してもらわざるをえない。この点で，2001 年に制定された高知県土地基本条例の制度設計は参考になる[10]。同条例は独立条例（前置条例の部分と並行条例の部分がある）であるが，「県民生活の安定向上及び地域社会の振興に寄与するとともに，県土をよりよい状態で次世代に引き継いでいく」（1 条）という目的実現のため，開発計画の調整制度を設けている。そのなかで，知事は事業者に対して計画の中止命令等を発することができるが，その際に知事は市町村条例にもとづく土地利用計画に適合しないことが要件のひとつとなっている（23 条 1 項 1 号）。命令違反には刑罰がある。たんなる計画ではなく条例にもとづく計画としているのは，市町村内部で十分な議論をして決定されることを期待してのことである。市町村の団体自治と住民自治を県条例で受けとめるという分権時代のひとつのモデル的な仕組みとなっている。ただ，本条例は，予期された

---

10)　高知県土地基本条例については，北村喜宣「土地利用調整制度の分権対応――高知県土地基本条例の制定」同『分権改革と条例』（弘文堂，2004 年）209 頁以下参照。

ようには運用されていないようである。

6　環境基本条例と自治基本条例

(1)「先輩」と「格上」

　同じく「基本条例」とされるものとして，(名称は必ずしもそのようであるわけではないが，いわゆる) 自治基本条例がある。歴史的にみれば，環境基本条例の方が「先輩」であるが，自治体施策体系の観点からは，全体を包含する自治基本条例の方が「格上」ということになるだろう。

　自治基本条例は「自治体の憲法」といわれるものの[11]，法的にみれば，条例同士の効力は対等である。その点は別にしても，自治基本条例と環境基本条例の関係をどのように整理するかという問題がある。議会基本条例は別にすれば，問題は，土地基本条例や福祉基本条例などの分野別基本条例[12] についても同様である。

(2) 統合か併存か？

　実務的動きはまだないようであるが，どのように考えればよいだろうか。モデル的対応としては，統合するという考え方もあるだろう[13]。統合されるのは基本理念部分にとどまるだろうから，たとえば環境基本計画や環境調整措置などの比較的具体性を持つ部分は，分離して別途環境条例を制定することになるのだろうか。福祉基本条例や消費者基本条例を制定している自治体では，それらについても同様の措置が講じられるのだろうか。しかし，基本理念にせよそのような多様な政策分野についての議論と合意が実務的に可能なのだろうか。一般には，リアリティに欠けるような気がする[14]。

---

11)　礒崎初仁＝金井利之＝伊藤正次『ホーンブック地方自治〔第 3 版〕』(北樹出版，2014 年) 111 頁参照。

12)　兼子仁＝北村喜宣＝出石稔 (編)『政策法務事典』(ぎょうせい，2008 年) 103〜110 頁 [礒崎初仁執筆] 参照。

13)　肥沼位昌『自治体職員のための政策法務入門 5　環境課の巻　あのごみ屋敷をどうにかしてと言われたら』(第一法規，2009 年) 28〜29 頁参照。

　法律においても，基本法同士の関係が問題になる。たとえば環境分野についていえば，環境基本法のほかに循環型社会形成推進基本法と生物多様性基本法があるが，後二者は「環境基本法にぶら下がる基本法」と整理されている。そのように考えれば，無理に自治基本法に統合する意味があるともいえない。「自治基本条例＋分野別基本条例＋個別実施条例」という体系として整理するのが適切ではないだろうか[15]。ニセコ町まちづくり基本条例56条が「町は，この条例に定める内容に即して，教育，環境，福祉，産業等分野別の基本条例の制定に努めるとともに，他の条例，規則その他の規程の体系化を図る」と規定するのは，こうした発想にもとづいているのだろう。同町環境基本条例2条は，これを受けて，「この条例は，ニセコ町まちづくり基本条例に規定する分野別基本条例のひとつとして，環境保全等に関し必要な事項を定める。」としている。

---

14)　川崎市は，環境基本条例（1991年）のあとに自治基本条例（2004年）を制定した。前者には，環境政策の基底性が規定されており，それを後者が規定する基本理念や基本原則に取り入れることは，法技術的には可能であっただろうが，そのようにはしていない。

15)　福士明「環境基本条例の考え方」フロンティア180第60号（2007年）59頁以下・59頁参照。

XII　地方分権推進と環境法

　　地方分権一括法を通じて，環境法も改正を受けた。大臣同意制の廃止を
はじめとする義務付けの緩和は，国と自治体の対等関係および役割分担を
実現する適切な対応である。一方，条例については，法律施行規則で定め
られていたきわめて技術的な内容に関する決定が実現されているにすぎな
い。条例決定の可能性は，もっと広い。国の役割として制定されている法
令本体の基幹的構造・内容を変えることはできないが，「規制の対象，範
囲，内容，程度」については，全国統一的とすべき強い立法事実がないか
ぎり，自治体決定に開放されている。ただし，広域的に展開する経済活動
を不合理に制約する結果になるバラバラの自治体決定がもたらす社会的コ
ストへの配慮は，国家的観点から必要である。

1　国家の統治法構造の変革

　分権改革とは，この国の行財政制度を憲法第8章適合的にするための壮大な
国家的事業である。中央政府において，現在もなお，事業は継続されている。
　現行憲法が1947年に施行されて以降，それまでの法律や行政を「地方自治
の本旨」にもとづくといえる状態にするため，大小様々な取組みがなされてき
た。その最大は，1999年制定の「地方分権の推進を図るための関係法律の整
備等に関する法律」（地方分権一括法）に結実する第1次分権改革である。その
後も，改革の未完性を補うべく，2011年4月に「地域の自主性及び自立性を
高めるための改革の推進を図るための関係法律の整備に関する法律」（第1次一
括法）をはじめいわゆる地域主権三法が制定された。さらに，同年8月には，

同名の法律（第2次一括法）が制定された。

国民の福祉向上を究極目的にした「国と自治体の適切な役割分担」関係の構築。憲法92条のこの命令を具体的に実定法制度のなかで実現することが，ほかならぬ地方分権推進である。それは，「上下主従から対等協力の関係へ」と表現される，国家の統治法構造の変革である。

本論文では，より多くの対応をした第2次一括法による環境法改正を確認するとともに，地方分権推進の観点からその意義についてコメントする。さらに，分権時代の環境法を考える際のいくつかの論点について検討したい[1]。

2 「条例の先行と法律の後追い」

議会制定法としての環境法には，国会の立法による法律と自治体議会の議決による条例がある。環境法史においては，「条例の先行と法律の後追い」という傾向が，一般に指摘されている[2]。後を追って制定された法律は，多くの場合，先行していた条例規制の内容を吸収してこれを「国の事務」である機関委任事務とし，それを実施させた。条例は，個別環境法制定のトリガーとなったということができよう。

条例を制定していなかった自治体に関していえば，「国の事務」とはいえ，未然防止的に法システムが整備され適用されたことになる。一方，条例を制定していた自治体は，事業者との対応を「国の事務」として行わざるをえないようになったのであるが，条例が廃止されたかといえばそうではなかった。先行自治体の多くは，公害防止条例（実際の名称は多様である）を存置し，工場認可制など独自の規制を実施していたのである[3]。その結果，法律規制と条例規制

---

1) 地方分権と環境法についての筆者の論攷として，北村喜宣「地方分権の推進と環境法の展開」『分権政策法務と環境・景観行政』（日本評論社，2008年）80頁以下，同「地方分権時代の環境法」同92頁以下も参照されたい。また，大塚直『環境法〔第3版〕』（有斐閣，2010年）748頁以下も参照。

2) 佐藤英善「公害防止における法律と条例」戒能通孝（編）『公害法の研究』（日本評論社，1969年），松下圭一『市民自治の憲法理論』（岩波書店，1975年）116頁参照。

3) 室井力「公害対策における法律と条例」ジュリスト492号〔臨時増刊〕〔特集〕環境——公

の「並行規制状態」「二重規制状態」が現出し，これは現在に至るまで継続している。ただ，条例の規制基準値は，実質的に法律のそれである場合が多い。独自の規制といえるものは別にして，重複している規制が十分に機能しているかどうかには疑問もある。環境法史的に意味ある条例ではあるが，すべての規制を現在なお併存させる意味があるのか，環境規制の合理化の観点から，実証的に検討する必要がある。

3　第 1 次分権改革と環境法

(1) 機関委任事務制度の廃止と「自治体の事務」化

　第 1 次分権改革の最大の成果は，大臣という国の行政機関の下位に自治体首長を位置づける機関委任事務制度を全廃したことである。同制度のもとでは，実施される事務は「国の事務」であり，都道府県知事や市町村長は大臣の下級行政機関であった。ちょうど，法務局長と法務大臣のような関係である。

　法務局長と法務大臣の場合は，いずれもが国家公務員であるから，その上下関係は当然といえる。しかし，憲法 93 条 2 項により住民の直接公選とされる自治体の代表者をそのように位置づける制度は，憲法 92 条との関係でいかにも憲法違反であったが，環境法を含めて日本の法律に蔓延していた[4]。

害問題と環境破壊」〕（1971 年）166 頁以下参照。

[4]　連合軍総司令部（GHQ）が絶大な影響力を持っていた時代に発足した日本の新体制下において，地方自治の本旨との関係で大いに問題のある機関委任事務制度がなぜ存在しえたのかは，地方自治制度史のなかでもとりわけ興味深い点である。しかし，この点については，十分に解明されていない。機関委任事務制度研究の第一人者である辻山幸宣も，「なぜこのような集権的な事務処理体制というものが憲法，地方自治法の議論の中で残存し得たのかということがわかりません。」という。辻山幸宣「地方自治法施行 70 年──日本の地方自治の歩み」自治研かながわ月報 166 号（2017 年）1 頁以下・4 頁参照。「食糧難の都市部に米を配分するには中央集権的制度が必要だった」という説明がされることがあるが，その必要があるとしても，その限りで制度化すればよいのであり，およそ一般的な制度とする必要はなかったはずである。憲法 92 条は，「地方自治の本旨に基いて，法律でこれを定める。」と規定するが，現実には，法律で定められた制度をもって地方自治の本旨に適合していたものであるという，下剋上的な整理がされていたようにもみえる。

　廃止された機関委任事務を含んでいた個別環境法（地方分権一括法で一部改正されたもの）は，環境庁（当時）専管法律では 17 本，他省との共管法律では 3 本であった。それぞれの法律において規定される「都道府県知事」「市町村長」は，改正前は「大臣の下級行政機関」を意味したが，改正後は，都道府県や市町村の事務を実施する責任者となった。地方自治法 148 条は，「普通地方公共団体の長は，当該普通地方公共団体の事務を管理し及びこれを執行する。」と規定するが，まさにこの意味における行政機関となったのである[5]。

　機関委任事務は，廃止および国の直接執行としたほかは，法定受託事務と法定自治事務という 2 つのカテゴリーに振り分けられた（地方自治法 2 条 8〜9 項）。法定受託事務となっている条項のみが，個別環境法の終わりの部分にある「事務の区分」というタイトルが付された条文のなかで明記されている（例：ダイオキシン類対策特別措置法 42 条）。改正対象となった上記合計 20 本の法律のうち，法定受託事務を含むものは 10 本である。振り分けは，実質的には，地方分権推進委員会と関係省庁との折衝により決せられた。当時の環境庁が頑なに直接執行化や法定受託事務化に固執したという折衝実態は，複数の委員会関係者が証言するところである[6]。また，大規模不法投棄など都道府県にとって手に余る事案に関係する「廃棄物の処理及び清掃に関する法律」（廃棄物処理法）のもとでの産業廃棄物規制事務については，全国知事会から法定受託事務とするよう強力な陳情がなされた[7]。なお，国の直接執行とされた機関委任事務を規定する法律は 4 法あったが，そのなかで，自然公園法のもとで国の直接執行とされた事務（例：国立公園特別地域内での工作物設置等許可）について，都道府県知事の個別の申出に応じて法定受託事務とされている取扱い（自然公園法施行令附

　5）　北村喜宣『環境法〔第 4 版〕』（弘文堂，2017 年）85 頁参照。

　6）　大森彌「くらしづくりと分権改革」西尾勝（編著）『地方分権と地方自治』（ぎょうせい，1998 年）211 頁以下・244 頁，成田頼明『分権改革と第二次勧告の意義——第一次勧告も踏まえて』（地方自治総合研究所，1988 年）20 頁，西尾勝「制度改革と制度設計——地方分権推進委員会の事例を素材として（下）」UP［東京大学出版会］322 号（1999 年）22 頁以下・26〜27 頁参照。中央省庁全般にいえることであるが，分権改革への積極的対応姿勢は，環境省においてもみることはできない。

　7）　廃棄物処理法は，第 1 次分権改革当時は厚生省専管法であったが，後に環境省にそのまま移管されている。

則 3 項）は注目される。

（2）法律の暫定性と自己決定の実現

　第 1 次地方分権改革の前に制定された現行環境法は，機関委任事務を前提にして，「国がすべてを決定する」という基本思想のもとに制度設計されたものである。そこに規定されるのは「国の事務」であったから，こうした考え方は必然であった。本来，同改革は，機関委任事務を全廃するだけでなく，それを規定していた個別法の基本構造も，「自治体がより多くを決定できる」ように抜本改正すべきであったのであるが，種々の制約からそれが先送りされた形になった。この点については，地方分権推進委員会の最終報告『分権型社会の創造――その道筋』（1999 年 6 月）が，「地方分権を実現するには，ある事務事業を実施するかしないかの選択それ自体を地方公共団体の自主的な判断に委ねることこそ最も重要であるため，地方公共団体の事務に対する国の個別法令による義務付け，枠付け等を大幅に緩和していく」と述べて，方向性を示した。

　これは，「自分の事務に関する決定は自分でできるように」ということであろうか[8]。法律のどの部分についてどこまでそれを実現するかは一義的には決まらないが，憲法 92 条が命ずる「地方自治の本旨」の個別法における実現は，不可避的かつ緊急的課題として，爾後の国会および内閣が負わされる重要なミッションといえる。環境法は改正されたが，個別環境法の構造や文言は変わっていない。地方分権推進の観点からは暫定的状態にあると評すべきなのが，第 1 次分権改革後の現行環境法である。

4　第 2 次一括法による環境法の改正

（1）自律的決定の強化

　2011 年 8 月に成立した第 2 次一括法は，義務付け・枠付け見直しの第 2 弾

---

8)　このような捉え方からすれば，先に本文中でみたように，法律と条例との並行規制状態の問題は，条例を整理するという方向ではなくて，法律には基本的事項のみを規定して規制の具体的内容は条例決定とするという方向で解消されるべきということになるかもしれない。

である。これは，地域主権戦略会議がとりまとめ閣議決定された『地域主権戦略大綱』（2011年6月22日）の内容を実現するものである。改正による見直し対象となる重点事項は，①基礎自治体への権限移譲，②義務付け・枠付けの見直しと条例制定権の拡大，とされている。そのほかの見直し内容も含めて，環境省関係の24法についての改正対象とされた法条の概要を整理すれば，【図12.1】にみる通りである。

【図12.1】第2次一括法により措置対象とされた環境省関係法の法案

改正内容	改正対象の関係法条
■国が決めていた基準を条例で決定	
□省令を参酌して条例で決定	○鳥獣の保護及び狩猟の適正化に関する法律15条13項，34条5項 ○廃棄物の処理及び清掃に関する法律21条3項
■国等の関与の廃止・弱い形態への変更	
□同意を要する協議から同意を要しない協議へ	○自然公園法10条2項，6項，12条，16条2項，20条5項，21条5項，22条5項，68条2項 ○自然環境保全法16条2項，21条1項，24条2項 ○瀬戸内海環境保全特別措置法4条2項 ○湖沼水質保全特別措置法4条5項 ○絶滅のおそれのある野生動植物の種の保存に関する法律54条2項 ○鳥獣の保護及び狩猟の適正化に関する法律9条14項，28条の2第3項および5項（ただし，一部存置），4項
□同意を要する協議の廃止	○環境基本法17条3項
□協議の廃止	○温泉法3条3項，12条2項
□並行権限の廃止	○温泉法34条2項，35条2～3項
■計画策定・公表義務，報告義務等の廃止・努力義務化	○自然公園法14条2項 ○大気汚染防止法5条の3第4項 ○公害防止事業事業者負担法6条5項 ○廃棄物の処理及び清掃に関する法律5条の5第4項，6条5項

	○水質汚濁防止法４条の３第５項，14条の９ 第７項 ○動物の愛護及び管理に関する法律６条４項 ○瀬戸内海環境保全特別措置法４条４項 ○湖沼水質保全特別措置法４条７項 ○特定水道利水障害の防止のための水道水源水 域の水質の保全に関する特別措置法５条10項 ○容器包装に係る分別収集及び再商品化の促進 等に関する法律８条４項，９条５項 ○ダイオキシン類対策特別措置法11条４項 ○ポリ塩化ビフェニル廃棄物の適正な処理の推 進に関する特別措置法７条３項 ○鳥獣の保護及び狩猟の適正化に関する法律４ 条４項，７条７項 ○特定産業廃棄物に起因する支障の除去等に関 する特別措置法４条６項 ○エコツーリズム推進法５条４項
■都道府県事務を市の事務化	○騒音規制法３条１項，18条，19条 ○悪臭防止法３条，４条 ○振動規制法３条，４条 ○環境基本法16条２項
■法定事項の削除・緩和，事項策定 の努力義務化	○公害防止事業費事業者負担法６条２項５号 ○廃棄物の処理及び清掃に関する法律５条の５ 第２項５号，６条２項６号 ○水質汚濁防止法14条の９第２項３〜４号 ○農用地の土壌の汚染防止等に関する法律５条 ２項４号 ○動物の愛護及び管理に関する法律６条２項３ 号，５号 ○瀬戸内海環境保全特別措置法12条の４第２ 項 ○湖沼水質保全特別措置法４条３項５号，23 条２項，26条２項３〜４号 ○自動車から排出される窒素酸化物及び粒子状 物質の特定地域における総量の削減等に関す る特別措置法16条２項４号，18条２項４号 ○特定水道利水障害の防止のための水道水源水 域の水質の保全に関する特別措置法５条２項 ６号 ○容器包装に係る分別収集及び再商品化の促進 等に関する法律８条２項７号，９条２項４号

	○ポリ塩化ビフェニル廃棄物の適正な処理の推進に関する特別措置法7条2項3号 ○鳥獣の保護及び狩猟の適正化に関する法律4条2項8号，10号，7条2項7号 ○エコツーリズム推進法5条3項
■手続の多様化の容認	○ダイオキシン類対策特別措置法11条2項，31条3項 ○鳥獣の保護及び狩猟の適正化に関する法律7条4項，28条4項，6項
■大臣の指示権限の廃止	○環境基本法17条1項

出典：筆者作成。

　内容としては，大臣同意の不要化，計画などへの記載が義務づけられていた項目を一部任意への変更，計画等の公表義務の任意化が多い。一括法によるこうした改正は，国の立法的関与や行政的関与を減少させることになり，自治体の自律的決定の度合いが高まる結果となるのだろう。とりわけ，ほとんどの関係項目について，大臣同意という「国の拒否権制度」を廃止したことは，分権推進の観点からは適切であり，またシンボリックでもあった。この措置は，第1次一括法においても，大気汚染防止法，ダイオキシン類対策特別措置法，「自動車から排出される窒素酸化物及び粒子状物質の特定地域における総量の削減等に関する特別措置法」に関してなされている。また，省庁間関係の観点からは，温泉法のもとでの工業用利用目的の温泉採取に関して，経済産業局長との協議義務を廃止し，同局長の報告徴収・立入検査の並行権限を廃止したのも，適切な措置であった。協議義務の廃止は，第1次一括法においては，自然環境保全法に関して実現している。策定した計画の公表などは，個別法のもとでのその計画の機能を踏まえ，たとえ公表が法律上の義務ではなくなっても，自治体が独自に条例の根拠を与えることにより義務化を維持してもよいだろう。たとえば，廃棄物処理法のもとでの一般廃棄物処理計画は，一般廃棄物処理業許可の判断にあたって重要な意味を持つものであるがゆえに（7条5項2号），市町村は，自己決定により，公表を義務と考えるべきである[9]。

---

9)　阿部泰隆「一般廃棄物処理業の許可と委託の異同と紛争処理」同『廃棄物法制の研究』（信山社，2017年）497頁以下・498～499頁参照。

　ところで，第 1 次地方分権改革直後には，自治体事務を規定する法律のあり
方について，「枠組法」というモデルが論じられていた。詳細については論者
により違いはあるが，共通して認識されていたのは，自治体事務に対する法令
関与を少なくするという方向性であった[10]。第 2 次一括法による改正は，た
しかにその方向を向いてはいるが，改正対象となった法律については，なお堅
牢な中央統制的法構造が維持されたままである。国と自治体の適切な役割分担
に鑑みれば，枠組法化という方向性は妥当である。今回改正対象とならなかっ
た個別環境法はもとより，改正された 24 法についても，将来，さらに踏み込
んだ数次の改正が必要である。

(2) 条例による自己決定

　今回の改正は，国と自治体の関係についてのものであるが，第 2 次一括法で
注目されたのは，基準を政省令決定から条例決定に変更する措置であった。し
かし，【図 12.1】（← 235 頁）にあるように，環境法の条例措置は，2 法 3 項目
にとどまっている。

　【図 12.2】に改正後の条文をあげておこう。これは，市民・事業者に対する
規制的事務ではなく，自治体自身がいわば事業主体として実施する事務に関す
るものである。

　政省令による決定を条例による決定に変更する対応は，一般に，「条例制定
権の拡大」として歓迎されている。中央政府は，関係条文ごとに，「従うべき
基準」「標準」「参酌すべき基準」の 3 種類の基準を規定し，自治体はそれを踏
まえて条例決定をするのである。「従うべき基準」とは，「条例の内容を直接的
に拘束する，必ず適合しなければならない基準であり，当該基準に従う範囲内

---

10)　枠組法については，塩野宏「国と地方公共団体との関係のあり方」同『法治主義の諸相』
　　（有斐閣，2001 年）391 頁以下・402〜403 頁，成田頼明「国と地方，県と市町村の新しい関
　　係」同『地方自治の法理と改革』（第一法規出版，1988 年）265 頁以下・276〜277 頁，西尾勝
　　「地方分権推進の潮流・体制・手法」『未完の分権改革――霞が関官僚と格闘した 1300 日』（岩
　　波書店，1999 年）1 頁以下・35 頁参照。なお，環境法に関して，こうした発想がすでに 1970
　　年代に主張されていたことには，注目すべきである。原田尚彦「公害防止条例の限界とその使
　　命――東京都公害防止条例とその改正案に関連して」ジュリスト 466 号（1970 年）35 頁以
　　下・39 頁参照。

【図 12.2】第 2 次一括法による条例決定事務

> ■廃棄物の処理及び清掃に関する法律
>
> ○ 21 条 3 項　第 1 項の技術管理者は，環境省令で定める資格（市町村が第 6 条の 2 第 1 項の規定により一般廃棄物を処分するために設置する一般廃棄物処理施設に置かれる技術管理者にあつては，環境省令で定める基準を参酌して当該市町村の条例で定める資格）を有する者でなければならない。
>
> ■鳥獣の保護及び狩猟の適正化に関する法律
>
> ○ 15 条 14 項　前項の標識に関し必要な事項は，環境省令で定める。ただし，都道府県知事が設置する標識の寸法は，この項本文の環境省令の定めるところを参酌して，都道府県の条例で定める。
>
> ○ 34 条 7 項　第 5 項の標識の寸法は，環境省令で定める基準を参酌して，都道府県の条例で定める。

で地域の実情に応じた内容を定める条例は許容されるものの，異なる内容を定めることは許されないもの」とされる。「標準」とは，「法令の『標準』を通常よるべき基準としつつ，合理的な理由がある範囲内で，地域の実情に応じた『標準』と異なる内容を定めることが許容されるもの」とされる。そして，今回の環境法改正で用いられた「参酌すべき基準」とは，「地方自治体が十分参酌した結果としてであれば，地域の実情に応じて，異なる内容を定めることが許容されるもの」とされる。

　ところで，「資格」はともかく，「鳥獣の保護及び狩猟に関する法律」（鳥獣保護法）のもとでの指定猟法禁止区域標識や休猟区標識の「寸法」を条例決定事項とする措置には啞然とする。これをもって「条例制定権の拡大」と評価するのには，相当の勇気を要するだろう。もともと施行規則で定められていたものであり，たんに「都道府県が定める」としてよかった内容である。都道府県としては，条例を制定するとしても，具体的決定は，その委任を受けた規則ですれば足りる。これは，数値基準の決定一般についても妥当する。なお，本来的な自己決定は，こうした些末な分野ではなく，以下にみるように，規制内容そのものを条例事項とすることによって実現されると考えなければならない。

　こうした観点からみるならば，条例による自己決定に関するかぎりで，第 2 次一括法による環境法改正は，何の成果もあげていないといわざるをえない。

もっとも，第２次勧告および第３次勧告に定められた作業対象選択基準[11]に従うならば，環境法のなかでは，今回対象とするのはこれくらいしかなかったのであろう。廃棄物処理法や鳥獣保護法を含め，条例に決定権を与える必要がある対象法律の対象規定はきわめて多く残っているが，すべて将来の課題となっている。しかし，その実現の見通しはまったく立っていない。それまでの間，自治体の事務とされつつ基準が政省令で全国一律に決められているものについては，どのように考えればよいだろうか。

5　環境法における条例

(1) 法定自治体事務であることの意味

　国会は法律により自治体事務を創設することができ，その法律は，「地方自治の本旨に基づき，かつ，国と地方公共団体との適切な役割分担を踏まえたものでなければならない。」（地方自治法２条11項）。国が国民に対してすべてのサービスを直接的に提供しようとすれば，法律には「国の事務」しか規定されないことになる。たとえば，条約の国内実施法である「南極地域の環境の保護に関する法律」や全国規模での対応が求められる「資源の有効な利用の促進に関する法律」には，自治体の事務は規定されていない。

　しかし，多くの環境法には，都道府県の事務あるいは市町村の事務が規定され，その実施が命じられている[12]。このことは，立法者が，国と自治体のそれぞれが適切な役割分担を果たして法律目的を実現することを期待したからにほかならない。「住民に身近な行政はできる限り地方公共団体にゆだねることを基本」（地方自治法１条の２第２項）とすべきことの反映である。第１次分権改革時において，国の直接事務化ではなく自治体事務にしたのは，自らの事務と

---

11)　基準については，上林陽治「義務付け・枠付けの見直しとはなにか──見直し条項数の量的分析」自治総研375号（2010年）70頁以下，高橋滋「地方分権はどう進んだのか──『義務付け・枠付け見直し』を中心に」自治体法務研究24号（2011年）6頁以下参照。

12)　なお，景観法のように，事務の実施を任意的としているものもある。北村喜宣「景観法と政策法務」同・前註1) 書190頁以下参照。

して権限を持つ自治体が「地域特性に応じて当該事務を処理する」（地方自治法2条13項）ことを国会が原則的かつ黙示的に承認したものと考えるべきである。これは，憲法92条の命令でもある[13]。

　このことは，とりわけ自治体事務を規定する環境法に関しては，重要なポイントである。立法者がある政策選択をして立法をするのであるが，自治体の場においてそれをどのように実現するのかについては，権限を持つ自治体の事情が大きく関係する。環境をめぐる状況は自治体によって異なる（その内部でも異なる）のであり，国が一律に決定した規制内容では必ずしも地域特性に適合しない場合もありうるだろう。個別法の目的に規定される「自然環境」「生活環境」という保護法益の実現の程度をどのように考えるかは，権限の行使を命じられた自治体ごとに異なってくる場合もあろう。

　こうした実情を踏まえて地域特性適合的に対応しようとすれば，市民・事業者の権利義務に影響を及ぼす結果になる場合もある。「普通地方公共団体は，義務を課し，又は権利を制限するには，……条例によらなければならない。」（地方自治法14条2項）という法治主義の当然の帰結が第1次分権改革のなかで敢えて確認的に規定されたことは，法定自治体事務に関する自治体の自主的・自立的決定を促進するものと受け止められるべきである。

（2）条例による自己決定

　抽象的には，このように整理できる。実務的には，その次のステップが重要である。しかし，具体的場合において，事務を規定する法律との関係で，どのような事項に関してどの程度まで条例決定ができるのか（条例による修正が可能なのか）となると，一致した見解がない状況にある[14]。

---

13)　岩橋健定「条例制定権の限界——領域先占論から規範牴触論へ」小早川光郎＝宇賀克也（編）『行政法の発展と変革〔下巻〕』〔塩野宏先生古稀記念〕（有斐閣，2000年）357頁以下・373頁，松本英昭『要説地方自治法——新地方自治制度の全容〔第2次改訂版〕』（ぎょうせい，2002年）153〜156頁，亘理格「新制度のもとで自治体の立法権はどうなるか」小早川光郎（編著）『地方分権と自治体法務——その知恵と力』（ぎょうせい，2000年）75頁以下・88頁参照。

14)　岩橋健定「分権時代の条例制定権——現状と課題」北村喜宣＝山口道昭＝出石稔＝礒崎初仁（編）『自治体政策法務』（有斐閣，2011年）353頁以下参照。

　現在のところ，筆者自身は，自治体事務に関する「自治体の役割部分」について，法令でとりあえずの決定がされていたとしても，条例による修正は可能であると考えている。もちろん，自治体事務といえどもその創設は国がするのであるから，規制対象となる活動に関して，「全国的に統一して定めることが望ましい」（地方自治法 1 条の 2 第 2 項）とされる部分もあるだろう。それについては，自治体事務であっても国の役割に関するものであるために，条例制定権の事項的対象外となる。そこまではいえないにしても，全国画一的な内容とした方が望ましいと立法者が考えるものについては，個別法において，ネガティブ・リスト方式で条例を明示的に排除することになろう。それがされていない以上，原則として条例による修正は可能と考えるのが，憲法 92 条および 94 条に適合的である[15]。

　もっとも，具体的な規制システムについてどのように考えればよいだろうか。たとえば，許可制を届出制に変えることは可能か，直罰制とされている法律違反を命令前置制にすることは可能か，勧告止まりの違反対応措置に変更命令を加えることは可能か。おそらく，法律におけるこれらの決定は，国がその役割にもとづき全国統一的な仕組みとして整備したものであろう。しかし，少なくとも許可要件・許可基準，命令要件・命令基準といった「規制の対象，範囲，内容，程度」については，全国統一的とすべききわめて強力な立法事実がないかぎり，条例により地域特性に適合する変更を加えてもよいように考える。イメージを示すならば，許可や変更命令という「仕組み」は変えられないが，そこに差し込む「カートリッジとその中身」の決定は，自治体に委ねてもよい。

　一般には，いわばデフォルトとして，法律本則や政省令によって要件や基準が決定されている。これは第 1 次決定である。それで問題がなければ特段の措置を講じなくてもよいが，地域特性適合性の観点から問題があるとなれば，条例およびその委任にもとづく規則により，第 2 次決定をすればよいのである[16]。

---

15)　磯部力「分権改革と『自治体法文化』」北村ほか（編）・前註 14）書 61 頁以下・67 頁，松本英昭「自治体政策法務をサポートする自治法制のあり方」同前書 80 頁以下・95 頁も参照。

16)　第 1 次決定および第 2 次決定という整理については，北村喜宣「法律改革と自治体」本書 I 論文 5 頁以下参照。

（3）第２次一括法の意味

　個別法と条例の関係については，大別して２つの考え方がある。第１は，法律に根拠を有すれども自治体の事務となったことを重視し，それについては，地域特性に適合する措置を講じることができるようにすべきという観点から，個別法に条例規定がなくても規制内容の修正は適法になしうるという立場であり，上にみたように，筆者もこの説をとる[17]。憲法94条にいう「法律の範囲内」の「法律」とは，ひとつには，憲法92条の「地方自治」を踏まえた法律であるが，自治体事務を規定する法律である以上，当該事務に関して地域特性に適合する措置を条例で規定できることは，憲法94条の当然の帰結と考えるのである。

　第２は，個別法に条例規定が存するかぎりにおいて，かつ，当該規定の内容の範囲で，条例による地域特性適合的対応が可能になるというものである。ポジティブ・リスト方式であり，明文規定必要説である。

　中央政府が立脚しているのは，基本的には第２の立場であるように思われる。ただ，政省令により全国一律的に決定していた従来のやり方をとらず，政省令では先にみた３種類基準のいずれかを示すにとどめ，決定それ自体は，欲すると欲せざるとにかかわらず条例という自治体決定に委ねるとしている点で，やや押しつけ的ではある。この措置が講じられる法律に関しては，自治体が第１次決定をし，かつ，それで完結することになる。

（4）基準と根拠

　政省令では基準が示されるけれども，最終的に決定するのは自治体である。それゆえ，決定内容の妥当性について，自治体は，市民・事業者に対して，自らの責任で説明をしなければならない。政省令による決定ならば，市民・事業者にとっては，どこかしら「他人事」であるが，自治体の決定となると，より身近に感じられるだろうし，それが許可基準になるとすれば，たとえば，不許可処分を受けた申請者が取消訴訟を提起し，そのなかで基準の違法性を争うこ

17）　松本・前註15）論文，岡田博史「自治通則法（仮称）制度の提案」自治研究86巻４号105頁以下，同５号124頁以下（2010年）も参照。その実現方法に違いはあるが，基本的発想は共通しているように思われる。

とも考えられる。

　現行政省令で規定されている基準については、現実には、そのすべてについて十分な根拠があるとはいえない。自治体が決定をするといっても、根拠提示義務まで全面的に負担すると考えるのは不合理である。国はそれなりの予算と専門的研究者を擁する研究機関を分権改革後も保持しているのであるから、とりわけ自治体に条例決定を強制する以上、十分な根拠を持って基準を提示するのは、国の役割と考えるべきである。「従うべき基準」は十分な根拠を伴って示されなければならないし、「標準」の場合には、「本命」である基準以外にも複数の基準を根拠とともに示す必要があるだろう。「参酌すべき基準」の場合でも、同様に考えることができる[18]。

　一方、政省令による第 1 次決定を条例による第 2 次決定を通じて修正する場合には、根拠提示義務は自治体が負う。ただ、修正を考える自治体から根拠作成などについてアドバイスを求められた場合には、これに対して真摯に協力する義務が国にあると考えられる。こうした関係は、地方自治法に一般的規定を設けることで明確にできる。

6　地方分権推進と環境法をめぐるいくつかの論点

(1) 広域的経済活動と環境規制

　分権改革と関係なく、事業活動は自治体域を超えて展開する。規制を受ける側からすれば、ルールは同一であった方が、スケール・メリットが発揮できる点で効率的である。機関委任事務制度は、こうした観点からは都合のよいものであったかもしれない。

　地域特性に応じた対応は、法定権限を有する自治体ごとに異なる基準の創出をもたらす可能性がある。自治体から事業者をみれば「1 対 1」の関係である

---

18)　出石稔「義務付け・枠付けの見直しに伴う自治立法の可能性——条例制定権の拡大をどう生かすか」自治体法務研究 24 号（2011 年）11 頁以下・14〜15 頁も参照。同 13 頁、北村喜宣ほか「〔座談会〕自治体政策法務の連載をふりかえる」ジュリスト 1411 号（2010 年）74 頁以下・79 頁〔北村発言、山口道昭発言〕は、条例決定の義務づけ措置に対して、疑問を呈する。

が，事業者からみれば「1対多」の関係である。条例を認める以上，異なった地域ルールによる規制に服することは財産権の内在的制約ではあろうが，地方分権推進が規制のコストに無関心であってよいわけではない。異なるルールのそれぞれにはそれなりの合理性はあるとしても，全体としてみた場合に不合理の方が大きいならば，国の役割として全国統一的な対応がされるべき場合もあろう[19]。

(2) ナショナル・ミニマム論

　国法たる環境法と自治体の関係については，1970年代に「法律＝ナショナル・ミニマム」論が提唱された。公害防止や地域的自然環境保護などの住民生活の安全と福祉に直接関係する事務は「固有の自治事務領域」であり，「かかる事務領域につき，国が法律を制定して規制措置を定めた場合には，それは全国一律に適用さるべきナショナル・ミニマムの規定と解すべきであって，自治体がもしそれを不十分と考える場合には，それ自体が基本的人権の保障や比例原則に違反しあるいはその手段目的が不合理でないかぎり，独自に条例をもって横出しないし上乗せ規制を追加することも，つねに許される」[20] というのである。

　「規制措置」とは何か，届出制を許可制に代替できるのか，基準値だけの話なのか，など議論に明確性を欠く点はあるが，現在における地方分権改革の流れに照らしてみた場合，この議論の基本的発想の先見性には驚かされる。ただ，基準値についてのことだとしても，すべてについてナショナル・ミニマムとみるのは，とりわけ現在においては，実証性を欠く観念論の面がある点は否めない。環境基準にせよ排出基準にせよ，国が一律的に示す基準でそれにもとづき自治体が何らかの措置を講ずることが求められるものは，基本的には標準的なものであり，当該基準を適用する自治体がその妥当性・合理性を地域的立法事実に照らして判断して自ら決定すればよい。国が示す基準値は，参照されるべ

---

[19]　大塚直「『地方分権と環境行政』に関する問題提起」環境研究142号（2006年）142頁以下，田中正「公害防止行政と地方分権」同前168頁以下参照。

[20]　原田尚彦「地方自治の現代的意義と条例の機能」同『環境権と裁判』（弘文堂，1977年）236頁以下・246頁参照。

きナショナル・スタンダード（全国的標準値）であり，それを踏まえつつ，比例原則に配慮しつつローカル・オプティマム（地域的最適値）を確定すればよいのである。現実には，ナショナル・スタンダードがローカル・オプティマムになることもあるだろうが，それを決定するのは，法定権限を有する自治体である。

（3）新ナショナル・ミニマム論

　地方分権一括法のもとになった『地方分権推進計画』策定過程で当時の環境庁が懸念したのが，開発志向の強い自治体が，短期的利益を過大評価して自然環境破壊的な決定をすることであった[21]。そうした懸念を背景に，自然環境管理の法制度については，「国がナショナル・ミニマムとしての環境の保全を図る必要がある」[22]とされることがある。新たな視点でのとらえ方である。

　論ずべき点は多いが，何点かの指摘をしておこう。第 1 に，そうした決定を可能にした法制度をどのように改正すべきかが問題である。第 2 に，そうした決定を司法的に統制する仕組みが創設されるべきである。第 3 に，自然破壊的な開発には，国の補助金が関係することが少なくない。

　このように，自治体の事務化は，それだけで論じられるべきものではないのである。たしかに，指摘したような諸点への対応はされていないが，それゆえにナショナル・ミニマム的な環境法制度整備を国がするというのであれば，それはいささか性急な結論であろう[23]。

（4）事務の再配分

　第 1 次分権改革時点の環境法において，機関委任事務であれ団体委任事務であれ個別法に「都道府県」「都道府県知事」「市町村」「市町村長」と規定されていた事務は，基本的に，それぞれ「都道府県の事務」「市町村の事務」とされた。いわゆる「現住所主義」にもとづく事務配分である。国の直接執行事務

21）　田中充「地域環境政策と分権改革」鈴木庸夫（編著）『分権改革と地域づくり』（東京法令出版，2000 年）137 頁以下・139 頁参照。

22）　大塚・前註 1）書 751 頁参照。

23）　北村・前註 5）書 88 頁も参照。

とされたものがわずかにとどまることは，先にみた通りである。

　自治体の事務とされた以上，その実施においては自治体の法政策裁量が尊重されることが大原則である。「何に関してどの程度まで」のすべてを国が決定できた時代とは異なり，少なくとも「どの程度まで」は，自治体がその必要性や予算などに照らして決定するのである。しかし，事務によっては，全国的に等しいレベルで実施される必要があるものもあろう。たとえば，環境状態の常時監視義務と大臣への報告義務は，法定受託事務とされている（例：大気汚染防止法 22 条，31 条の 2，水質汚濁防止法 15 条，28 条の 2）。測定ポイントが減少すればデータの質に影響が生じるが，これに関して，環境大臣が「是正の指示」（地方自治法 245 条の 7）をすべき場合を想定することは難しい。そうした事務については，国の直接執行事務とした上で自治体に事務委託をする方法や，法定受託事務でも法定自治事務でもない第 3 のカテゴリーの事務類型を創設して現状の自治体事務全体を再配分する方法がありうるが，いずれも大事業である。

XⅢ　地域空間管理と協議調整
──景観法の7年と第2期景観法の構想

　　景観法は，それまでに制定されていた景観条例の機能を吸収するととも
に実効的規制のための武器を創出した。ところが，制定後も，独自の事前
手続を存置する市町村が多い。景観法が吸収しきれなかった機能をカバー
するためである。景観法には，一定の広がりのある空間について定性的に
記述される景観計画を具体的建築計画に即して解釈する仕組みが欠けてい
る。そこで，景観法の法律実施条例によって，景観計画を即地的に読み解
く手続を規定し，それが完了されていることを景観法のもとでの届出・申
請の法定要件とする。景観法に規定はないが，同法の目的を実効的に実現
するための仕組みとして，これを必要とする市町村が，同法の一部とする
べく導入できる。

1　景観法の誤算？

　現代社会の地域空間管理行政における大きな政策課題のひとつは，「良好な
景観の実現」である。「適法開発の結果としての濫開発」をいかに防止し，そ
して，次世代に継承するにふさわしい景観をいかに維持・創出するかについて
危機意識を持つ自治体は，様々な試行的取組みをしてきた。しかし，全体とし
てみるならば，十分な効果をあげたとはいえなかった。

　景観規制という一種曖昧さを伴う行政を強制的アプローチにより進めること
への逡巡もあっただろうし，土地利用規制を条例により行うことは違法という
大きな誤解も，踏み込んだ取組みにブレーキをかけていただろう[1]。一方，現

行法のもとで行使しうる権限を自治体が的確に行使しなかったために，保全できたかもしれない良好な景観の破壊を招いてしまったこともあろう[2]。

　景観に関する法律制度は，散在的であった。また，「国法による規制」であるために，現実にはそれなりの重要性のある景観のみが対象とされるというように，自治体にとっては使い勝手が悪いものであった。第1次分権改革により法律にもとづく事務が「自治体の事務」とされても，状況には基本的に変化はなかった。そうしたなかで登場したのが，2004年に制定された景観法である。自治体に事務を命ずるのではなくその仕組みの採用を任意とし，法定制度が利用される場合であっても条例決定・計画決定に多くを委ねるその仕組みは，国と自治体それぞれの役割を法制度化した分権時代の法律のひとつのモデルとして評価されている。

　それでは，景観法を「採用」した市町村にとって，同法の法システムは十分であったのだろうか。その後の対応を観察していると，どうもそうではないようである。少なからぬ市町村が，同法の手続に先立って，「協議調整」のための事前手続を存置しているのである。これは，景観法の不完全性を示しているのだろうか。それとも，進化可能性を意味しているのだろうか。本論文は，主として同法7条1項にいう景観行政団体である市町村を念頭において，「法律および条例による地域空間管理のあり方」の観点から，来るべき「第2期の景観法」を試論的に展望する。

---

1)　阿部泰隆「景観条例の強化──特に許可制の導入について」自治実務セミナー41巻9号4頁以下・8頁（2002)，磯部力「自治体による都市空間秩序の管理と『景観法』」兼子仁先生古稀記念論文集刊行会（編）『分権時代と自治体法学』（勁草書房，2007年）383頁以下・385〜386頁参照。

2)　有名な国立市大学通りマンション事件は，典型例である。阿部泰隆「景観権は私法的（司法的）に形成されるか（上）（下）」自治研81巻2号3頁以下・同3号3頁以下（2005年）参照。もっとも，そうした法定権限が平均的な自治体にとって現実に機動的に行使できるようになっているかどうかは，別の問題ではある。

2　景観法の制定

(1) 自主条例の「実効性のなさ」

　国土交通省によれば，景観法制定前の 2003 年 9 月 30 日現在，450 自治体において 494 の「景観条例」が制定されていた。しかし，これらは，「規制の担保というのが勧告どまりであり，なかなか強い力を発揮できなかった」[3]。そこで，「条例の取り組み等々を実効性のあるものにするために，条例のみでは限界のあった強制力を伴う法的規制の枠組みを用意」[4] すべく制定されたのが景観法である [5]。

　景観法が規定する自治体の事務は，任意的法定自治事務である。すなわち，景観行政を展開するにあたって，景観法（および同法に明文根拠規定を持つ条例）のみにもとづくか，それによらずに自主条例のみにもとづくか，あるいは，両者を併用するかは，自治体の決定に委ねられている。本論文で前提とするのは，最後のパターンである。

(2) 景観法の仕組み

　景観法の 2 つの柱は，景観計画制度と景観地区制度である。いずれも，良好な景観を保全・創出することを目指すものである。前者は景観行政団体（都道府県および一定の市町村）（7 条 1 項）のみ実施が可能である。一方，後者は，市町村に限定される。

　景観計画は，①景観計画区域，②同区域における良好な景観の形成に関する

---

3)　第 159 回国会衆議院国土交通委員会議録 19 号（2004 年 5 月 11 日）7 頁［竹歳誠・国土交通省都市・地域整備局長答弁］。

4)　前註 3）会議録 1 頁［石原伸晃・国土交通大臣答弁］。この言説は，実態論にもとづくものにすぎない。法的にみれば，強制力ある仕組みを条例化することは大いに可能であった。阿部泰隆『政策法学と自治体条例——やわらか頭で条例を作ろう』（信山社，1999 年）参照。

5)　景観法に関しては，荏原明則「景観保護制度の運用と課題——芦屋市における景観地区制度運用を中心に」神戸学院法学 40 巻 3・4 号 83 頁以下（2011），および，同頁註 1～2 で引用されている文献参照。実務的には，国土交通省＝農林水産省＝環境省『景観法運用指針』（最新版は，2016 年 3 月改訂）（以下『運用指針』として引用）が重要である。

方針，③同区域内における行為規制に関する事項などを定める（8条）。景観計
画区域において法律・施行令および条例で規定される行為をしようとする者は，
景観行政団体の長に所定事項を届け出なければならない（16条1項）。届出を
受けた長は，景観計画に規定される行為制限規定に照らして審査し，不適合と
認める場合には，30日以内にかぎり設計変更勧告ができる（同条3項・4項）。
届出対象行為のうちさらに条例で定める特定届出対象行為に関しては，形態意
匠にかかる行為制限規定に照らして不適合と認める場合には，30日以内にか
ぎり設計変更命令を発出することができる（17条1項～2項）。計画変更命令付
き届出制である。ただし，実地調査の必要があるときなど期間内に処分ができ
ない合理的理由があれば，90日を超えない範囲で，期間を通知した上で延長
することができる（同条4項）。2017年3月31日現在，景観計画の策定は，
698景観行政体のうち538団体（77.1%）となっている。

　一方，景観地区は，都市計画として定められるものであり，法的拘束力を有
する（61条）。景観計画と比較すれば，景観地区は，「市街地の良好な景観の形
成」というように，より狭域でまとまりのある景観を対象とするものである。
それゆえ，策定主体は市町村のみとされる。景観行政団体である必要はない。
景観地区内で建築物の建築等をしようとする者は，市町村長の認定を受けなけ
ればならない（63条1項）。市町村長は，30日以内に，景観地区に規定される
建築物の形態意匠制限適合性を審査し，認定・不認定処分をする（同条2項）。
景観計画制度とは異なって審査期間の延長が規定されていないのは，「制限に
適合しない場合に具体的措置を命ずるわけではない」[6]ためである。法的拘束
力が強く，設定手続も複雑であることから，景観地区の実績は，2017年3月
31日現在，27団体45地区にとどまる。

(3) 空間管理における景観計画と景観地区の意義

　景観計画制度も景観地区制度も，良好な景観の保全・創出のための法的仕組
みである。何が目標とすべき景観であるのか。それは，地域公共財的性格を持
つ景観に関する計画・地区の策定・決定を通じ，地域環境管理主体としての自

---

6)　景観法制研究会（編）『逐条解説景観法』（ぎょうせい，2004年）131頁。

治体[7] において確定される。

　景観計画の策定にあたっては，公聴会開催など住民意見聴取が義務的となっ
ている（9 条 1 項）。そのほか，条例によって追加的に策定手続を整備しうるこ
とも確認的に規定されている（同条 7 項）。住民等による提案制度が設けられて
いることも，景観計画の大きな特徴である（11 条）。一方，景観地区は，都市
計画として定められるために，景観法においては特段の手続規定は設けられて
おらず，都市計画法の手続が適用されることになる。都市計画法には，公聴会
の開催や景観計画の提案など，景観地区と同様の規定が設けられている（都計
16 条，21 条の 2）。参画の機能としては，公益形成参画といえよう[8]。

　こうした手続がとられるのは，景観が公共的関心事であるがゆえである。住
民参画を踏まえて策定・決定された景観計画および景観地区は，地域における
「環境公益」の一部分を表現したものといえる。その実現は，行政に信託され
る。住民は，実現過程に対して，法的利益にもとづき積極的に参画し，その成
果を法的利益として享受する[9]。

　ところで，景観という観点からの地域空間管理において，景観計画および景
観地区という法的根拠を有する制度はどのような意義を持つのだろうか。それ
を考えるにあたっては，国立市大学通りマンション事件最高裁判決が想起され
る（最 1 小判平成 18 年 3 月 30 日民集 60 巻 3 号 948 頁）。本判決を分析する視点は
立場によって多様であるが，環境法の観点からは，第 1 小法廷が説示した次の
一節がきわめて重要である。

　「景観利益の保護は，一方において当該地域における土地・建物の財産権に制限を
　加えることとなり，その範囲・内容等をめぐって周辺の住民相互間や財産権者との
　間で意見の対立が生ずることも予想されるのであるから，景観利益の保護とこれに
　伴う財産権等の規制は，第一次的には，民主的手続により定められた行政法規や当

---

7)　磯部力「都市の環境管理計画と行政法の現代的条件」兼子仁＝宮崎良夫（編）『行政法学の
　　現状分析』[高柳信一先生古稀記念論集]（勁草書房，1991 年）313 頁以下・331 頁参照。

8)　北村喜宣『環境法〔第 4 版〕』（弘文堂，2017 年）101 頁参照。

9)　北村・前註 8) 書 53～54 頁，同『自治体環境行政法〔第 7 版〕』（第一法規，2015 年）130～
　　132 頁参照。岩橋浩文『都市環境行政法論――地区集合利益と法システム』（法律文化社，
　　2010 年）196 頁は，地元住民の利益を一般公益から識別可能な地区集合利益とする。

該地域の条例等によってなされることが予定されている」。

　法治主義からは当然の帰結であるが，景観規制が法律および条例に根拠を有すべきとしたことを改めて確認しておきたい。景観法は，同法にもとづく景観計画制度や景観地区制度を通じて，地域的景観の保護と形成を推進しようとしているのであって，そうした仕組みの法政策的適切性は，最高裁判決によっても確認された[10]。そして，策定過程における手続の民主的度合い（参画の実質性，議論の成熟性など）は，これら制度のもとでの規制の正統性を下支えするものといえよう[11]。

3　景観計画制度・景観地区制度と建築計画の審査

(1) 審査システム

　具体的な建築計画[12]の審査にあたって，景観計画および景観地区はどのような機能を果たしているのだろうか。仕組みは異なるけれども，両者は，現在世代が享受し将来世代に対して継承すべき良好な地域景観に関する現在時点での地域的合意をあらわしたものである。

　先にみたように，景観計画制度のもとでの届出および景観地区制度のもとでの認定申請がされた場合，市町村長は，それぞれへの適合性を審査して，勧告，設計変更命令，認定・不認定という対応をとることになる。このプロセスは，あらかじめ策定されている景観計画および景観地区という地域的合意を，個別事案に照らして再確認する機能を有している。そのための期間が，先にみたよ

---

10)　この点は，いわゆる自主条例についても妥当する。2001 年制定の高知県土地基本条例は，市町村の土地利用計画を踏まえて県知事が権限行使をする仕組みを規定するが，そうした計画に市町村条例の根拠を求めている。北村喜宣「土地利用調整制度の分権対応——高知県土地基本条例の制定」同『分権改革と条例』（弘文堂，2004 年）209 頁以下参照。

11)　住民参画の推進は，景観法案を準備した中央政府によっても求められている。前註5)『運用指針』18～20 頁参照。

12)　審査対象となるのは，建築物の建築だけではなく工作物の設置もあるが，本論文では，便宜上，建築物のみを念頭において議論する。

うに 30 日以内である。景観計画に規定される形態意匠制限に関しては，命令
の期限を個別に最大 90 日まで延長することが可能であるが，これはきわめて
例外的であろう。おそらく立法者は，ほとんどの案件が 30 日以内に処理でき
ると考えていた。

（2）審査対象の計画の実情と国土交通省調査

　審査対象として市町村に提出される建築計画の作成は，どのようにしてなさ
れるのだろうか。この点に関して，景観法は特段の手続を規定していない。想
定されているのは，景観計画や景観地区の内容を事業者が単独で解釈してそれ
に適合するように建築の詳細計画を描くというものだろう。市町村は，それを
30 日で審査するのである。これが制度のタテマエであるが，現実にはどうな
っているのだろうか。

　2010 年 7 月 1 日時点で国土交通省によってなされた「第 5 回景観法施行実
績調査」は，興味深い現場実態を伝えている。この調査は，①同日時点で景観
計画を策定・告示している 243 団体および同日時点で景観整備機構を指定した
54 団体，②同日時点で景観地区を策定している 18 団体を対象にしたものであ
る（回収率 100%）[13]。そこでは，何らかの事前協議（事前相談を含む）が制度化
されているか，制度化されている場合にどのような内容となっているかなどに
ついての質問・回答が整理されている。事前の「事」とは，それぞれ景観法
16 条届出（景観計画に関して）と同法 63 条申請（景観地区に関して）を意味する。
調査結果のいくつかを抽出したのが，次頁以下に掲げる【図表 13.1】（景観計
画制度），【図表 13.2】（景観地区制度）（→256 頁）である。

---

13)　調査全体については，国土交通省ウェブサイト（http://www.mlit.go.jp/common/
　　000139805.pdf）参照。解説として，原田佳道「景観法の現状と課題」季刊まちづくり 28 号
　　（2010 年）24 頁以下参照。

【図表 13.1】　景観計画と事前協議

① 事前協議の有無

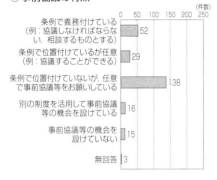

② 事前協議の目的

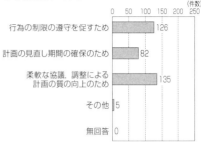

③ 事前協議の内容（複数選択可）

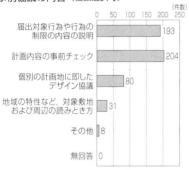

④ 事前協議の主体および方法（複数選択可）

⑤ 事前協議の課題

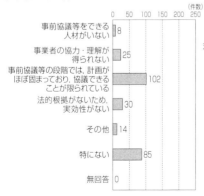

⑥ 事前協議を効果的にするために必要なこと（複数選択可）

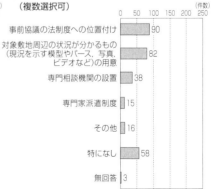

出典：国土交通省資料を若干修正。

【図表 13.2】　景観地区と事前協議

① 事前協議の有無

② 事前協議の目的

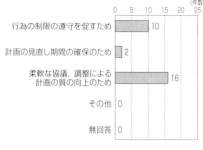

③ 事前協議の内容（複数選択可）

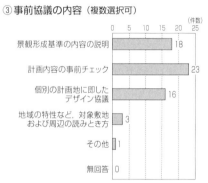

④ 事前協議の主体および方法（複数選択可）

⑤ 事前協議の課題

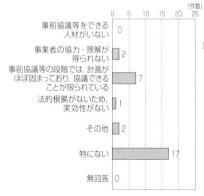

⑥ 事前協議を効果的にするために必要なこと（複数選択可）

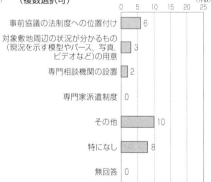

出典：国土交通省資料を若干修正。

4　市町村事前協議制度の実情とその意味

(1) 自治体事前手続の状況

　【図表13.1】【図表13.2】から，どのような現場実態を垣間見ることができるだろうか。

　まず注目されるのは，「①事前協議の有無」から確認できるように，法的拘束力は別にして，景観計画でも景観地区でも，届出や申請に先立って協議を制度化している自治体が圧倒的多数を占めていることである。景観法は，少なくとも自主条例を必要かつ十分に景観計画制度に吸収することを考えて立案されたように思われるが[14]，現実にはそうはいかなかった[15]。

　「②事前協議の目的」のなかで注目されるのは，「建築計画の質を高める」という項目である。「見直し期間の確保」というのも，行政との協議によってそうした方向に誘導するという趣旨であろう。この手続を通じて，よりよい計画内容にしたうえで，景観法手続に入らせるのである。

　「③事前協議の内容」であるが，おそらく事業者が確定した建築計画の事前チェックが主たるものと推察される。後で議論するように，デザイン協議や読み取りといった内容は，計画熟度が低い段階でされなければ効果がない。しかし，「⑤事前協議の課題」として認識されているように，計画がほぼ固まった段階の協議ゆえに限界があることからすると，事前手続とはいうものの，現実には時機を失した結果になっているのである。早すぎると計画案が固まっていないため協議しにくく，さりとて計画案が固まってしまうと調整が困難になるという「早すぎる・遅すぎる問題」は，そのほかの調査によっても確認されて

---

14)　岸田里佳子「景観法の制定と現在の施行状況」ジュリ1314号（2006年）4頁以下・12頁は，「自主条例を法定計画に移行する際に，すべて移行可能な仕組みとして構築することに留意した」とする。景観まちづくり研究会（編著）『景観法を活かす──どこでもできる景観まちづくり』（学芸出版社，2004年）（以下『活かす』として引用）15頁［岸田里佳子執筆］も参照。

15)　「景観法では十分拾いきれない可能性」を指摘していたものとして，小林重敬＝内海麻利「景観法の創設に伴う景観行政の変化に関する一考察──景観計画と景観地区を中心に」ジュリスト1314号（2006年）38頁以下・42頁参照。

いる [16]。

(2) 景観法の限界

　調査結果は，現行景観法の問題点の一面を浮き彫りにしているように思われる。

　第 1 は，定性的基準の適用の困難さである。景観計画制限に不適合と行政が判断すれば勧告は可能であり（16 条 3 項），形態意匠制限不適合の場合には設計変更命令まで出せる（17 条 1 項）。とりわけ刑罰の担保のある（101 条 1 号）命令が可能なこと，そして，景観地区の場合にはそもそも認定制であるというように，強制力を伴う法的規制が景観法の意義のひとつであったことに鑑みれば，協議不調のコストは事業者が負担するはずである。それにもかかわらず，「⑤事前協議の課題」の回答が示すように，全体としてみた場合に，いささか弱気な認識を自治体がしているのはなぜだろうか。

　おそらくそれは，強制力ある措置を実際に使うことは困難と考えられているからであろう。定性的基準の適用が容易ではないことについては，景観行政担当者が口をそろえる [17]。強い武器を与えたことがかえって自治体の負担になっているのは，何とも皮肉な現象である。

　第 2 は，先にもみたように，もっぱら事業者が建築計画の内容を考えて手続に入ることが前提とされていることである。この点は，事前協議制度においても同様であるようにみえる。景観計画や景観地区の内容を解釈しつつ，かなりの熟度にまで計画を固めるのは事業者である。固まってはじめて行政と接触するがゆえに，行政としては「時すでに遅し」と感じられるのであろう。

---

16)　住まい・まちづくり担い手支援機構『より良いデザインの建築物を誘導するための建築物の形態等に関する協議調整システム（デザインレビュー）のあり方について』（2011）（以下『デザインレビュー』として引用）参照。

17)　これは，日本だけの問題ではない。英国の状況については，坂井文「近年イギリス都市計画におけるデザイン管理の支援システムに関する研究——CABE（建築都市環境委員会）設立の背景に着目して」日本建築学会計画系論文集 635 号（2009 年）153 頁以下・156 頁参照。もっとも，京都市役所や福岡市役所でのヒアリングでは，十分な経験の蓄積があるからか，定性的基準の適用には特段の問題はないとされていた。そうであるとすれば，こうした「超先進事例」をモデルに景観法の制度設計をしたことが間違いであったということになる。

XⅢ　地域空間管理と協議調整

法にもとづく届出や申請をするのではないが，事前手続であっても，事業者は，景観計画や景観地区の規制を踏まえつつ具体的な建築計画をつくる。その過程で事業者は，いくつもの決定を積み重ねてきている。樹形図のイメージでいえば，現行制度のもとでの行政へのアクセスは，建築計画がかなり枝分かれした部分に至ったところではじめてなされるようになっているのである。後戻りして別の選択肢をとるのは，それなりに面倒なことだろう。調査結果は，事業者と行政の間に，具体的建築計画にかかる「良好な景観」をめぐって，認識のギャップがそれなりにあることを推察させる[18]。

第3は，建築物が予定される具体的場所に関して，策定されている景観計画なり景観地区がどのような建築物を期待しているかが確認されないままになっている点である。これらの規制は，一定の空間的拡がりを単位として一般的・抽象的に記述されていることが通例である。したがって，同じ建築物であっても，それが立地する具体的場所次第で，景観上の問題を発生させたり発生させなかったりする。そうした点に対して，景観法は，特段の配慮をしていない。

市町村景観行政の立場からみれば，「景観法8条2項2号に定める景観計画区域における良好な景観の形成に係る方針が理解されているかを直接確認する場がない」[19]のである。

国土交通省調査の「第5回景観法施行実績調査・追加調査」の結果のひとつである【図表13.3】（→260頁）は，景観計画届出に対して自治体行政がどのように感じているかを示したものである。全体としてみれば，景観計画の内容を事業者が地域の認識とそれほど違わない程度に受け止めて建築計画を具体化していることが推察されるが，追加調査において実施された個別ヒアリングによれば，「色彩などの数値基準しか守らない（定性的な基準や方針，指針は守らなくて良いと考えている等）」「設計者・事業者が『配慮する』の具体的なイメージが

---

18)　こうした認識ギャップについては，筆者が実施した景観行政担当者へのヒアリングにおいて，しばしば表明された。本光章一「地域固有の景観まちづくりと将来展望——様々な条例駆使による現状と課題」環境条例四季報8号（2005年）18頁以下・20頁は，金沢市職員である著者の認識として，「景観形成基準に示されている意図が表層的にしか伝わらないという，文言による伝達の難しさとともに，条例（総論）に対する認識と個々の基準内容（各論）に対する認識との間に大きなギャップを感じざるをえない」とする。

19)　松岡紀子「秦野市の景観行政の取組」ジュリスト1314号（2006年）85頁以下・88頁。

259

【図表13.3】　景観計画届出の内容の評価

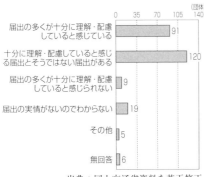

出典：国土交通省資料を若干修正。

持てない（何をすれば良いか分からない，捉え方が不十分，景観像が共有できず行政と事業者で解釈が共有化されない等）」といった点が指摘された。数値基準のみ遵守するというのも，裏を返せば，それ以外の基準の不明確さに一因があるのだろう。

　そして第4に，以上のような問題点があるにもかかわらず，景観法16条1項にもとづく届出に対しては，原則として30日以内で対応することが求められている点である。横須賀市は，2004年に景観条例を制定し，景観法施行後の2006年に改正をしたが，このときには事前協議を制度化していなかった。しかし，事前協議なしで同法を実施したところとても30日では対応しきれないことが痛感されたため，2009年改正によって事前協議を導入している。現行景観法が想定した内容以上のものを審査過程において考えなければならないようになっていたからであろう。景観法の審査手続は，過重負担になっている。

（3）対応の方向性

　事前協議にせよ景観法手続にせよ，協議・審査においては，事業者がすでに行った作業の事後的評価がされる。その作業とは，①建築予定地に関して景観計画・景観地区の読み取り，②読み取り結果を踏まえた設計，である。①が不適切になされれば，必然的に②もそうなるであろう。そうであるとすれば，法政策的には，少なくとも景観インパクトが大きいと考えられる一定の規模の建築物に関しては，①が適切に行われることを確保する仕組みを景観法の一部として制度化することが必要である。建築計画をつくるのはあくまで事業者であるが，よりよい計画となるように，「大きなお世話」をするのである。自主条例による事前手続と景観法手続を連動させるべきという提案は多くなされているが，両手続の機能の差への関心は，それほど高くない。なお，本来，法律手

続ですべき内容を先取りして条例のもとで事業者に法的に義務づけるとすれば，それは不合理な二重手続であり，比例原則に反して違法である[20]。

　制度化のポイントは，いくつかある。第1は，本格的設計に入る前に，予定地に関して，景観計画なり景観地区なりの内容について，地域において共通の理解がされるようにすることである。こうした規制をつくるにあたっては，住民参画があったはずである。【図表 13.1】（←255 頁）および【図表 13.2】（←256 頁）の「④事前協議の主体および方法」の回答をみると，住民の参画は少ないようであるが，重要なステークホルダーである関係住民も入れるべきであろう。景観計画の場合，景観法 15 条にもとづく景観協議会が組織されていれば，それが主体になるのだろうか。第2は，それを踏まえて設計がされるが，その過程においても，適宜，案が提示されて，「よりよい建築」に向けての調整がされるようにすることである。第3に，協議の完了に関する何らかの手続が規定されることである。制度の透明性と信頼性のために，この点は重要である。第4に，これらの段階的手続は，景観法 16 条届出なり 63 条申請なりの前にされることを法的に確保することである。すなわち，明確な基準にもとづいて完了認定を行ったうえで，この手続を履行しないかぎりは，届出も申請も不適式となるようにするのである。以下では，制度設計のポイントについて考えてみよう。

5　「ルール確認制度」および「協議調整制度」の制度化

（1）建築計画調整手続としての把握

　景観計画や景観地区は，地域景観に関する市町村の社会的合意であり決定である。それぞれを踏まえて具体的な建築行為がされるまでには，大きく分けて，3つの段階を経ることが適切である。第1は即地的読み取り作業をする「ルール確認制度」，第2はそれにもとづいて建築計画を具体化する「協議調整制度」，そして，第3は現行景観法が規定する景観計画届出および景観地区認定申請の

---

20)　国土交通省も，同様の認識を示す。前註 14)『活かす』31 頁参照。

制度である。最初の２つの段階は，法の具体化プロセスであり，これを建築計画調整手続と呼ぶことにしよう。都市計画学において「デザイン協議」と呼ばれるものとほぼ同内容である[21]。

　これまでは，建築計画調整手続を構成する２つの部分が，必ずしも明確に区別されていなかったように思われる。そうであるからこそ，事前手続に関して，「早すぎる・遅すぎる問題」が認識されたのである。したがって，両者を明確に区別し，それぞれの役割を整理するのが合理的である。

　【図表13.1】【図表13.2】の「⑤事前協議の課題」「⑥事前協議を効果的にするために必要なこと」をみると，市町村は，この手続に法的拘束力を与えることが重要と考えているようである[22]。しかし，機能を十分に整理しないままに義務化したとしても，問題解決にはならない。むしろ，義務化の正当性を説明できずに，事業者の不信を買うだけであろう。

　また，自らの財産を利用する事業計画は，事業者自らがリスクを背負いつつ自分で立案するという，個人主義に立脚する近代法モデルの観点からは，こうした手続の合理性に対しては，疑問が投げかけられるかもしれない。しかし，環境アセスメント制度にみるように，行政や住民とコミュニケーションをしつつ事業計画をよりよくするために環境配慮をさせる手続は，ほかにも合憲的に存在している。この制度と同様，一定規模以上の建築物の場合，比例原則にもとづく制約はあるものの，よりよき建築計画の策定を目指し，協働して協議調整手続を履行させることは，財産権の内在的制約として受忍されるべきものである[23]。

---

21)　前註14)『活かす』141頁［窪田亜矢執筆］，小林重敬「エリアマネジメントとルール」ジュリスト1429号（2011年）76頁以下参照。実践例も多い。小沢朗＝川手光太「都市デザインを発展させたガイドラインと景観協議」季刊まちづくり12号（2006年）42頁以下，竹沢えり子「デザインコントロールを中心としたエリアマネジメント──銀座の事例」ジュリスト1429号（2011年）91頁以下参照。「デザイン」という言葉の含意については，坂井・前註17）論文155～156頁参照。法実施段階における市民参画の必要性一般については，阿部泰隆『行政の法システム（下）〔新版〕』（有斐閣，1997年）546頁参照。

22)　前註16)『デザインレビュー』においても，そうした市町村の認識が報告されている。

23)　阿部・前註21）書560頁，磯部・前註7）論文337頁，同「公物管理から環境管理へ──現代行政法における『管理』の概念をめぐる一考察」松田保彦＝久留島隆＝山田卓生＝碓井光明（編）『国際化時代の行政と法』［成田頼明先生横浜国立大学退官記念］（良書普及会，1993

(2) ネガティブ排除とポジティブ創出

　第3段階の景観法手続は，景観計画の景観形成基準や景観地区の諸制限との関係で，「明らかにダメなものを排除するネガティブ排除制度」である。市町村行政現場においては，裁量性のない作業と認識されているようにみえる。

　届出や申請は，建築計画の内容のすべてを事業者が決定したあとでなされる。いわば「ボールを行政に投げた」状態になっているのであるから，今更行政と一緒に何かを考えるわけではない。審査をする側とされる側の関係である。したがって，建築計画をよりよくするというポジティブ創出的機能を第3段階に期待するのは，そもそも無理な相談である。それは，第1段階および第2段階という，計画の修正が可能なプロセスの機能として制度化することが合理的である[24]。現行法は，この点で徹底していないが，それを排しているとも思われない[25]。それでは，それぞれの段階として，どのような内容を考えればよいのだろうか。

(3) 即地的読み取り作業としての「ルール確認制度」

　読み取りという作業は，行政の思うところを事業者に押しつけるものでは決してない。住民参画を踏まえて既に策定されている景観計画や景観地区に定められたルールであるが，これを具体的事案に適用するにあたって，行政にも住民にも，何が「正解」であるかはわからない。事業者と一緒になって，具体的場所におけるルールの確定をまず行うのである。読み取りは，地域空間の意味の協働的発見といってもよい[26]。なお，行政と住民は，景観計画や景観地区を決定するにあたってコミットをした点で，個別事業者にとっては「地域の先輩」なのであり，事業者としては，「先輩の良識」を尊重する場面も出てくるだろう。

年）25頁以下・46頁も参照。

24)　阿部・前註21) 書559頁参照。都市計画学においても，そうした発想にもとづく議論はされている。大方潤一郎「都市再生と都市計画」都市問題93巻3号（2002年）17頁以下参照。

25)　「事前確定主義」を克服した現行景観法の発想のなかに位置づけられるように思われる。磯部・前註1) 論文388頁参照。

26)　角松生史「『公私協働』の位相と行政法理論への示唆——都市再生関連諸法をめぐって」公法研究65号（2003年）200頁以下・206〜207頁参照。

　程度の差はあれ，景観計画や景観地区の記述には，抽象性と定性性が不可避である。それらは，民主的正統性を持つルールなのではあるが，個別具体の建築計画との関係では，未だ適用が困難なルールでもある。記述の地理的範囲には広狭があろうが，比較的狭域に関する記述であっても，具体的建築物の計画が，その地域のすべてにおいてそれと適合するとはかぎらない。そこには既存の建築物が存在して一定の景観を形成していることが通例であり，新たに建築物が立地するとして，それがたとえ同じ彩度の外壁を持っていても，与える景観インパクトは，具体的場所との関係によって多様であろう。そこで，たとえば，「○○町○丁目○番地○号における建築の場合，景観計画の記述については，このようなイメージの建築物であれば適合的」という共通理解を，事業者，行政，住民の間で持てるようにするための手続的仕組みを設けるのである[27]。定性的基準は努力目標にすぎないと考える傾向が事業者にはあるといわれるが，そうした誤解を早期段階から正す効果も期待できる。

　住民参画を経て，景観計画や景観地区には，多様な内容が盛り込まれたはずである。即地的にそれをいかに具体的に認識するか。ルール確定制度は，たとえば綿菓子製造器のように，具体的場所という棒を関係主体で一緒にぐるぐると回しながら，そこに当該場所を利用する場合の景観イメージを具体化させて棒に付着させて固め，そして，共有してゆくプロセスである。地域的裁量が大きいが，それゆえに手続の透明性が要求される[28]。この作業を経ることにより，次の段階における設計は，当該敷地のことのみを考えたスポット・デザインから，地域の景観文脈を考えたコンテクスチュアル・デザインになりうるのである。

　なお，景観計画および景観地区に規定される内容に関して，具体的建築計画が持ち上がるまで待っている必要もない。読み取りが一種の解釈行為であるとすれば，行政手続法のもとでの審査基準にならって，抽象的レベルではあるが，パブリック・コメントを経て，それらをより詳しくした指針を策定・公表する

---

27)　「読み取り」という作業の重要性は，都市計画学においても主張され，実践もされている。小浦久子「大規模建築物を地域環境と調整するしくみ――芦屋市の景観まちづくりにおける行政指導から法定手続きへ」日本不動産学会誌24巻4号（2011年）59頁以下参照。

28)　西村幸夫「景観法とまちづくり」自治体法務研究2号（2005年）6頁以下・8頁参照。

のが適切である[29]。

(4) 協働的設計作業としての「協議調整制度」

　即地的に読み取られた景観計画や景観地区の内容にもとづいて，事業者によって建築計画の設計がされることになる。このプロセスにおいても，景観計画や景観地区を踏まえて，市町村，関係住民，専門家との協議調整が行われる。ここでいう「協議調整」とは，関係者が相互の立場を尊重しつつ話し合いを重ね，計画される建築物を立地予定地周辺の環境空間にうまくおさめるとともに，当該空間の価値を高めるようにその内容を工夫することを意味する。

　建築計画の熟度が低いことが前提であるから，この作業にあたっては，代替案・複数案が提示されるように規定すべきであろう[30]。建築計画を「よりよくする」ためには，これを相対的にみることが不可欠であり，このプロセスの意味は，環境アセスメントにも通ずるところがある。形態意匠や色彩のほか，景観形成に重要な影響を与える敷地内における建築物の配置についても，協議対象となる。

(5) 景観計画・景観地区の進化

　景観計画や景観地区は，民主的手続を踏まえてあらかじめ決定されているから，即地的読み取りそれ自体によって新たなルールが創出されるわけではない。その意味では，ルール確認制度や協議調整制度は，事業者にとって不意打ちでもなく「後出しジャンケン」でもない。参画する住民は，思いつき的意見を述べるのではなく，筆者の用語法でいう「公的市民」として[31]，合意されているルールの解釈を述べるのである。基準の硬直化を防止し，民主的に決定された枠組みのなかでの即地的最適解の発見という機能を有するのが，このシステムである[32]。

---

29)　阿部・前註1）論文9頁も参照。

30)　前註14）『活かす』141～142頁［窪田亜矢執筆］も参照。

31)　北村・前註9）書131頁参照。この制度のもとでの参画は，地域的環境公益に関する手続的保障の一形態として整理することも可能だろう。

32)　磯部・前註7）論文330～331頁も参照。

　景観計画にしても景観地区にしても，表現ぶりが抽象的になるのは避けられない。具体的にしようとすればするほど調整コストが高くなるから，制度を出発させようとすれば，合意できる内容でとりあえず合意するのが知恵というものだろう。実際，曖昧な定性的基準の背景には，そうした事情があることが少なくない。しかし，一度に固める必要性はどこにもない。景観計画については，多段階ロケット方式で進めればよいのである。非決定ゆえに発生する景観破壊のコストを，とりあえず回避する必要がある。

　個別建築計画に関するルール確認制度によって，その内容が復習され再確認される。その蓄積を通じて，景観計画も景観地区の内容も，よりわかりやすく具体化することが期待できるのではないだろうか。不備な点が確認されるかもしれない。ルール確認制度は，景観計画や景観地区の改訂のシーズをみつけ，それらをスパイラル・アップの方向で進化させるためのエンジンとして機能しうるのである。

　抽象性の高い基準からの読み取りとそれなりの具体性のある基準からの読み取りとを比較すれば，後者の方が容易であろう。したがって，この制度の利用が進むにつれて，基準をある程度具体化しようとする継続的インセンティブが生まれることが期待される。

　また，住民においても，策定・決定時にはそれなりの参画をするにしても，それ以降は「行政にお任せ」であり，関心が薄れるのが通例である。個別案件へのコミットメントが保障されれば，景観計画や景観地区を身近に認識することが可能になるし，よりよい景観形成に向けての意識も高まる。また，瞬間的参画ではなく，継続的参画が制度化される。

　地域空間に対してポジティブな景観上の貢献をする建築物は，それがひとつの起点となって，近隣における将来の建築物の形態意匠をよりよいものに誘導しうる。都市計画学において，「リレー・デザイン」と呼ばれる状況がもたらされうる。

(6) 実　例

　景観法とのリンクはない法外制度であるが，建築計画調整手続と整理できる仕組みは，先駆的自治体において制度化されている。いくつかをみてみよう。

(a)　景観計画制度と秦野市

　景観行政団体である秦野市は，2005年に，景観法の授権事項とそれまでの自主条例を一体化した秦野市景観まちづくり条例を制定した。同条例は，景観計画および景観地区適合性審査を30日で行うことが困難であるという認識に立って，事業者が建築のコンセプトづくりをする段階から市長との協議（コンセプト協議）を求める仕組みを設けた点に特徴がある。

　コンセプト協議は，届出や申請の前にすることが義務づけられる（違反に対しては，勧告・公表）。その目的を担当者は，「本市の良好な景観の形成に係る方針を踏まえ，お互いの考えを理解し合い，共有することによって，計画の手戻りを防ぐこと」[33]と説明している。ルール確認制度の例である。建築計画協議の要素もある。この手続の完了は，「生活美創出協議確認通知書」の交付によって事業者に示される。なお，秦野市の景観法手続においては，同通知書の添付が景観法のもとでの諸手続の法的要件とされているわけではない。

(b)　景観地区制度と芦屋市

　市域全域を景観地区とした芦屋市は，同制度運用のために，2009年に，芦屋市都市景観条例を制定した。そのなかで，市長との協議（景観協議）を認定申請前に行うことを義務づけている（違反に対する特段の措置はない）。手続の完了に関する規定はない。

　景観協議は，景観地区に規定される形態意匠制限を踏まえて，事業者が建築物を建築する「敷地の立地条件及び周辺環境の特徴に基づく景観への配慮の方針」（景観配慮方針）を作成したうえで行われるものである[34]。専門家により構成されるアドバイザー会議が中心的役割を演じる。この制度も，ルール確認制度と建築計画協議制度の機能が含まれている。

(c)　公共建築デザイン検討会制度と広島市

　広島市は，公共建築デザイン検討会設置要綱にもとづいて，公共建築に関し

---

33)　松岡・前註19）論文88頁，同「市民との協働で見つけた景観へのこだわり——秦野市が
　　規制より重視したもの」季刊まちづくり12号（2006年）26頁以下参照。
34)　芦屋市の景観行政については，荏原・前註5）論文，小浦・前註27）論文参照。

てではあるが，設計についての２段階の検討を制度化している。同検討会運営規程によれば，第１回目会議は，設計の着手後，設計コンセプトなどの基本的考え方が提示される時期に実施され，現地視察を踏まえて，設計方針やデザイン上の配慮事項に関する提案が公共施設所管課に対して行われる。第２回目会議は，建築物の外観デザインについて複数案が提示される時期に実施され，設計内容の評価と改善事項の提案が行われる。

　対象の限定性はあるものの，この制度は，２段階を明確に区別し，それぞれに別の機能を持たせることを認識して設計されている。ルール確認制度と建築計画協議制度と整理できる。

6　第２期景観法

(1)「事前（ソト）」から「先頭（ウチ）」へ

　これまでの事前協議制度は，【図表 13.4】のようなものであった。すなわち，景観法手続の事前に位置するものの，景観法との法律的リンケージを欠いていた。ただ，実際上は，すでに策定・決定された景観計画や景観地区を踏まえた行政指導がなされていた。事前協議制度の側から法律をみれば，関係性は事実上のものにとどまったのである。

　これに対して，ルール確認制度および協議調整制度の位置づけを示せば，【図表 13.5】のようになる。これまで法外手続として景観法の外側に置かれていたものを内側に取り込み，かつ最前線に立たせるべく現行法を改正するのである[35]。

　なお，こうした２段階の手続の詳細は，景観法のなかで確定する必要はなく，市町村がそれを必要だと考えれば，条例にもとづいて規定できるとすればよい。経験の積重ねを通じて「あるべき景観」についての認識が社会的に共有されているような状況に至れば，いきなり第３段階目としてもよいだろう。ポイントは，市町村が条例設置した場合に，その手続を完了しないかぎりは景観法 16

---

[35]　国土交通省は，こうした手続に対して必ずしも否定的ではないようにみえる。原田・前註13) 論文 29 頁参照。

【図表 13.4】　これまでの事前協議制度と現行景観法

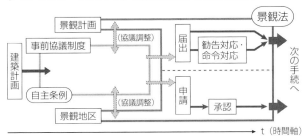

出典：筆者作成。

【図表 13.5】　建築計画協議手続と第 2 景観法

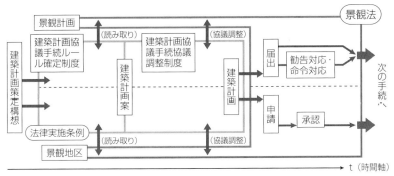

出典：筆者作成。

条届出および同法 63 条申請が不適式になるという点にある。届出や申請にあたっての必要書類として「完了通知書」を求めることになろう。この条例は，筆者の分類でいえば，「明文の根拠のある法律リンク型法律実施条例で横出し的機能を持つもの」である[36]。

　そうなると，制度対象行為に関するかぎりで，ルール確認制度のもとでの市町村長へのアクセスおよび事前調整制度の完了通知，すなわち建築計画調整手続は，全体としてみれば，行政手続法にいう「申請に対する処分」と観念されることになろう。景観法にもとづく条例手続となるから，適用法律は行政手続条例ではなく行政手続法になる[37]。

36）　北村・前註 8）書 93 頁参照。

37）　現行景観法のもとでも，協議完了書を景観法施行規則 1 条 2 項 4 号ないし 19 条 1 項 6 号に

（2）ルール確認制度と建築計画の熟度

　事前手続を規定するほとんどすべての制度において，手続を行うタイミング
は，景観法にもとづく届出や申請の「前に」とされている（秦野市景観まちづく
り条例28条１項，芦屋市都市景観条例23条１項）。「30日前……まで」という例も
ある（横須賀市景観条例７条１項・２項）。ただ，これらは，「時間的に早く」とい
うだけで，建築計画の熟度や建築確認との関係については，明示的には触れて
いない。【図表13.1】（←255頁）および【図表13.2】（←256頁）の「⑤事前協議
の課題」の回答結果は，熟度についてのコントロールがされていないことを示
していた。また，そこでなされている行政指導にも限界があることから，まっ
たく利己的に行動するのであれば，完成度のきわめて高い建築計画を用意して
制度にアクセスするのが，事業者としては合理的である。実際，現行景観法の
もとでも，16条届出の時点で建築確認をすでに受けている状態になっている
事業計画は少なくない。

　ルール確認制度を効果あるものとするためには，こうした事業者心理を踏ま
えて制度設計をしなければならない。建築計画のすべてを事業者が決定してか
らルール確認制度に入る対応をひとつのモデルとすれば，その対極には，事業
者が土地を取得する前に制度にアクセスさせるというモデルを措定できる。し
かし，読み取り作業には住民も参画するから，建築計画に反対する住民は土地
売却をしないよう地権者に圧力をかけることも考えられる。したがって，具体
的用途地域規制制度のもとで建築が可能になっている建築物に関して，アクセ
ス時点を土地取得前とするのは難しいかもしれない[38]。

　もとづく条例のなかで手続必要書類と規定することによって，事前手続と景観計画手続ないし
　景観地区手続とのリンケージを実現する方策もある。具体例として，横須賀市景観条例10条
　１項１号，中津市景観条例８条２項参照。こうした対応の解説として，北村喜宣「『条例で定
　める図書』の活用──景観法施行規則１条２項４号条例」『自治力の躍動──自治体政策法務
　が拓く自治・分権』（公職研，2015年）66頁以下，同「添付図書の置き所──自治体決定のあ
　り方三様」産業と環境40巻12号（2011年）36頁参照。

38)　阿部泰隆「環境行政と住民参加」同『環境法総論と自然・海浜環境』（信山社，2017年）
　145頁以下・148頁参照。なお，用途に大きく関係する土地取引について，世田谷区街づくり
　条例29条は，「3,000平方メートル以上の土地に関する所有権，地上権若しくは賃借権又はこ
　れらの権利の取得を目的とする権利の譲渡又は設定をしようとする者は，その契約の締結……
　をしようとする日の３月前までに，規則の定めるところにより，区長に届け出るものとする。」

　中間的解決はないだろうか。用地を取得しているかどうかは不問とし，ただ建築計画を具体化させる前段階（例：敷地計画を策定する段階，構造計算を行う段階）に協働的読み取り作業をする必要がある。規定ぶりとしては，景観計画区域や景観地区区域において条例で規定する建築物を建築するために建築計画をたてようとする者に対して，届出義務を課して手続を開始する。デザイン段階であることが重要である[39]。このことは当然に，建築確認申請の前であることを要する。法政策的には，その旨が景観法に明記されるべきであろう[40]。

　どの程度にまでイメージを共有できればよいと考えるかは難しいが，たとえば，15日というように一定の期間の経過をもってルール確認制度を終了させるのが適切であろう。その時点で確認されたイメージは，文書にすることになる。この文書は，協定というほどの法的拘束力を持つものではない。しかし，関係住民の参画もあり，また，プロセスがオープンになっていることもあり，事業者に対しては，確認内容を尊重させる事実上の拘束力が期待できよう[41]。

(3) 計画協議制度と内容

　どの程度まで作業がなされればルール確定制度から協議調整制度に移行するのかは，難しい問題である。建築計画調整手続があくまで手続的な仕組みであることに鑑みれば，たとえば，環境影響評価法のもとでの方法書と準備書のように，数度のやりとりはされるにしても，一定の作業の履行をもって次に進ませるのだろう。同法のもとでは，横断条項（33条）の存在によって，不十分に

と規定する。「安曇野市の適正な土地利用に関する条例」39条2項は，特定開発事業に関する事前協議について，「特定開発事業に係る土地に関する権利を取得していない場合においては，その権利を取得する契約を締結する前に行わなければならない。」と規定する。ただし，いずれも義務違反に対する制裁のない訓示規定である。

39)　原科幸彦『環境アセスメントとは何か——対応から戦略へ』（岩波書店，2011年）156頁は，アセスメントの観点からこの点を指摘する。

40)　景観法での対応が困難であれば，市町村は，景観法施行条例のなかで，建築計画調整手続が建築確認申請に先立ってなされるべきことを義務づけ，ルール確認協議申請書の様式における記載事項のひとつとして，「建築確認申請をしていないかどうか」を問うようにすればよい。虚偽記載に対しては，同条例で刑罰を規定することになろう。

41)　真鶴町まちづくり条例18条は，協定の締結を規定する。同条例の最近の状況については，卜部直也「美の条例と地域主権」季刊まちづくり30号（2011年）57頁以下参照。

しか環境配慮をしなかった事業計画に対しては，許認可が拒否される場合もあるという制度になっている。それとは同じではないが，不十分にしか建築計画調整手続に対応しない事業者は，後の段階において，景観法のもとで勧告ないし設計変更命令や不認定を受ける可能性が高くなる。

(4) 建築計画協議手続の完了判定

　この手続の制度設計において重要なのは，手続の完了をどのような基準で市町村長が判断して次の段階に進ませるかである。制度の透明性と信頼性を確保するために，この点を明確にすることが必要である。

　先にみたように，秦野市景観まちづくり条例のもとでは，「生活美観創出協議確認通知書」が交付される。その基準は，「市長は，前条に規定する協議が完了したと認めるとき」（29条1項）とされている。完了判断基準は明示されていないが，景観法の一部分となれば，審査基準によって明確にされることになろう。横須賀市は，2004年に制定した景観条例のもとで景観法手続に先立って景観協議を求めているが，その終了について，「景観協議が調ったとき」（7条5項1号），「景観協議が調わないこととなった場合において，当該建築行為等を行おうとする者が市長に協議を終了するよう書面により申し出たとき」（同項2号）としている。前者については芦屋市条例と同様の指摘ができるし，後者の場合については，景観計画届出の審査にあたって勧告や命令がされるリスクを事業者が負うということであろう。建築計画協議手続の期間は，全体で60日程度であろうか。これが標準処理期間となる。

　申請に対する処分と構成するにしても，あくまでこの手続は，景観計画届出や景観地区申請に引き継がれることを想定するものであるから，建築計画に対する実体的判断がされるわけではない。それだけに，完了判断基準をどのようにするかは，工夫のしどころである。基準としては，「調整の成立」が望ましいのかもしれないが，実体的成果を求めるプロセスではないから，「一定回数の協議の実施」程度にするのが適切だろう。

(5) 制度対象行為

　何を建築計画調整手続の対象とするかは，市町村が決定する。ルール確認制

度および協議調整制度の両者の対象とするのか，あるいは，片方のみとするのかは，決定の問題である。

　これまでの事前協議制度においては，建築物の高さと延べ面積を組み合わせて決定する事例が多くみられるが，周辺状況によっては，より規模の小さい建築物でも対応が必要になる場合があるだろう。ところが，すべてに網をかけることはできないため，この点は悩ましい。

　ルール確定制度と協議調整制度のフル手続が求められるのは，それなりの景観インパクトを与える大規模建築物であろう。協議調整制度のみが適用される行為としては，もう少し規模が小さい行為まで含めてよいだろう。景観計画において，たとえば市町村全域を景観計画区域としたうえで部分的により詳細な内容が定められているような２段階構造の場合には，当該特別区域については，それぞれの規模をより小さくしてもよい。

（6）手続に参画する専門家

　都市計画学の観点からは，中立的な専門家の的確なコミットメントが有効と指摘される。専門家の助力を仰いだ方がよいのかどうかは法的には判断できないが，住民とも行政とも異なる「第三者」の存在が，コミュニケーションを円滑にするためのファシリテイターとして機能することは期待できるように思われる。事前協議がそれなりに機能しているとして紹介される自治体においては，専門家がアドバイザーとして関与しているケースが多いようである[42]。ところが，興味深いことに，【図表 13.1】【図表 13.2】の「④事前協議の主体および方法」「⑥事前協議を効果的にするために必要なこと」をみるかぎりでは，そうした必要性は，現場行政においては認識されていない。

　建築計画協議手続が効果的に機能する大前提は，景観法にもとづく設計変更命令や不認定という処分を自信を持ってするだけの能力が市町村行政に備わっていることである。これは，現行景観法を効果的に実施するための前提でもある。景観行政担当職員のなかには，十分な経験を積んで的確な判断ができるよ

42）　黒崎晋司「狛江市まちづくり条例における開発調整システム」季刊まちづくり 30 号（2011　年）52 頁以下・55〜56 頁参照。前註 16）『デザインレビュー』は，東京都，京都市，芦屋市，横浜市，目黒区，神戸市の状況を紹介する。

うになっている者もいるだろう。しかし，筆者のヒアリング調査のかぎりでは，全体としてみれば，数年単位で行われる人事異動のゆえに専門性が蓄積されにくくなっているのも事実である。そうであるのに専門家の活用がされないというのはなぜであろうか。現在では十分に活用されているとはいいがたい状況にある専門家をいかに制度的に活用するかは，景観法の実施にとって大きな意味を持っている。

　現在多く見られる事前手続の存在理由のひとつは，自信のある判断をする能力が景観行政に欠けていることにあるように思われる。景観計画を例にすれば，行政は勧告ができ，形態意匠に関しては設計変更命令までできる。ところが，色彩に関するマンセル度数のような定量的基準であれば判断も容易であろうが，定性的な基準の場合にはそれが困難であり，それゆえに景観法が想定している措置の局面ではなく，より事前の段階での対応をしているのである。野球にたとえるならば，ショートがトンネルをしてもセンターがバックアップをすることになっているのであるが，ショートもセンターも守備に自信がないために，そちらには打たないようにとピッチャーがバッターにお願いしているようなものである。

（7）届出・申請後審査の意義

　建築計画調整手続における行政の対応スタンスは，景観法にもとづく届出や申請に対するそれとは異なるものであるはずである。これは，そもそも 2004 年の景観法が制度化したものであるが，建築計画調整手続との関係では，その機能はどのように整理できるだろうか。

　審査プロセスは，ポジティブ創出過程である建築計画調整手続を受けたネガティブ排除過程と位置づけるべきであろう。前者の過程が効果的に機能すれば，後者の過程は実質的にはほとんど意味をなさなくなる。これが理想的な運用である。建築計画調整手続が関係者の満足のいくように完了した場合，景観計画届出に関しては，行為着手制限期間を短縮できる要件である「良好な景観の形成に支障を及ぼすおそれがないと認めるとき」（18 条 2 項）に該当するだろうから，運用上，その措置がとられる。原則 30 日でしかない着手制限期間の短縮が事業者に対してどれほどのインセンティブ効果を生むのかは不明であるが，

もちろん積極的に情報提供をしてよい。

より根本的には，建築計画調整手続が関係者にとって十分に満足できるように行われた場合には，当該計画を景観計画届出や景観地区承認申請の対象から除外すると条例で規定することが考えられる（16条7項11号・69条1項5号）。そうした仕組みをつくった場合，この判断は，処分性を持つと解される。

(8) ほかの法律手続との関係

当然のことながら，建築物の建築は，景観法手続だけで可能になるものではない。建築基準法にもとづく建築確認は必須であるし，都市計画法にもとづく開発許可が必要となることもあろう。本論文では，景観法のみを対象に検討してきたが，現実の制度設計にあたっては，それだけを考えているわけにはいかない。

景観法手続とそのほかの法律にもとづく手続の時間的関係について，景観法は，明示的には規定していない。前者を先行させる運用がされているようであるが，それを明確に法定する必要がある。

7 第3期景観法？

本論文では，景観法制定後も事前手続として運用されている仕組みの機能を評価し，それを景観法のなかに取り込むための制度設計を試みた。これを第2期と位置づけたのであるが，景観法としては，おそらくは第2期の経験を踏まえたうえで，景観許可制度へと発展するのではないかと予想している。都市計画法も抜本改正が議論されているが，それとの連携もされるだろう。

現在の景観法の景観計画制度および景観地区制度のもとでは，審査にあたる側が，どことなく自信なさげである。それは，経験不足が大きな理由であるようにみえる。最近，建築計画調整手続と建築計画の審査の手続の両者を統合する内容を持つにみえる制度として，「デザインレビュー」という概念が，都市計画学において議論されている[43]。そのなかでは，英国の建築都市環境委員会（Commission for Architecture and the Built Environment, CABE）の活動が，ひ

とつのモデルとして紹介されている[44]。これは、景観に関して、自治体行政が処分性のある決定を自信を持ってできるよう、補完的に機能する組織である。CABE を用いた運用には、最近では変化もみられるようであるが、その遙か前段階にある日本の景観管理法制度にとっては、なお参考になる部分が少なくないように思われる。

　また、景観法は多くの制度設計を景観行政団体に委ねているが、前述のように、自信を持って制度論をすることができる人材が現場に少ないのも事実である。制度運用の詳細を中央政府が通知した時代とは異なり、創意工夫が求められるのであるが、そうした政策法務的訓練はまだ十分ではない。エンジニアを中心とする景観アドバイザーは存在するが、これからは政策法務的アドバイスができる景観法政策アドバイザーも必要であろう[45]。

---

43)　前註 16)『デザインレビュー』参照。

44)　坂井・前註 17) 論文, 同「開発計画のデザイン指導と審査の手法についての一考察──イギリス CABE の試みに着目して」日本都市計画学会都市計画論文集 43 巻 3 号（2008 年）643 頁以下参照。

45)　制度設計と運用のアドバイスは、これまで中央政府職員の仕事と考えられていたために、景観法の実施においても、こうした役割を専門家に期待してはこなかった。しかし、現実に景観行政団体では、それなりの「権威」を持って法政策的アドバイスをする専門家が必要ではあるものの、それを調達できるようにはなっていない。

XIV　空家法の制定と市町村の空き家
　　対応施策

　空家法は，敷地内・家屋内への立入り，固定資産税情報の利用，略式代
執行など，それまでに制定されていた空き家条例において課題と認識され
ていた事項への対応をした。空家法制定後の市町村空き家行政を条例との
関係で整理すると，条例不使用型，条例放置型，条例補完型，総合条例型
に分類できる。市町村空き家施策の実施にあたって空家法を用いるという
姿勢を明確に示すためには，総合条例という枠組みのもとに，同法の規定
を確認したり確定させたり不足部分を追加規定したりするのが適切である。
空き家施策においては，特定空家等への事後対応のほか，空き家になりそ
うな住宅やまだ適切な状態にある住宅を特定空家等にしないための未然防
止的対応も重要である。

_1_　空き家条例ブームと法律制定

（1）空き家の適正管理への条例対応

　2010 年代前半に展開された自治体環境法政策を彩るひとつの事象は，空き
家条例の制定であった。もっとも，適正な管理がされないままに放置される老
朽空き家それ自体は以前から存在していたし，条例を通じた対応をする自治体
も存在していた。そのなかには，いずれも北海道の「沼田町あき地あき家の管
理に関する条例」(1983 年施行)，「長万部町空き地及び空き家等の環境保全に
関する条例」(1998 年施行) のように，条例名に「アキヤ」を含むものも制定さ
れていた。

【図表 14.1】　空き家適正管理条例制定件数の推移

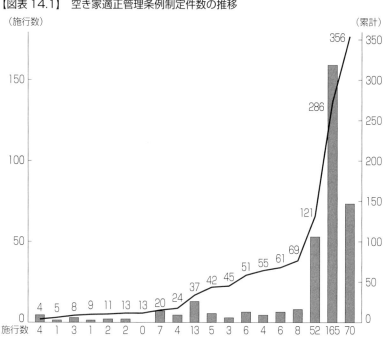

出典：国土交通省資料をもとに筆者作成。ただし，施行年による表示である。

しかし，こうした条例は，それぞれの制定時において，全国の自治体に伝播するまでには至らなかった。国土交通省が実施した「自治体の空き家対策条例」の調査によれば，年ごとの施行条例数の推移は，【図表 14.1】の通りである。空き家条例の制定実績は，毎年わずかながらあったものの，2012 年（平成24 年）になって，まさに爆発的に増加したことがわかる [1]。2012〜2014 年の 3年間に，81％ が制定されたのである。

---

1)　国土交通省調査は貴重な資料であるが，おそらくは，現存する条例に関しての調査であり，制定実績という観点からは，必ずしも正確ではない。たとえば，（滋賀県）「朽木村あき地に繁茂する雑草等の除去およびあき家の管理に関する条例」（1976 年制定），（福岡県）「新吉富村空家の管理強化とあき地に繁茂した雑草の除却に関する条例」（1977 年制定）はあげられていない。これら条例を制定した自治体は合併によって消失したため，当該条例は，現在存在していない。

　このブームのトリガーを引いたのは，2010 年 7 月に制定された「所沢市空き家等の適正管理に関する条例」とされる[2]。実は，全文 10 か条のこの条例の内容は，それまでに制定されていた条例とそれほどには異なっていない[3]。それにもかかわらず，なぜ所沢市条例の制定がブームを巻き起こしたのか。法的対応を必要とする地域的状況が，全国的に臨界点近くに達していたのだろうか。法社会学的には興味深い現象である。同条例の制定後，ほぼ同趣旨の条例が，短期間のうちに拡大再生産された[4]。

（2）法律による対応

　そして，このブームは，国法制定のトリガーを引くことになる。議員発議により，「空家等対策の推進に関する特別措置法」（以下「空家法」という）が，2014 年 11 月に制定されるのである[5]。

　法律制定との関係では，自治体空き家対策は，第 1 期（所沢市条例制定までの時期），第 2 期（それ以降，法律制定までの時期），第 3 期（法律制定以降の時期）に分けて整理できる。本論文では，不適正管理空き家に対する市区町村（以下「市町村」という）の条例対応の意味を検討するとともに，それぞれの時期の条

2)　施行間もない頃の所沢市条例に関しては，前田広子「埼玉・所沢市『空き家等の適正管理に関する条例』──その制定プロセス，運用と効果」北村喜宣（監修）『空き家等の適正管理条例』（地域科学研究会，2012 年）39 頁以下参照。同条例の最近の運用状況に関しては，日高義行『『所沢市空き家等の適正管理に関する条例』運用の実際」政策法務 Facilitator46 号（2015年）12 頁以下参照。

3)　それどころか，前出の長万部町条例のように，常時無人状態にある空き家等に対する行政の立入調査権限を明記する（6 条 1 項）など，所沢市よりも「踏み込んだ」規定を持つものもあった。所沢市条例が「初の空き家条例」といわれることがあるが，むしろ「初」の栄誉は，長万部町条例に冠されるべきであろう。実際，所沢市条例の制定に際しては，長万部町条例が参考にされた。

4)　所沢市自身が，「条例制定の結果」に驚いているようにも感じる。それぞれの条例の準備過程において，自治体においてどれほどの議論がされたのかは，実証的に確認されるべき点であろう。この点に関して，川﨑政司「前例踏襲とコピペの間」政策法務 Facilitator47 号（2015年）1 頁参照。

5)　議員発議の議案は，衆議院法制局第 4 部第 2 課の職員のサポートを受けて作成された。作業の中心的役割を演じた担当者による解説として，小林宏和「空家等対策の推進に関する特別措置法」法令解説資料総覧 401 号（2015 年）31 頁以下参照。筆者の検討として，北村喜宣「空家等対策の推進に関する特別措置法」法学教室 419 号（2015 年）55 頁以下参照。

279

例対応の特徴を分析する。そして，空家法の施行を受けて現在動き始めている
市町村対応の状況について論ずる[6]。

2　自治体として空き家対策に取り組む意味

（1）法律と訴訟

　倒壊や建材崩落の危険がある家屋があるとする。それにより被害を受ける可
能性のある私人は，どのような対応ができるだろうか。空家法成立時において
は，全国で401条例が制定されていたとされるが[7]，残りの約1340市町村に
おいての話である。

　条例が制定されていないとなると，頼るべきは法律と訴訟である。関係する
法律は多いが，ここでは建築基準法をあげておこう。私人としては，法律にも
とづく権限を行政庁が的確に行使して被害の未然防止をしてくれることを期待
する。どのようなことが可能で，実際にはどうだったのだろうか。

　後に詳述する空き家条例のもとで除却命令の対象となる老朽家屋は，そのほ
とんどが，現在の建築基準法の基準には適合していない状態にあるいわゆる
「既存不適格物件」であった。この場合，不適合ゆえに直ちに適合させる義務
は所有者等にはないが（3条2項），権限を持つ特定行政庁が，その状態が「著
しく保安上危険……であると認める場合」には，除却等を命ずることができる
（10条3項）。しかし，現実には，特定行政庁は，この権限をほとんど行使して
こなかった[8]。これは，特定行政庁が市長の場合でも都道府県知事の場合でも

---

6)　不適正管理ゆえに倒壊や建材崩落の危険がある家屋であっても，人が居住している場合があ
る。条例のなかには，この点に着目して，「老朽家屋」を施策対象とするものがあった。2011
年制定の「足立区老朽家屋等の適正管理に関する条例」が代表的である。足立区条例について
は，吉原治幸「東京・足立区『老朽家屋等の適正管理に関する条例』の仕組みと実務」北村
（監修）・前註2）書55頁以下参照。

7)　小林・前註5）解説31頁参照。

8)　その理由などについては，北村喜宣「老朽家屋等対策における都道府県と市町村の協働——
特定行政庁に着目して」磯部力先生古稀記念論文集刊行委員会（編）『都市と環境の公法学』
（勁草書房，2016年）103頁以下，同「言い訳の天才!?——建築基準法10条3項命令と老朽
不適正管理家屋」同『自治力の躍動——自治体政策法務が拓く自治・分権』（公職研，2015

同様である[9]。

　訴訟はどうだろうか。民事的手法としてすぐに想起されるのは，占有保全の訴え（民199条）である。民法教科書においては，たとえば，「占有地に隣地からの崖崩れで土砂が侵入しそうな場合等に，占有保全の訴えが認められる」と説明される[10]。自分の土地に倒壊しそうになっている老朽空き家に対しては，訴えは認められそうである。状況によっては，強制執行や間接強制も可能なように思われる。しかし，訴訟が提起されたという話は耳にしたことがない。裁判例もないようである。隣地住民は，不安を抱きつつも生活しているのだろうか。

　なお，損害賠償としては，老朽空き家の倒壊により被害を受けた隣地住民が工作物責任（民717条）を追及することが考えられる。適切な裁判例は見当たらなかったが，日本住宅総合センターの研究における「老朽空き家の倒壊により築後20年の隣地家屋が全壊して夫婦および子供が死亡した」という想定例では，損害額は2億860万円と試算されている[11]。

（2）未然防止のための行政介入の法制度化

　特定行政庁が建築基準法10条3項命令の発出をしない不作為対応は，客観的な危険状況との関係では，まさに放置主義であり，法治主義に対する挑戦にようにみえる[12]。一方，占有保全の訴えも，被告となる相手方捜しが一苦労

年）95頁以下参照。

9）　もっとも，最近になって，大阪市は，建築基準法10条3項命令を発出して行政代執行により解体等をした（2013年，2015年）。長谷川高宏「大阪市・老朽危険家屋の行政代執行──『建築基準法』に基づく解体・撤去の手法と今後」北村喜宣（編）『行政代執行の手法と政策法務』（地域科学研究会，2015年）49頁以下，長谷川高宏「老朽危険家屋を行政代執行」建築と社会1122号（2015年）16頁以下参照。京都市においても実例がある（2015年）。

10）　加藤雅信『新民法大系II　物権法〔第2版〕』（有斐閣，2005年）228頁。

11）　東京都（郊外）における敷地面積165 m²・延べ床面積83 m²の築後20年の家屋に，40歳の世帯主（年収600万円），36歳の主婦，8歳女児という想定である。詳しくは，日本住宅総合センターウェブサイト（http://www.hrf.or.jp/webreport/pdf-report/pdf/songai_shisan-2.pdf）参照。

12）　「法治」「放置」の表現については，阿部泰隆『行政法解釈学I』（有斐閣，2008年）132頁～133頁参照。

であるし，強制措置までを考えれば弁護士に依頼した処理になり，私人にとってはハードルが高い。

こうした状況のもとで，「何とかして欲しい」という想いは，「苦情」という形で市町村行政現場に寄せられる。【図表14.1】（←278頁）で確認したように，近年における条例数の増加は，そうした声に反応した議会の対応であった。「民民関係だから」「個人の財産だから」という理由で行政が介入をしないという選択もあっただろうが，条例を制定した市町村は，被害の未然防止のために行政が介入すべきという決断をしたのである。「『何かあってからでは遅すぎる』という精神」[13] を持つことは，住民から地域の安全確保を信託されている市町村として当然の姿勢と評すべきであろう。

3　空き家条例の展開

(1) 第1期

所沢市条例制定以前が第1期であった。この時期の条例で題名に「アキヤ」を含む条例としては，前出の沼田町条例，長万部町条例がある。そのほかに，制定時において「アキチ」等のなかに空き家を含むものとして，「神栖市空き地等の管理の適正化に関する条例」（1973年制定）がある。

生活環境の保全と安全の確保は，上記条例のいずれにおいても目的規定に含まれており，この行政課題が最近になって登場したわけではないことを示している。行政指導や措置命令は規定されているし，沼田町条例には，所有者の申出と負担にもとづく措置代行制度も規定されている。全体としてみれば，「本格的空き家条例時代」の第2期の条例との違いは，わずかに表題に「空き家」を含むかどうか程度である。

(2) 第2期

所沢市条例制定以降が第2期である。現存する空き家適正管理条例の大半は，

13）　吉原・前註6）56頁。

この時期に制定された[14]。その到達点のひとつである 2013 年制定の「京都市空き家の活用，適正管理等に関する条例」をみておこう（2015 年 12 月に一部改正。以下の条文番号は旧条例のもの)[15]。

　第 1 期からの空き家条例の基本構造は，「適正管理の義務づけ→不適正管理による支障発生時の対応（行政指導，措置命令)」となっている。京都市条例も，これを踏襲している。特徴ある規定としては，管理不全状態の詳細な記述（13条，施行規則 2 条)，指導・命令対象となった物件に関して危険防止の観点から標識を設置（14 条 3 項・15 条 2 項)，所有者等調査のための固定資産税情報の利用（16 条 3 項)，緊急安全措置としての即時執行（17 条・18 条）などがある。

　そのほか京都市条例は，対症療法にとどまらず，「空き家の活用」に 1 か条を設けている（12 条)。そして，それを踏まえて，「おしかけ講座」「地域の空き家相談員」「空き家活用・流通支援等補助金」「『空き家活用×まちづくり』モデル・プロジェクト事業」「地域連携型空き家流通促進事業」「まちなかコモンズ整備事業」などを展開している。京都市の取組みのいくつかについては，後で紹介する。

4　空家法の制定

(1) 制定の経緯

　空き家適正管理条例の展開は，この問題に対する国会議員の政治的関心を喚起し，法律制定へと動かすことになった。空家法案作成の中心となったのは，自由民主党議員による「空き家対策推進議員連盟」である。2013 年 3 月に発足したこの組織は，議員発議による新法制定を目指し精力的に活動して法案をとりまとめた。

　法案は，衆議院国土交通委員会委員長提案として，2014 年の第 187 回臨時

---

14)　その特徴については，北村喜宣「空き家対策の自治体政策法務（1）（2・完)」自治研究 88
　　巻 7 号 21 頁以下，8 号 49 頁以下（2012 年）参照。

15)　京都市条例については，寺澤昌人「京都市の空き家対策」日本都市センター（編）『都市自
　　治体と空き家——課題・対策・展望』（日本都市センター，2015 年）87 頁以下，青山竜治「空

国会に提出され，衆議院解散の 2 日前に，可決成立した[16]。なぜ国会議員がこの政策課題に関心を示して議員立法に至ったか，なぜ議員個人の提案ではなく委員長提案とされたのか，なぜ結果的に多くの法案が解散により廃案となったなかで空家法案が可決対象として選択されたのかなどは，政治学的に興味深い検討課題である。

（2）法律の概要

　空家法の関心は，「適切な管理が行われていない空家等……〔から，〕地域住民の生命，身体又は財産を保護するとともに，その生活環境の保全を図り，あわせて空家等の活用を促進する」ことにある（1 条）。

　国土交通大臣および総務大臣が定める基本指針に即して，市町村は，空家等対策計画を作成する（6 条）。計画の作成・変更・実施に関する協議を行うために，市町村は協議会を設置する（7 条）。計画作成および協議会設置は，いずれも任意である。

　ここでいう「空家等」とは，不使用が常態となっている建築物・工作物およびその敷地である（2 条 1 項）。条例の規定ぶりが参考にされている。さらに，そのまま放置すれば著しく保安上危険となるおそれのある状態又は著しく衛生上有害となるおそれのある状態，適切な管理が行われていないことにより著しく景観を損なっている状態にある空家等が「特定空家等」と定義され，本法の主たる対象となる（2 条 2 項）。市町村長は，特定空家等の所有者等に対して，助言・指導，勧告，命令ができる。ただし，景観阻害の場合には，除却は求めえない（14 条 1 項～3 項）。条例では，助言・指導対象になる要件として不適正管理状態が規定されていたため，個別判断の際にそれを認定すればよかったが，法律では，客観的抽象的に特定空家等と把握できるという構造になっている。

　命令不履行の場合には，公益重大侵害状態でなくても行政代執行ができる

家特措法制定後の空き家条例の整備──京都市条例を素材として」自治実務セミナー 2015 年7 月号 15 頁以下参照。

16)　法案作成の状況については，北村喜宣「空家対策特措法案を読む（1）」自治研究 90 巻 10号（2014 年）3 頁以下・4 頁～6 頁参照。なお，同稿で筆者は，委員長提案にはならないと予測していたが，この読みは見事に外れた。議連の立場からの法律解説として，自由民主党空き家対策推進議員連盟（編著）『空家等対策特別措置法の解説』（大成出版社，2015 年）参照。

【図表 14.2】　空家法の構造

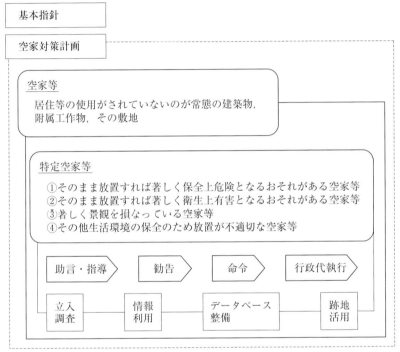

| 目的 | ①地域住民の生命，健康，財産の保全
②地域住民の生活環境の保全
③空家等の活用の促進 |

基本指針

空家対策計画

空家等
居住等の使用がされていないのが常態の建築物，附属工作物，その敷地

特定空家等
①そのまま放置すれば著しく保全上危険となるおそれがある空家等
②そのまま放置すれば著しく衛生上有害となるおそれがある空家等
③著しく景観を損なっている空家等
④その他生活環境の保全のため放置が不適切な空家等

助言・指導　勧告　命令　行政代執行

立入調査　情報利用　データベース整備　跡地活用

出典：筆者作成。

（同条 9 項：緩和代執行）。命令の名宛人を過失なく確知できない場合には，市町村長自らが当該措置を講じうる（同条 10 項：略式代執行）。

　そのほか，立入調査（9 条），所有者情報の利用（10 条），データベースの整備（11 条），跡地活用（13 条）などが規定されている。全体構造については，【図表 14.2】を参照されたい。

（3）法律の評価

（a）　既存条例において認識されていた課題への対応

　国会議員が法律制定に動いた背景には，ヒアリング等を通じて自治体の「お困りごと」を把握していたことがある。認識されていた自治体の課題とそれへの対応という観点で整理すると，以下のようになる。

　第 1 に，第 2 期の初期の条例においては，個人住宅敷地および家屋内部への立入りを適法になしうるかに疑義を呈する立場から，外観目視による実態調査のみを規定するものがみられたところ，空家法は，これらを可能にする明文規定を設けた（9 条）。立入調査を規定する条例のなかには，京都市条例 23 条 1 項のように，事前手続として，建築基準法 12 条 7 項と同様に，住居内への立入りの際に居住者の事前承諾を要するとするものがあった。この点，空家法は，所有者等への 5 日前までの通知（承諾は不要）を義務づけている（9 条 3 項）。

　第 2 は，地方税法 22 条が規定する税務吏員の守秘義務のゆえに，空き家担当者がアクセスしたい関係者の情報が含まれる可能性のある固定資産税納税者（納税管理者，代理人）情報の提供がされない現場実務があった。京都市条例 16 条 3 項のように，これを可能と解釈するものもあったが，法律は，これを明確に可能と規定した（10 条）。創設説に立っている。

　第 3 は，条例においては，除却を命ずべき相手方が不明の場合には「お手上げ状態」となっていたところ，建築基準法にならい，そして，それよりもさらに要件を緩和（「著しく公益に反する」要件の削除）した略式代執行を規定した（14 条 10 項）。

　第 4 に，空家法そのものではないが，2015 年 3 月になされた地方税法一部改正において，14 条 2 項勧告を受けた特定空家等に関しては，固定資産税を 6 分の 1（敷地が 200 m² 以下の場合）とする住宅用地特例の適用を除外する措置が講じられた（地税 349 条の 3 の 2 第 1 項）。この特例が所有者等に除却を決断させる支障になっていたという認識にもとづくものである [17]。

---

17)　この措置は，所有者等が住宅用地特例廃止による固定資産税額の増加を回避するために，特定空家等を自主的に除却することを期待している。しかし，たんに更地になるだけであれば特例は復活しないから，住宅建築予定がない場合に特定空家等を除却するインセンティブになるのかは定かではない。もっとも，勧告に従わないと除却命令が出され，命令に従わないと過

(b)　分権時代の法律としての評価

　分権時代の法律は，国と自治体の適切な役割分担を踏まえたものでなければならない。地方自治法1条の2第2項および同法2条11項・13項が明確に規定するところである。空き家問題に関する国と自治体の関係とは，どのようにあるべきだろうか。

　相当以前から条例が先行したというように，空き家対策事務は，本来的に市町村の事務である。そうした場合には，法律は，自治体の実務をサポートするような規定ぶりとなるのが適切である。この点，上でみたように，自治体実務において課題と認識されていた事項に関して，法律で明確な権限を規定したのは，国の立法的役割としては適切であった。

　一方，計画作成および協議会設置は任意としつつも，それ以外の事務を義務的としたのは，適切さを欠いていた。法律では，いわば「自治体が使える武器」を規定しておくにとどめ，それを用いるかどうかは自治体に決定させるべきである。屋外広告物法にならって，「条例で定めるところにより……できる」とすればよかった。そうすれば，そもそも老朽不適正管理空き家に対して法的対応をするかどうかを市町村が考えることができたし（法律制定時において，約1300の市町村は条例を制定していなかったのである），するとしてもどのような方法で対応するかを考えることができた（あえて命令を規定しない「勧告どまり」の条例も制定されていた）[18]。

5　第3期における空き家条例の可能性

(1) 5つのパターン

　2015年5月26日の法律全面施行を踏まえると，現在，市町村の法律対応は，「条例不使用型」「条例放置型」「条例補完型」「総合条例型」の5つに整理でき

　　料が科されるほか行政代執行がされて（おそらくは，自主除却よりも高額の）費用負担を強制
　　される。同措置の効果は，そうした展開との比較において評価すべきであろう。
　18)　代表例は，足立区条例である。吉原・前註6）論文によれば，命令や行政代執行を規定し
　　ないことについて，実務上，特段の不都合は生じていないようである。

【図表 14.3】　条例対応の 4 つのパターン

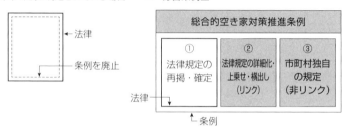

出典：筆者作成。

る。これらが第 3 期の条例になる。【図表 14.3】は，これらを，モデル的に示したものである [19]。

(2) 条例不使用型

　法律だけを用いるのが，条例不使用型である。条例を制定していなかった市町村の場合，法律の事務は義務的となるが，規定される内容だけで十分に空き家対策が可能と考えれば，条例を制定する必要はない。

　一方，条例を制定していた市町村が同様に考えれば，当該条例を廃止する条例を制定して，法律だけを実施する状態にすることになる。【図表 14.3】の「1 (2)」で説明すると，条例に法律を重ね合わせたところすべてがカバーされたために条例を廃止するのである。廃止された条例の例として，「和泉市老朽化空き家等の適正管理に関する条例」（2014 年制定），「室蘭市空き家等の適正管理に関する条例」（2012 年制定），「宗像市空き家等の適正管理に関する条例」

---

19)　4 つのモデルと具体例については，北村喜宣「空家対策特措法の成立を受けた自治体対応」
　　自治実務セミナー 2015 年 7 月号 2 頁以下参照。

（2011年制定）がある。和泉市条例および室蘭市条例については，条例内容が法律にすべて吸収されると判断できるので廃止は当然であろうが，宗像市条例については，緊急安全措置と称される即時執行規定があるにもかかわらずそれをも廃止している点が特徴的である[20]。

（3）条例放置型

　条例を制定していた市町村においては，空家法の対象となる特定空家等に関して，法律の施行により二重規制状態になる。今後は，次にみるように，条例を廃止して条例不使用型にするか，一部改正ないし全部改正をして条例補完型あるいは総合条例型にすることになろうが，当面は，条例放置型になる。

　なお，そのいずれもがされないという可能性もある。合理的理由がない状態であるが，おそらくは，条例を「封印」して法律だけを用いるのだろう。しかし，住民にとっては，紛らわしい状態になり，法治主義の観点からは何らかの整理が必要である。

　二重規制をもたらす条例放置型は，条例が既に制定されている場合に成り立つモデルである。ところが，第2期条例と同じ基本構造を持つ「古河市空き家等の適正管理に関する条例」は，法律制定後の2014年12月に公布され，2015年4月に施行された。わざわざ二重規制状態を新たに創出しているのであるが，不可解な対応である。予想外に法律が成立したがかねてより条例の準備はしていたため，「車は急に止まれない」のごとくに制定されたのだろうか。

　2012年3月に制定された「貝塚市の環境整備と活性化をめざし住みよいまちを作るための条例」は，2015年9月に改正されたが，二重規制状態の解消をしていない。2014年9月に制定され2015年3月に改正された「盛岡市空き家等の適正管理に関する条例」と同様である。どのような政策法務的判断がされたのか，気になるところである。

（4）条例補完型

　【図表14.3】の「3」にあるように，条例補完型は，条例に法律を重ね合わ

20）　3市の条例に関しては，北村喜宣「三市三様──空家対策特措法を受けての条例廃止」自治実務セミナー2015年11月号33頁参照。

せて，カバーされない部分について条例で規定するものである。既存条例を一部改正して，あるいは，新規条例の場合には不足部分のみを規定して，法律を補完する内容とする。条例は，法律に対して，融合的ないし並行的に作用する。法制担当は，この方式を好むようである。

　例として，「仙台市空家等の適切な管理に関する条例」をあげておこう。同条例は，2013 年 12 月に議員発議により制定された「仙台市空き家等の適正管理に関する条例」を，市長提案で，2015 年 3 月に，一部改正したものである。新条例と旧条例の見出しを比較すると，【図表 14.4】のようになる。「削除」とされている部分については，法律により対応されたと市は考えたのである。残されたのが，【図表 14.3】の「3」の「網かけの L 部分」である。

【図表 14.4】　仙台市新旧条例の見出し比較

旧条例	新条例
1 条　目的	1 条　目的
2 条　定義	2 条　定義
3 条　市の責務	3 条　市の責務
4 条　所有者等の責務	4 条　所有者等の責務
5 条　市民の協力	5 条　市民の協力
6 条　調査等	（削除）
7 条　助言及び指導	（削除）
8 条　勧告	（削除）
9 条　措置命令	（削除）
10 条　公表	6 条　公表
11 条　代執行	（削除）
12 条　応急措置	7 条　応急措置
13 条　支援	8 条　支援
14 条　専門的知識を有する者からの意見聴取	9 条　専門的知識を有する者からの意見聴取
15 条　関係機関との連携	10 条　関係機関との連携
16 条　委任	11 条　委任

(5) 総合条例型

　「補完」というように，条例補完型の場合には，あくまで法律を前面に出して，その実施にあたって必要な不足部分を条例で補うというスタンスである。これに対して，市町村空き家対策の実施にあたって法律を用いるというスタンスで制度設計されるのが，総合条例型である。【図表14.3】の「4」にあるように，市町村施策の実現という大きな枠組みのもとに，①法律規定の再掲・確定，②法律規定の詳細化・上乗せ・横出し（リンク），③市町村独自の規定（非リンク）という3本柱構造になる。

明石市条例	空家法
6条1項　市長は，法第10条第1項の規定により，固定資産税の課税その他の事務のために利用する目的で保有する情報であって氏名その他の空家等の所有者等に関するものについては，法の施行に必要な限度において，その保有に当たって特定された利用の目的以外の目的のために内部で利用することができる。	10条1項　市町村長は，固定資産税の課税その他の事務のために利用する目的で保有する情報であって氏名その他の空家等の所有者等に関するものについては，この法律の施行のために必要な限度において，その保有に当たって特定された利用の目的以外の目的のために内部で利用することができる。

　総合条例型の例としては，2015年3月に制定された「明石市空家等の適正な管理に関する条例」がある。③に関しては，補完型条例と同じく，法律にない市独自の施策の規定である。特徴的なのは①である。その一例は，上掲のようである。法律を明石市用にカスタマイズしたようなものである。

　そのほかに，②として，次のような詳細化規定がある。

10条　市長は，次の各号に掲げる事由のいずれかがあると認める場合には，法第14
　　条第3項の規定に基づく命令を行うものとする。
　　(1)　特定空家等が倒壊し，又は特定空家等の建築資材等が飛散し，若しくは剥落
　　することにより，人の生命，身体又は財産に被害を与えるおそれが高いと認めら
　　れること。
　　(2)　特定空家等に草木が著しく繁茂し，又は動物が繁殖することにより，周辺の
　　生活環境に著しい影響を及ぼすおそれが高いと認められること。

> (3) 前2号に掲げるもののほか，特定空家等が人の生命，身体又は財産に対して被害を与えるおそれが高いものとして規則で定める状態にあると認められること。

　特定空家等と判断されても，必ず命令をしなければならないわけではない。法14条3項は，「……命ずることができる」というように，効果裁量を認めている。「……命令を行うものとする」と規定する条例10条は，命令が義務的となるような場合を具体的に規定しているのである。このような状態が認定されるにもかかわらず命令をしないのは違法という趣旨であろう。

　条例補完型の場合には，法定事務を規定する法律と法定外事務を規定する条例の両方をみなければ市の事務の全体像が理解できないが，総合条例型の場合には，基本的には，両事務が条例に盛り込まれているために，いわば「ワン・ストップ」で全体像が理解できる。住民に対するわかりやすさの点では，条例補完型より優れている。

　2015年3月に制定された「飯田市空家等の適正な管理及び活用に関する条例」も，総合条例の例である。同条例は，「〔空家法〕第1条に定める目的のほか……空家等の適正な管理及び活用の推進並びに新たな空家の発生の予防に関し，飯田市が行う政策の内容その他必要な事項を定める」ことを目的とする（1条）。市の政策に法律を用いるというスタンスである。特定空家等の要件である「著しさ」がない空家等を「準特定空家等」として，横出し対応を規定するほか（2条3号・7条），即時執行としての「緊急安全措置」（費用負担は市がすると明記されている。8条），「軽微な措置」の命令（9条）など，特徴的な規定を設けている。任意とされている空家法6条にもとづく空家等対策計画を策定するという規定もある（3条1項）。一方，特定空家等に対する措置は，空家法に委ねることから，特段の規定は設けられていない。

6　空家等・特定空家等への移行防止方策

(1)「空き家」の実像
　全国的な空き家調査として参照されるのは，5年ごとに実施される総務省

「住宅・土地統計調査」である。空き家に着目したものではないことや外観目視によるサンプル調査をもとにして推計をしたものである。悉皆調査をすれば10分の1程度であったという自治体もあるように，数の正確さには問題はあるが，全体的傾向をそれなりに示していると受け止められている。

　同調査において，「空き家」とは，普段人が居住していない住宅というほどの意味であり，①売却用，②賃貸用，③二次的住宅（別荘等），④その他の4種類に分けて把握されている。2014年7月に公表された「平成25年調査」の内容によれば，①〜③の増加は，近年，頭打ち傾向にあるものの，④は着実に増加している。空家法の特定空家等は④に含まれ，その数は，将来とも増加するとみて間違いない。

　これまで条例においては，住民からの「苦情」を受けた対症療法的対応が規定され実施されてきた。しかし，それだけでは，施策として不十分である。空き家を特定空家等にしない施策，空き家のなかでも④を増やさない施策が求められている。「より早期の対応」としては，どのような可能性があるのだろうか[21]。

（2）福祉施策との協働

　空き家対策において重要なのは，現在，居住者のいる家屋がたとえ空き家になったとしても，適正管理が継続される状態をつくることである。居住者がいなくなる場合の一定割合が，独居老人の施設入所や死去であること踏まえると，居住時から，福祉関係者が本人およびその親族に対して，空き家になったあとの対応や相続についてのアドバイスをすることが有用であろう。もっとも，家族のプライバシーに大きく関わるため，行政が直営的に実施するには難しい面があることは否めないが。

（3）空き家バンク

　空き家を利活用することで不適正管理状態になることを防止する方策として，多くの自治体が取り組んできたのが，いわゆる空き家バンクである。自治体が，

---

21)　米山秀隆「空き家対策の実際──各種取組みの実例」北村喜宣＝米山秀隆＝岡田博史（編）『空き家対策の実務』（有斐閣，2016）198頁以下を参照して整理した。

売却や賃貸を検討している空き家の所有者に登録を呼びかけ，ウェブサイトで物件情報を公開するなどして，購入希望者や賃貸希望者を広く探す仕組みである。移住・交流推進機構のウェブサイトでは，全国の状況が確認できる。同機構の調査によれば，都道府県よりも市町村が積極的である。2014年２月時点では，回答を寄せた595市町村（全体1719）のうち，「現在，実施している」が62.9％，「現在，実施していないが，今後は実施する計画がある」が13.4％であった[22]。

　空き家バンクの成功要因としては，地元の不動産業者の協力が不可欠なようである。また，移住者が医療や教育の面で安心できる地域環境の整備も重要である。空き家をマーケットにのせるためのリフォーム支援，家財道具の片付け支援，公営住宅としての利用などの施策の実例もある。

（4）京都市の取組み

　京都市条例12条は，「本市は，空き家の流通の促進のために必要な環境の整備その他空き家の円滑な活用に資する措置を講じるものとする」（3項），「本市は，空き家をまちづくりの活動拠点その他地域コミュニティの活性化に資するものとして活用する取組を行うものに対し，必要な支援その他の措置を講じるものとする」（4項）と規定する。この規定のもとに，同市は，様々なメニューを用意している。

　具体的施策として，「空き家活用・流通支援等補助金制度」がある。これには，活用・流通促進タイプと特定目的活用支援タイプがある。改修費や家財の撤去費の一部を助成する前者は，3項に対応する。まちづくり拠点等として活用する場合に改修費や家財の撤去費の一部を助成する後者は，4項に対応する。司法書士と市職員が地域に出かけて空き家発生の予防のために相続対策や遺言書の書き方などを講習する「おしかけ講座」は，3項に対応する[23]。木造密集

---

22)　一般社団法人移住・交流推進機構「『空き家バンク』を活用した移住・交流促進事業自治体調査報告書」（2014年）参照。

23)　市町村が空き家対策を講ずるにあたって，登記や相続に関する事務の専門家である司法書士といかに連携するかは，施策の効果をあげる点で大きな可能性を持っているように思われる。ビジネスとしての受託や社会貢献としての協力など，現になされている具体例については，「空き家問題と司法書士の役割」を特集する月報司法書士523号（2015年）および「空き家対

地域において，老朽化した建物を除却して跡地を地域防災力向上のためのひろば等に提供する場合に除却費と整備を助成する「まちなかコモンズ整備事業」は，4項に対応する。

7　縮退時代における地域空間管理のあり方

　経済効果の高い住宅建築は，景気高揚策として，政策担当者にとっては魅力ある方策であるが，成長管理という視点を欠いていれば，「後は野となれ山となれ」方式であるといわざるをえない。空き家問題は，先見性を欠いたこれまでの中央政府の政策の結果として把握できる面がある[24]。

　空き家問題への対策の基本は，不合理なまでに多くの空きストックを発生させるような住宅建築をそもそもしないことである。しかし，それを可能にする法的拘束力ある枠組みは存在していなかった[25]。そうしたなか，この国は，ようやく「縮退」という不可避の現実に気づき，対応の方向性を模索し始めた[26]。

　そのなかにあって，空き家対策は，実に小さな取組みにすぎない。中央政府は，現場実態を直視して行われる市町村の施策から，今後の方向性について学ぶことが多いだろう。市町村がより効果的に対応できるための制度整備，「個人の持ち物」というだけではなく「社会的ストックとしての住宅」，さらには，それが存在する地域空間の管理という認識を基礎にした施策が求められる。

　　応と司法書士実務」を特集する市民と法 94 号（2015 年）収録の諸論文に詳しい。

24)　清水千弘「空き家ゾンビを如何に退治したら良いのか？──市場機能の強化と放置住宅の解消」浅見泰司編著『都市の空閑地・空き家を考える』（プログレス，2014 年）139 頁以下参照。

25)　社会事情は異なるが，「空家や空地が利用可能であるにもかかわらず，それを用いない新規の開発については，地方計画庁が不許可決定をする」というイギリスの例について，洞澤秀雄「利用放棄等の消極的行為の法的コントロール──イギリスにおける法的対応」転換期を迎えた土地法制度研究会（編）『転換期を迎えた土地法制度』（土地総合研究所，2015 年）164 頁以下参照。

26)　内海麻利「拡大型・持続型・縮退型都市計画の機能と手法──都市計画の意義の視点から」公法研究 74 号（2012 年）173 頁以下参照。

XV　空家法制定後の市町村空き家行政

> 空家法施行後に制定されている空き家条例の内容は多様である。空家法との関係でみれば，同法とリンクしない時間的前置条例と対象追加条例，同法とリンクする法律実施条例がある。前者は，空家等には至らない状態の家屋，空家法の対象外とされている長屋の個別住戸部分に対する措置を規定する。空家法とは独立している。後者には，空家法の規定事項について，確認，確定，詳細化，上書きをするものと，同法の対象である空家等および特定空家等に対して，同法が規定していない手続や措置を追加するものとがある。空家法と一体となり作動する。市町村空き家施策としては，これらの機能をまとめてひとつの条例に規定し，これを「総合的空き家条例」として制定するのが適切である。

1　空家法制定後に出現した4つのパターン

2014年11月に制定された「空家等対策の推進に関する特別措置法」（以下「空家法」という）は，市区町村（以下「市町村」という）の空き家施策に対して，少なからぬ影響を与えている。

国土交通省によれば，2014年11月の同法制定時には，401の空き家条例が存在していた。分権時代の現在にあっては，このような場合には，先行条例を尊重するように後法の制度設計をすることが求められるはずである。しかし，そうした事情に関心を払うことなく，空家法は，すべての市町村に対して，同法にもとづく事務の実施を一律に義務づけた。このため，法律を実施しない自由のない市町村は，何らかの判断を迫られた。

　現在，市町村が空き家行政を実施する法的根拠は，4つのパターンに整理される。第1は，空家法のみを用いる。第2は，空家法に加えて，同法以前に制定されていた空き家条例をそのまま用いる。第3は，空家法に加えて，同法以前に制定されていた空き家条例を改正して用いる。第4は，空家法に加えて，同法以降に新たに制定された空き家条例を用いる。

　筆者の調査によれば，第3および第4のパターンにおける空き家条例の（一部・全部）改正および新規制定は，2016年2月末現在で，206であった。この数はその後も増え続け，2017年9月現在では，250に近づいているようにみえる。国土交通省が取りまとめた前述の401という数字は，約50年間における制定実績であった。それを考えると，空家法後において，外形的にみるかぎり，市町村は，きわめて積極的に同法に対応していると評しうる。なお，空家法以前に制定された条例を廃止した市町村は約20ある。この場合は，第1のパターンとなっている。

　本論文では，どのパターンの状況の市町村であっても求められる空家法の実施において行政現場ではどのような課題が認識されているのか，同法の後に制定されている条例にはどのような特徴があるのかを整理する。なお，空家法の前後を問わず，条例を制定している市町村のなかには，「空家法は横に置いて，条例のみにもとづき空き家対策を実施する」というところが散見される。その理由は，「かねてより実施してきた空き家条例で十分対応できる」「空家法は難しいから身の丈にあった条例を制定して対応する」などさまざまである。こうした自治的決定は，きわめて興味深い実務である。

2　空家法の仕組み

　空家法が対象とするのは，「空家等」である。同法2条1項は，これを「建築物又はこれに附属する工作物であって居住その他の使用がなされていないことが常態であるもの及びその敷地（立木その他の土地に定着するものを含む）をいう。ただし，国又は地方公共団体が所有し，又は管理するものを除く。」と定義する。同法以前に制定されていた条例の定義に影響を受けている。条例

の運用上，「常態」とは，おおむね通年にわたって利用がないこととされていたが，同法 5 条にもとづき定められた「空家等に関する施策を総合的かつ計画的に実施するための基本的な指針」（基本指針）（平成 27 年総務省・国土交通省告示 1 号）も，実質的に，同様の解釈をしている。

その空家等に関して，2 条 2 項が規定する「そのまま放置すれば倒壊等著しく保安上危険となるおそれのある状態又は著しく衛生上有害となるおそれのある状態，適切な管理が行われていないことにより著しく景観を損なっている状態その他周辺の生活環境の保全を図るために放置することが不適切である状態と認められる」場合に特定空家等となる。この特定空家等が，空家法の中心的な措置対象である。

空家法の実施にあたって重要なのは，①空家等の所有者等の把握，②空家等の状態の把握である。①に関しては，土地建物登記簿，戸籍，住民票，周辺住民への情報収集に加えて，10 条において，固定資産税情報の利用が明記された。総務省と国土交通省は，これをもってはじめて可能になると解しているようにみえるが，住所や氏名などの情報は，地方税法 22 条が漏洩を禁じる「秘密」には該当しないと解されるため，空家法 10 条は確認規定と考えればよい。②に関しては，9 条が，事前通知を条件に，空家等の敷地内・家屋内への立入調査を明記した。

所有者等が判明した特定空家等に対して，市町村長は，14 条にもとづき，助言・指導（1 項），勧告（2 項），命令（3 項）をする。命令が従われなければ代執行となる（9 項）。受命者不明事案の場合は，略式代執行となる（10 項）。また，市町村の権限行使の参考にするために，両省は，「『特定空家等に対する措置』に関する適切な実施を図るために必要な指針（ガイドライン）」を策定した（14 項）。

空家法の名称には，「特別措置」がある。これは，主に建築基準法 10 条 3 項および地方税法 22 条との関係で特別措置を規定したことを意味する。

【図表 15.1】 特定空家等等に対する空家法 14 条措置の実績

	2015 年度*		2016 年度(10 月 1 日まで)		合　計	
	市町村数	措置件数	市町村数	措置件数	市町村数	措置件数
助言・指導(1 項)	168	2,895	192	2,114	280	5,009
勧告（2 項）	25	57	32	80	47	137
命令（3 項）	3	4	3	3	6	7
代執行（9 項）	1	1	3	3	4	4
略式代執行（10 項）	8	8	10	10	16	18

出典：国土交通省資料を若干修正。
＊空家法の全面施行は 2015 年 5 月 26 日であるから，同日以降 2016 年 3 月 31 日までの実績である。

3　空家法の実施状況

(1) 定点観測

　空家法を所管する国土交通省と総務省は，同法の施行状況調査を定期的に実施している。回答率 100％（1,741 団体）のこの調査は，まさに定点観測である。空家法 14 条のもとでの措置に関してみれば，その実施の結果は，【図表 15.1】の通りである。

(2) 若干のコメント

　空家法制定以前から空き家条例にもとづいて空き家対策を進めてきた市町村にとっては，同法の実施といっても，作業の内容は，条例実施と実質的には変わりがないといえるかもしれない。また，条例を制定していなくても，その必要性を感じていた市町村は少なくない。そこでの対応は，通常は行政指導であり，それはそれなりの効果を有するのあろう。【図表 15.1】にみる助言・指導の数（そして，多くが勧告にまでは進んでいない事実）は，理解できる状態である。

　これに対して，注目すべきは，【図表 15.2】に明らかなように，通常の行政代執行および略式代執行の件数の多さである（2017 年 1 月末現在）。従来，実務的にも学問的にも，代執行は「最後の手段」であり，行政職員の日常的意思決定の選択肢のなかには含まれないと認識されていた。そうであるにもかかわら

【図表 15.2】　空家法にもとづく代執行および略式代執行の実績

■代執行

	市 町 村	人 口	実 施 年 月	費 用	対 象 物
1	葛飾区	44.3 万人	2016 年 3 月	158 万円	木造一戸建て住宅
2	品川区	38.7 万人	2016 年 5 月	220 万円	木造一戸建て住宅
3	室蘭市	8.9 万人	2016 年 8 月	800 万円	木造一戸建て住宅
4	板橋区	55.7 万人	2017 年 1 月	2000 万円	木造一戸建て住宅

■略式代執行

	市 町 村	人 口	実 施 年 月	費 用	対 象 物
1	新上五島町	2.0 万人	2015 年 7 月	100 万円	木造一戸建て住宅
2	横須賀市	41.5 万人	2015 年 10 月	150 万円	木造一戸建て住宅
3	上市町	2.1 万人	2015 年 11 月	81 万円	木造納屋
4	別府市	12.2 万人	2016 年 2 月	510 万円	木造共同住宅
5	五所川原市	5.6 万人	2016 年 2 月	600 万円	木造工場用建物
6	明石市	29.1 万人	2016 年 3 月	100 万円	木造一戸建て住宅
7	高森町	1.3 万人	2016 年 3 月	30 万円	木造一戸建て住宅
8	宇部市	16.9 万人	2016 年 6 月	265 万円	木造一戸建て住宅
9	明石市	29.1 万人	2016 年 7 月	200 万円	木造一戸建て住宅
10	前橋市	33.9 万人	2016 年 7 月	90 万円	木造一戸建て住宅
11	箕面市	13.0 万人	2016 年 8 月	60 万円	ブロック塀，樹木
12	妙高市	3.3 万人	2016 年 8 月	3900 万円	鉄筋コンクリート 4 階建て旅館
13	上市町	2.1 万人	2016 年 8 月	162 万円	木造一戸建て住宅
14	上市町	2.1 万人	2016 年 10 月	未確定	木造一戸建て住宅
15	越前市	2.3 万人	2016 年 10 月	274 万円	木造一戸建て住宅
16	姫路市	53.4 万人	2016 年 11 月	370 万円	木造一戸建て住宅
17	鳥取市	19.1 万人	2016 年 11 月	80 万円	木造納屋

＊なお，国土交通省によれば，そのほかに，2015 年度に飯塚市，2016 年度に礼文町，魚沼市，大垣市，高知市，岡垣町において実施例があるという。

出典：国土交通省資料などをもとに筆者作成。

ず，2015年5月26日の全面施行から約1年半の間に，両者あわせて約30件の実施例がある。法律が規定する代執行制度が，市町村によってこれほど短期間にこれほど集中的に使われたのは，日本法においては，ほかに例を見ない。「行政代執行は機能不全状態」とコメントしていた行政法テキストは，書きかえを要求されている。

　この実態は，興味深い法社会学的研究対象である。100万円を超える回収見込みの乏しい支出は，なぜ決定されたのだろうか。とりわけ小規模市町村において，行政リソースは十分にあったのだろうか。実証的調査を要するが，説明のための独立変数としては，①長の認識，②特定空家等の判断基準の存在（国土交通省・総務省によるガイドライン），③特定空家等に起因する身体被害発生の切迫性・蓋然性，④都道府県の財政的サポート，⑤空家法に関する「権限不行使」の前例のなさ，⑥（とりわけ略式代執行の場合）争訟になる可能性の低さ，⑦予算調達のめど，⑧対象となる特定空家等の数，⑨報道を通じた議会・住民の代執行に対する印象，といったものが考えられよう。

4　空家法の実施において認識されている課題と対応

（1）現場を持たない国と現場しか持たない市町村

　空家法案の起草にあたっては，先行して空き家条例を制定していた自治体の行政担当者がヒアリングに招かれたり，国会議員が行政現場を見学したりした。法案の基本構造が空き家条例をモデルにしたのは明らかである。しかし，国には，現実の老朽空き家に向かい合って行政をした経験がない。空家法は，まさに会議室で組み立てられたが，条例を動かしていた市町村行政のノウハウをその構造にしみこませてはいなかった。

　市町村は，国よりも経験豊かな空き家施策の実施主体である。空家法を受け取った市町村は，それに生命を吹き込むべく，眼前の案件に立ち向かったのである。実施過程においては，さまざまな運用上の課題が認識されている。いくつかをみてみよう。

（2）特定空家等の個別認定

　空き家条例においては，空家等，特定空家等という「2段階構造」は，定義において示されていなかった。定義には，空家等に相当するものしかなく，その管理状態が悪化して周辺に一定以上の悪影響を与えるようなっていることが，助言・指導を行う判断基準として規定されていたのである。したがって，案件を個別に評価する作業が不可欠になる。

　前述のように，空家法2条2項は，空家等の管理不全状態をそのなかで定義している。このため，客観的には，市町村内にどれだけの特定空家等が存在するかはわかっているはずということになる。しかし，実務においては，そうはいかない。個別判定をせざるをえないのである。

　これを行政の一方的判断で行うか，当該空家等の所有者等とのやり取りを通じて行うかは，市町村によってさまざまであろう。評価にあたっては，ガイドラインに収録されている4種類の「別紙」基準が参考にされているようである。

　特定空家等の定義にある状態になっているとすれば，それを所有者等の責任で是正してもらうのが適切である。ところが，当該建築物に居住していない所有者等は，その状況を把握していない。相続の発生によって所有者等になっていたとすれば，そもそも自分が所有者等であるという認識すらないかもしれない。このため，可能であれば，特定空家等と認定して事案を空家法14条の世界に入れる前に，行政指導を通じて是正を図るのが合理的である。

（3）空家法14条2項勧告

（a）　不利益処分としての取扱い

　それが不利益処分であれば，行政手続法13条1項にもとづいて，聴聞なり弁明機会の付与が必須となる。法律や条例のなかにこれを求める規定がある場合もあるが，ないからといってそれが否定されるわけではない。されようとしている行為が，行政手続法上の不利益処分であるか（そうであっても，適用除外事由に該当しないか）が問題となる。

　国土交通省および総務省は，ガイドライン作成にあたってなされたパブリックコメントのなかで，「不利益処分説」を否定し，特段の手続は要しないとする立場を明らかにした。不利益処分性が問題とされるのは，空家法14条2項

勧告がされたままに1月1日を迎えると，特定空家等の敷地に関して適用されている地方税法の住宅用地特例の適用が除外されるからである。国のように，同一の法律のなかでのリンケージではないことに着目して不利益処分性を否定する考え方もあるが，法律は異なれどもリンケージはあることに着目して，手続を講じるべきと考える市町村もある。その際には，最低でも弁明機会の付与は必要であるし，勧告書には教示文を付す必要がある。

(b) 住宅用地特例適用除外のタイミングとの関係

住宅用地特定適用除外にあたっては，「1月1日」という日付が，大きな意味を持つ。求められる措置が完了すれば勧告は直ちに撤回されるべきであるが，有効なままに越年すると，覊束的に除外されるのである。

更地にしておくならば，適用除外がされて当然である。しかし，当該土地に関して，継続して宅地としての利用可能性がある場合には，市町村としては，十分な猶予期間をとって勧告をするか，年末までにそれが確保できなければ，勧告を年明けに行うことを考えるようになる。

(c) 建物所有者等と土地所有者等が異なる場合

以上は，建物所有者と土地所有者が同一人であるという前提であったが，特定空家等の建築物が借地上に建てられている場合も少なくない。借地契約が締結された当時およびその後一定期間は，もちろん土地所有者は借地人から地代の支払いを受けていた。ところが，契約時の関係者が死亡して相続が発生すると，地代の支払いもされず，土地建物の管理状態が急速に劣悪化するのである。

それぞれの相続関係が調査によりわかり，現時点での関係者が判明したとする。現状に鑑みれば除却するしかないと考えられる特定空家等の場合，それを求めることができるのは，建築物に関して権原を有する借地人に対してのみである。同人に対しては，空家法14条1項指導，2項勧告，3項命令，9項代執行へと進む。なお，勧告に関しては，前述の住宅用地特例適用除外措置は土地所有者に対するものであるため，建物所有者との関係では不利益処分にはならず，それゆえ行政手続は不要である。

一方，土地所有者に対しては，同条1項助言，2項勧告はできるけれども，

3項命令については，同項にいう「正当な理由」がある（＝除却の権原がないためにそれができない）ため，命令対象にはならない。

　借地人が不明であれば，同条10項の略式代執行になる。建物が撤去されれば土地が利用できる場合，略式代執行は，土地所有者に補助金を支給したような結果になる。公共事業により特定者に受益が発生しているため，受益者負担金を徴収したいところであるが，そのための仕組みは，空家法には規定されていない。「受益の内容をどのように算定するかは難題であるが，その額の納付を命令により求め，それを公法上の当事者訴訟を通じて徴収する仕組みを条例に規定することが考えられる。

（4）略式代執行の費用徴収

　空家法14条10項は，略式代執行を規定する。【図表15.2】（←300頁）にみるように，措置には高額の費用が発生しているが，同法は，義務者が事後的に判明した場合の費用徴収について，何の規定もしていない。この点に関して，前出のガイドラインは，同条9項の代執行とは異なり強制徴収はできず民事徴収によるしかないとしている。「行政代執行法の規定によらないものである」というのが，その理由である。

　それなりの調査をしても所有者等が判明しないことに「過失がない」となってはじめて，略式代執行は適法に行える。この「過失」判断は，個別事情のもとで相対的に決定される。対象となる特定空家等の状況から早期の対応が必要であれば，調査の範囲や内容が制限的であっても許されるというべきであろう。

　実施後の調査は必要だろうか。一般的にいえば，略式代執行を決断するにあたって「徹底的な調査」は不要であるから，当該案件に関しては，「残された調査領域」が存在するはずである。したがって，一定期間内は，「それなりの調査」を過失なく継続する義務があると考えるべきであろうか。内容は一義的には確定しないが，ある程度の追加調査をする義務はあると考えられる。しかし，それをもってもなお判明しない場合で売却が見込める土地であれば，不在者財産管理人制度を利用して費用回収をすべきであろう。単純に議会議決を経ての不能欠損処理をするのでは，違法と評される可能性がある。

　なお，前出ガイドラインは，略式代執行によって当然に市町村に債権が発生

すると考えているようであるが，はたしてそうだろうか。筆者には，債権発生原因がないようにみえる。空家法 14 条 10 項の「その者の負担において」という文言だけで確定した債権が発生すると考えるのは無理である。解釈論としては，行政代執行法 5 条の納付命令を準用して，債権を確定させる必要がある。条例としては，後述の手続追加条例を制定する必要がある。

5　空家法制定後の条例の特徴

（1）空き家条例の 4 つの機能

　以下では，【図表 15.3】を用いつつ，冒頭に記した第 3 および第 4 のパターンの条例を整理する。規定される内容のいくつかは，前述の課題に対応するものである。条例の規定内容を 4 つに整理したうえで，それぞれ具体例を示そう。

　空家法 2 条 1 項が定義する「空家等」に関して，基本指針は，「例えば概ね年間を通して建築物等の使用実績がないこと」を基準のひとつにあげている。ところが，同条 2 項の特定空家等の定義に示される状況にあると評価できるにもかかわらず，所有者等が年に数回立ち入っている実績がある場合には，そもそも空家等ではないため，空家法の適用は受けない。しかし，保安上の危険除去等の観点からは，何らかの対応が必要になる。そこで，空家等との関係では，時間的に前段階にあるこうした建築物への対応の根拠が条例で規定される。時間的前置条例である。

　法律からは明確ではないが，国土交通省・総務省は，長屋や共同住宅の個別住戸部分の状態が空家法 2 条 2 項のようになっていても，全体の住戸部分について不使用が常態となっていないかぎりは空家等とはみなせないという解釈をしている。この解釈を前提とすれば，管理不全状態にある個別住戸部分は空家法の対象外である。保安と生活環境保護という保護法益は共通にすれども，体系としては独立した対象追加条例による対応となる。前置条例と同様の独立条例の制定が必要である。いずれも，空家法の「枠の外」にある。

　これに対して，空家法の一部として作用するリンク型条例がある。空家法の明文規定に関係するものと規定はされていない部分（オープンスペース）に関係

【図表 15.3】　空家法と空き家条例の関係

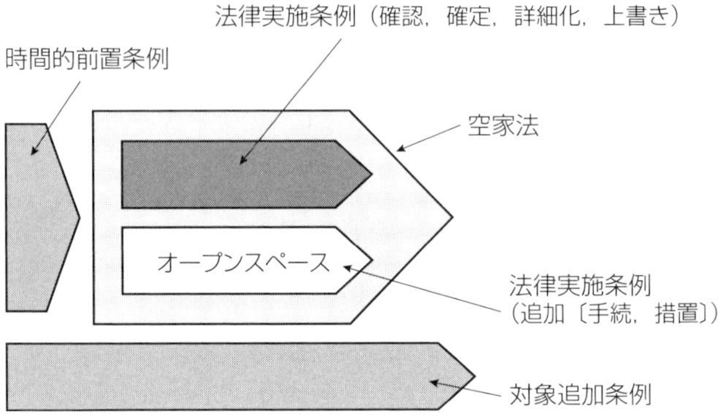

出典：筆者作成。

するものがある。その適法性が問題になるが，①空家法にもとづく事務は市町村の自治事務であること，②空き家条例を踏まえて空家法が制定された経緯から，同法の規定が全国一律的と解することは合理的ではないこと，③空家法に条例制定を禁止する規定がないことなどから，国の役割として規定された空家法の根幹部分に触れないかぎり，市町村は，同法を実施するための条例を制定できる。

　なお，以上の「条例」は，それぞれが 1 本の条例となっているわけではない。それぞれの機能が条文となって条例のひとつの部分を構成する。いわば「パーツとしての条例」である。モデル的には，【図表 15.4】（→307 頁）のように，空家法とともに，そのパーツがひとつの条例（総合的空き家条例）の傘の下にはめこまれるというイメージを持ってほしい。

(2) 時間的前置

　空家等の要件は充たさないけれども，その状態が特定空家等の状態になっている建築物およびその敷地に対して，保安上の危険除去や生活環境保全の観点からこれを措置の対象にするのが時間的前置条例である。時間的な横出し（前出し）といえる。

　「空き家等」という表現に空家法 2 条 1 項の空家等を含める「京都市空き家等の活用，適正管理等に関する条例」は，「……現に人が居住せず，若しくは

【図表 15.4】　総合的空き家条例のイメージ

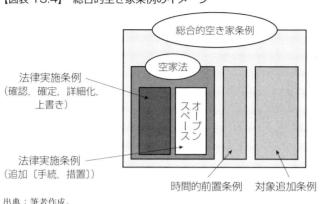

法律実施条例
（確認，確定，詳細化，
上書き）

法律実施条例
（追加〔手続，措置〕）

総合的空き家条例

空家法

オープンスペース

時間的前置条例　対象追加条例

出典：筆者作成。

使用していない状態又は<u>これらに準じる状態にあるもの……及びその敷地（立</u>
<u>木その他の土地に定着する物を含む。……）</u>」（下線筆者）という対象を規定する（2
条1号）。下線部の前の部分は，空家等を含む趣旨であり，下線部はそこまで
には至っていないものを含む趣旨である。京都市条例は，こうした空き家に関
し，空家法の関係規定を準用したり独自規定を設けたりして，実質的には，空
家法とほぼ同内容の措置を可能にしている（14条，16～18条，29条）。

（3）対象追加

　引き続き京都市条例を例にする。前述のように，国土交通省および総務省は，
長屋や共同住宅の全住戸部分が空家法2条2項の状態になっていないかぎりは
空家等とならないという解釈を示している。そこで，京都市条例は，この解釈
を前提にしつつ，空家法の対象外とされるものを横出し的に取り込み，「準じ
る状態」にある建築物と同様に，空家法の関係規定を適用するとしている。
「空き家等」の定義として，上述の引用部分の前に，「本市の区域内に存する建
築物（長屋及び共同住宅にあっては，これらの住戸）」という文言が置かれて
いる。同市にあっては，住民からの連絡の相当部分がこうした建築物に関する
ものであるため，空き家施策の対象からはずすわけにはいかなかったのである。
　一方，居住者がいる老朽家屋が保安上危険な状態になっている場合がある。
使用がされているかぎりにおいて，空家法の対象外である。これらに関しては，

建築基準法10条3項命令で対応できるが，同条に関しては，不使用の実績が長らくあり，それが空き家条例制定の立法事実のひとつを構成するほどであった。「八潮市まちの景観と空家等の対策の推進に関する条例」は，「特定居住物件等」（2条5号）という概念を設け，空家法とほぼ同様の措置を可能にする（14〜19条）。

（4）法律実施

（a）確認

　空家法は，全国の市町村を対象にするがゆえに，「市町村は」「市町村長は」という規定ぶりである。これに対して，関係規定を「市は」「市長は」というように市町村に即して読み替えるともに必要な追加措置をする条例がある。法律条文の再掲である。住民にとっては，この条例だけをみれば，市町村の空き家施策の法的根拠がわかる。ワンストップとなっているのである。

　「明石市空家等の適正な管理に関する条例」は，こうした立法方針を採用する。たとえば，空家法14条1項の権限行使に関しては，「市長は，法14条第1項の規定により，特定空家等の所有者等に対し，当該特定空家等に関し，除却，修繕，立木竹の伐採その他周辺の生活環境の保全を図るために必要な措置（そのまま放置すれば倒壊等著しく保安所危険となる状態又は著しく衛生上有害となるおそれのある状態にない特定空家等については，建築物の除却等を除く。……）をとるよう助言又は指導をすることができる。」（7条1項）と規定している（←291頁）。

（b）確定

　冒頭に紹介した国土交通省と総務省の調査は，空家法6条が規定する空家等対策計画および同法7条が規定する協議会に関する市町村動向を伝えている。いずれも任意であるところ，計画の策定予定なしは294団体（17%），協議会の設置予定なしは663団体（38%）となっている。

　これらに関しては，市町村として，実施を決断する必要がある。6条および7条の主語は，いずれも市町村は」となっているため，条例によってその判断をするというのは，きわめて適切である。規定例は多い。とりわけ，協議会に

ついては，地方自治法上の附属機関となるため，設置の根拠を条例で置く必要がある。

(c) 詳細化

どうしても抽象度が残る空家法の規定について，市町村独自の法解釈を施し，それを条例に規定するという対応もみられる。前述の明石市条例は，「市長は，次の各号に掲げる事由のいずれかがあると認める場合には，法第14条第3項の規定に基づく命令を<u>行うものとする。</u>」（10条柱書）（下線筆者）と規定する。「……人の生命，身体又は財産に被害を与える恐れが高いと認められること。」（同条1号）などが具体的に規定される。こうした状態になれば，下線部にみるように，空家法14条3項が市長に認める効果裁量を否定するという決定もなされている（←292頁）。

(d) 修正

空家法3条は，空家等の適正管理を，訓示規定として規定する。これに対して，多くの空き家条例は，「……適正に管理しなければならない。」というように，法的義務としている。空家法の上書きである。違反は直罰制度になっていないから違いはないともいえるが，適正管理内容が条例で明確に規定されているような場合には，特定空家等の所有者等に関して義務違反（＝違法）を観念でき，そうなれば，行政手続条例にもとづいて，空家法14条1項助言・指導を求める申立てができる。

空家法14条1～3項は，特定空家等に関して，「助言・指導→勧告→命令」という3ステップを順次とるように規定するが，一定の場合に，いきなり命令を発出できる旨を規定する例がある。京都市条例は，「市長は，特定空き家等が著しい管理不全状態にあるときは，当該特定空き家等の所有者等に対し，相当の猶予期限を付けて，当該管理不全状態を解消するために必要な措置を採ることを命じることができる。」（17条1項）と規定する。現に管理状態の劣悪な建築物が発見された場合において所有者等に改善意思がみられないときには，早急に代執行につなげる必要がある。行政指導を一切しないという趣旨ではないが，それを不要としているかぎりにおいて，空家法の上書きをしている。

(e)　追　加

空家法には規定がないが，同法の実施にあたって市町村が必要であると考える事項がある。空家法との関係では，【図表15.3】（←306頁）および【図表15.4】（←307頁）のオープンスペースが，こうした事項の条例決定を可能にしている。手続と措置について整理しよう。

㋐　手　続

第１は，前述の特定空家等の認定である。「荒川区空家等対策の推進に関する条例」は，「区長は，法第14条第１項の規定による助言又は指導をする前に，空家等が特定空家等に該当するか否かを判定するものとする。」（7条１項）と規定する。

第２は，前述の空家法14条２項勧告である。空き家条例における規定は，手続の根拠を与えるのではなく手続を実施することの確認の意味がある。明石市条例８条など，規定例は多い。

㋑　措　置

第１は，「空家等以上，特定空家等未満」の案件に関するものである。特定空家等ではない以上，空家法14条措置の対象にはならないが，対応の必要性がないわけではない。「飯田市空家等の適正な管理及び活用に関する条例」は，「準特定空家等」（2条３号）という概念を設け，行政指導ができる旨を規定する（7条）（←292頁）。

第２は，サンクションとしての公表である。空家法14条３項命令の履行確保のために，命令の名宛人の氏名などを公表する措置を規定する条例は多くある。名宛人との関係では，上乗せ的措置である。

第３は，空き家条例の「必置規定」といってよい即時執行である。条例においては，応急措置，緊急措置，緊急安全措置などの名称で規定される。京都市条例は，「市長は，特定空き家等の管理不全状態に起因して，人の生命，身体又は財産に危害が及ぶことを避けるため緊急の必要があると認めるときは，当該特定空き家等の所有者の負担において，これを避けるために必要最小限の措置を自ら行い，又はその命じた者若しくは委任した者に行わせることができ

る。」（19条1項）と規定する。公法上の債権となる実施費用については，北上市空家等対策条例（21条3項）や飯田市条例（8条2項）のように，徴収しない方針の市町村もある。なお，即時執行の費用徴収に関しては，略式代執行に関して指摘したのと同様の問題がある。

6　分権時代の法律としての空家法

　400を超える空き家条例が制定されていた状況のもとで，すべての市町村に事務を義務づける法律は，はたして必要であったのだろうか。国と自治体の適切な役割分担原則に鑑みれば，必要であった部分とそうではなかった部分がある。空き家条例に学んだ空家法が種々の権限を創出したことは，条例を持たなかった市町村に対しては，それなりの意味があったといえる。しかし，そうであるとしても，義務づけまでは不要であった。法律は，いわばメニューを規定するにとどめ，どれを採用するかは，市町村の条例に委ねればよかったのである。法律が本来なすべきは，たとえば，一般的な仕組みである財産管理人制度を空き家対策に即して利用できるようにしたり，一定条件を充たす不動産の放棄や所有権の整理を容易にするようにしたりすることであった。それこそが，「特別措置」の名にふさわしい。

　しかし，そうした対応はなく，制定されたのは，「条例をカンニングしてつくった条例並みの法律」であった。したがって，その硬直的解釈により市町村の空き家施策の邪魔をしてはならないのは当然である。空き家施策を進める市町村には，さらなる創意工夫によって不足する権限や手続を創出し，【図表15.4】にみるように，空家法を条例に取り込むようなスタンスでの政策法務展開を期待したい。

初 出 一 覧

I 「法律改革と自治体」公法研究 72 巻（2010 年）123〜136 頁

II 「基準の条例化と条例による追加・加重，上書き権」辻山幸宣＝菅原敏夫（編）『基準設定と地方自治——第 25 回自治総研セミナーの記録』（公人社，2011 年）85〜115 頁

III 「分任条例の法理論」自治研究 89 巻 7 号（2013 年）17〜38 頁

IV 「法律実施条例の法律牴触性判断基準・試論」自治総研 453 号（2016 年）84〜102 頁

V 「自治立法と政策手法」川﨑政司（編集代表）『総論・立法法務』（ぎょうせい，2013 年）113〜141 頁

VI 「自治体政策法務の今日的意義」法律のひろば 62 巻 4 号（2009 年 4 月）12〜21 頁

VII 「『義務付け・枠付けの見直し』は自治を進めたか」月刊自治研 643 号（2013 年 4 月）25〜33 頁　全日本自治団体労働組合

VIII 「2 つの一括法による作業の意義と今後の方向性——『条例制定権の拡大』の観点から」自治総研 413 号（2013 年）39〜72 頁

IX 「『個性を活かし自立した地方をつくる——地方分権改革の総括と展望』を読む——枠付け見直しの観点から」自治総研 430 号（2014 年）1〜20 頁

X 「枠付け見直しの動きと条例による決定」都市問題 107 巻 5 号（2016 年）52〜61 頁

XI 「地方分権時代の環境基本条例の意義と機能」月刊自治フォーラム 604 号（2010 年）7〜14 頁

XII 「地方分権推進と環境法」新美育文＝松村弓彦＝大塚直（編）『環境法大系』（商事法務，2012 年）377〜392 頁

XIII 「地域空間管理と協議調整——景観法の 7 年と第 2 期景観法の構想」高木光＝交告尚史＝占部裕典＝北村喜宣＝中川丈久（編）『行政法学の未来に向けて』［阿部泰隆先生古稀記念］（有斐閣，2012 年）341〜368 頁

XIV 「空家対策特措法の制定と市町村の空き家対応施策」論究ジュリスト 15 号（2015 年）70〜80 頁

XV 「空家法制定後の市町村空き家行政」自治実務セミナー 660 号（2017 年）2〜8 頁

事 項 索 引

著者紹介

北村喜宣（きたむら　よしのぶ）

　上智大学法学部・法科大学院教授
　1960 年　京都市生まれ
　1983 年　神戸大学法学部卒業
　1986 年　神戸大学大学院法学研究科博士課程前期課程修了（法
　　　　　学修士）
　1988 年　米国カリフォルニア大学バークレイ校大学院「法と社
　　　　　会政策」研究科修士課程修了（M.A. in Jurisprudence
　　　　　and Social Policy）
　1990 年　横浜国立大学経済学部助教授
　1991 年　神戸大学法学博士
　2001 年　上智大学法学部教授
　2014 年　上智大学法科大学院長（〜2016 年）

主要著書
『環境管理の制度と実態』（弘文堂，1992 年），『行政執行過程と
自治体』（日本評論社，1997 年），『分権改革と条例』（弘文堂，
2004 年），『行政法の実効性確保』（有斐閣，2008 年）『自治体環
境行政法〔第 7 版〕』（第一法規，2015 年），『環境法』（有斐閣，
2015 年），『環境法〔第 4 版〕』（弘文堂，2017 年），『空き家問題
解決のための政策法務』（第一法規，2018 年）

分権政策法務の実践
Law and Policy for Local Governance

2018 年 2 月 6 日　初版第 1 刷発行

　　　　　　著　者　　北　村　喜　宣

　　　　　　発行者　　江　草　貞　治

　　　　　　発行所　　株式会社　有　斐　閣
　　　　　　　　　　　郵便番号 101-0051
　　　　　　　　　　　東京都千代田区神田神保町 2-17
　　　　　　　　　　　電話（03）3264-1314〔編集〕
　　　　　　　　　　　　　（03）3265-6811〔営業〕
　　　　　　　　　　　http://www.yuhikaku.co.jp/

　　　　　　印　刷　株式会社　理　想　社
　　　　　　製　本　牧製本印刷株式会社